Fiktive Monologe krebskranker Frauen

Selbstheilungen, Spontanremissionen und wie sie verhindert werden. Ein Plädoyer für einen neuen Umgang mit Krebs. Fallberichte in Form persönlicher Erzählungen

von

Klauspeter Bungert

Papier aus verantwortungsvollen Quellen
Paper from responsible sources
FSC® C105338

Impressum

Herstellung und Verlag:
BoD – Books on Demand, Norderstedt
ISBN: 9783739232799

Alle Namen außer denjenigen bekannter Persönlichkeiten aus Medizin-, Kultur- und Geistesgeschichte wurden aus Gründen des Persönlichkeitsschutzes verändert, Lebensumstände und Charaktere stark verfremdet. Die medizinischen Fallverläufe sind authentisch.

Erster Monolog
Marion Krüger

… Der Professor tut mir nicht gut. Er hat mir im März dieses Ding aus dem Unterleib geschnitten. Vier Tage nach meinem 48. Geburtstag. Das Jahr fing ja gut an! Nach meinem Geburtstag. In der Nacht. Wir hatten am Abend ordentlich gefeiert. In der Nacht gingen die Schmerzen los. Das Ziehen hatte ich ja schon öfter, aber nie so doll.

Dabei hatte unser Hausarzt nichts festgestellt bei der letzten Vorsorge, hatte grünes Licht gegeben: Frau Krüger, wenn alle mit demnächst 48 so fit und gesund wären wie Sie, hätten wir Ärzte wenig zu tun.

Und das Ziehen?

Sowas hat man schon mal. Wem liegt nicht schon mal einer quer. Eine gewöhnliche Blähung, machen Sie sich nichts draus.

Und er lachte etwas billig. Tut mir leid, ich habe unserm Hausarzt nie besonders viel zugetraut. Aber er ist der Hausarzt der Seniorenresidenz, wo wir in der Verwaltung arbeiten, und außerdem ein Golfkamerad meines Mannes.

Wir können aber auch, und er hörte mit seinem billigen Lachen plötzlich auf, besondere Untersuchungen vornehmen. Ich fürchte nur, da kein Anfangsverdacht vorliegt, nur dieses kleine Ziehen, welches unspezifisch ist, das müßten wir dann aus eigener Tasche berappen. Ganz wie Sie wollen.

Wissen Sie, wir hatten erst die große Dachrenovierung am Haus. Wir sind etwas klamm bei Kasse, auch wenn

mein Sigismund Golf spielt. Ich darf mich melden, wenn etwas ist?
Immer. Auf jeden Fall.
Nun, der Fall war jetzt. Aber das war kein Fall mehr für den Hausarzt, das war ein Fall für größeres Kaliber. Auf der Stelle fuhr mein Mann, wie gut, daß auf dem Lande in der Nacht so wenig Kontrollen laufen, er hatte bestimmt seine eins Komma fünf Promille, auf der Stelle fuhr mich Sigismund in die Klinik. Viereinhalb Kalendertage später lag ich in Vollnarkose unterm Skalpell und man entfernte mir den gesamten Apparat, mit dem ich vor 17 und vor 15 Jahren unsere wunderbaren Kinder geboren habe. Krebs, alles voller Krebs! Warum ich nicht früher gekommen bin, fragte der Professor.
Nun, Ihr Kollege, unser Hausarzt, hat vor kurzem noch beschwichtigt: Es ist nichts, kein Befund, nichts Auffälliges.
Ja, wenn das so ist, und der Professor warf den berühmten Ärzteblick unterm Brillenrand hervor auf die Krankenakte, dann hat wohl jemand etwas übersehen.
Jetzt, scheint mir, tut er alles, damit das nie wieder passiert: daß irgendjemand irgendetwas übersieht. Er läßt mir keine Ruhe mehr. Keine Woche, in der ich nicht eine Urinprobe, keine Woche, in der ich keine Stuhlprobe, Temperaturmessungstabelle, sonst was einreichen soll oder in der ich nicht zur Audienz, so nenn ich das inzwischen im Gespräch mit Sigismund, antanzen muß.
Als Professor in der einzigen Klinik weit und breit genießt er das höchste Ansehen. Er gilt als eine besondere Kapazität. Wer möchte dagegen etwas sagen … seine Emotionen, sein Bauchgefühl geltend machen? Und mein Bauch ist nun mal definitiv nicht in Ordnung. Er

ist sogar schlimm in Unordnung. Ein ziemliches Chaos. Chaos im gesamten System.
Wir haben mehrere Herde festgestellt. Aber eine Chemotherapie lehnen Sie ab. Sie dürfen das, Sie sind ein erwachsener Mensch. Aber da ist ein Ding, das wir unbedingt operieren sollten.
Was für ein Ding?
Denken Sie nach.
Das kleine Ding im Darm?
Kleines Ding ist gut.
Ich möchte schlafende Hunde nicht wecken.
Ich habe Sie gewarnt. Dann also am Mittwoch wieder.
Der Professor beschwört mich, jeden Mittwoch zu ihm zu kommen. Aber die Operation ist doch erst einen Monat her. Müssen wir dem Körper nicht erstmal Ruhe gönnen? Ihn sich regenerieren lassen? Ich fange gerade an, die elementarsten Folgen abzustreifen. Die Verspannungen beim Gehen bei jedem Schritt im Unterleib, die Schwäche, die mich befällt. Jeden Tag ist sie ein Stückchen mehr gewichen. Obwohl: seit dem Wochenende steigert sie sich wieder. Hab ich meinen Essensgelüsten zu sehr nachgegeben? Aber als krebskranker Mensch soll man doch tüchtig essen.

… Ich habe den Professor gefragt, wie ich mich ernähren soll. Ich merke, daß mir die Ernährung nach der Lehre von Dr. Hase* nicht bekommt. Früher habe ich auf die Blähungen, das Aufstoßen, die häufigen Verstopfungen, den Durchfall und das Sodbrennen nichts gegeben. Das war irgendwie normal. Keiner sprach davon, und wenn, dann kriegte er aus allen Ecken die

* Name verändert; zeitgenössischer Arzt und Publizist

Rückmeldung: Das haben wir auch, das ist normal. Mein lieber Mann hat nach jeder Mahlzeit einen aufgetriebenen Bauch. Aber er weiß, woher es kommt, und nach ein paar Abwinden ist das wieder in Ordnung. Aber seit ich den Fleischanteil in meinem Essen gesteigert und mein tägliches Frühstückseierquantum auf drei gesteigert habe, ist mir ständig übel und ich fühle mich nur noch kraftlos. Oder ob wieder was nachgewuchert ist in meinem Körper?

Dr. Hase behauptet, die Krebszelle wolle Kohlehydrate. Also müsse man ihr Kohlehydrate verweigern. Auf seinen Videos zeigt Dr. Hase kraftstrotzende Krebspatienten vor brutzelnden Bratpfannen mit Bergen von Steaks, Massen von Spiegeleiern mit Speck, Frühstückseiern, Aufschnitt und Currywurst natürlich ohne Brot, das enthält ja die bösen Kohlehydrate, wie sie sich's gutgehen lassen, und ich habe Dr. Hase schon für einen Vortrag bei uns in der Seniorenresidenz vermittelt, bei dem mein Mann und ich in der Verwaltung arbeiten, ich natürlich im Augenblick krankgeschrieben.

Gestern habe ich mich übergeben. Ich habe mir die halbe Seele aus dem Leib gekotzt. Heute kann ich gar nichts mehr essen. Fleisch widersteht mir. Schon der Gedanke an Fleisch macht mir Schwindel. Dabei habe ich immer gerne Fleisch gegessen. Hauptsächlich Fleisch. Und natürlich jeden Morgen Wurst und ein Frühstücksei. Das Grünzeug hat mich immer gestört. Das ließ ich meistens liegen. Nun, die Geschmäcker sind verschieden. Aber daß ich so einen Widerwillen entwickeln könnte.

Ich habe dem Professor nichts von meinem gestrigen Anfall gesagt. Nur ihm diese Frage gestellt: Wie soll ich

mich in Zukunft ernähren, Herr Professor? Er sagte: Wie immer, Frau Krüger. Ich erzählte von Dr. Hase. Der Professor meinte: Eiweiß ist gut. Die Krebszelle will Zucker. Also lassen Sie Zucker weg und folgen Sie den Ratschlägen von Dr. Hase. Eiweiß ich immer gut. Fleisch ist ein Stück Lebenskraft. Ich selber esse regelmäßig Fleisch.
Ich gehe seit meiner Rekonvaleszenz wieder häufiger spazieren. Soweit die Kraft reicht und nicht solche Rückschläge dazwischenkommen. Wenn ich die Rinder auf der Weide sehe, hier auf dem Lande trifft man das noch, frage ich mich manchmal, wo das hinführt, wenn weiter soviele Menschen diese Fleischmassen verbrauchen. Das Vieh hat doch auch Gefühle, einen Organismus, eine Seele. Kennt Schmerzen, Langeweile, aber auch Spieltrieb, Zärtlichkeit, Freude.
Und die vielen, vielen unbekannten Menschen in Afrika, Südamerika, Asien, denen wir den Lebensraum wegnehmen mit den Kraftfutterflächen, damit wir unersättlichen Fleischesser und Dr. Hase und der Professor ihre täglichen Portionen davon auf dem Teller haben.
Mir ist jedenfalls immer noch kotzübel und ich bekomme keinen Bissen runter.

… Ich habe den Professor um eine Atempause gebeten. Die wöchentlichen Rapporte lasten mir auf der Seele wie ein Menetekel. Soll denn kein unbefangener Tag mehr kommen, wenn man einmal im Garn des Ungeheuers gelandet ist? Kein Entrinnen mehr? Der ganze Tag, 24 Stunden lang, nur noch der Krankheit unterworfen und vom Gedanken an Untersuchungen, Laborwerte und Tumormarker bestimmt?

Im Internet stieß ich auf einen Hinweis, dem ich nun nachgehen möchte. Eine Frau Dr. Mitterer hat ein Seminar angeboten. Es geht darum, wie der Körper sich selber reparieren kann. Die Rolle der Ernährung. Wege und Chancen einer sanften Krebstherapie.
Leider fand das Seminar genau einen Tag nach meiner Krebsoperation statt. Und leider erfuhr ich nicht früher davon. Vielleicht hätte ich mit der OP ja noch gewartet. Aber was red ich? Ich wußte vor meinem Zusammenbruch ja noch gar nichts von meinem Krebs.
Aber es ist wahr, von sanfter Krebstherapie kann bei mir keine Rede sein, mein Körper arbeitet schwer an den Folgen der Operation. Man merkt, daß was fehlt. Wenn man innerhalb eines Gebäudes eine Etage entkernt, Wände herausbricht, Böden entfernt, dann ist das Ganze nicht mehr stabil. Die Außenmauern müssen die ganze Last übernehmen.
In einem Gebäude zieht man neue Wände und Böden ein, aber unser Körper bleibt verstümmelt. Meine Gebärmutter wächst nicht neu. Ich fühle mich jedenfalls nicht mehr stabil. Nicht mehr so elend wie vor ein paar Tagen, aber doch sehr schwach. Und nicht nur, weil ich außer Wasser nicht viel zu mir nehme. Das Fasten tut mir sogar gut.
Ich habe mit Frau Dr. Mitterer gesprochen. Ich muß unbedingt zu ihr in die Sprechstunde. Das hörte sich sehr gut an, was sie am Telefon sagte. Sehr schlüssig. An eine mehrstündige Autofahrt ist leider in meinem momentanen Zustand nicht zu denken. Ich bin zu geschwächt. Zwei Stunden mindestens müssen wir für einen Weg rechnen, und dann müßte Sigismund gut durchkommen. Wir könnten ja im Hotel übernachten,

aber dann müßte man dieselbe Strecke am nächsten Tag zurück. Ich schaffe das noch nicht, zwei Fahrten an zwei Tagen hintereinander.
Ach ja, dann habe ich in der Klinik angerufen. Warum ich eine Kopie wolle, wozu ich meine Krankenakte denn benötige? Ob ich mit dem Professor nicht zufrieden sei? Ich faselte was von Zweitmeinung. Daß ich ein Patientenrecht darauf habe.
Wem sollen wir die Unterlagen schicken?
Am liebsten hätte ich sie gleich zu Frau Dr. Mitterer geschickt. Aber dazu war ich zu feige. Dem Professor gegenüber. Warum eigentlich? Eigentlich ist er doch der Dienstleister und ich der zahlende Kunde. Der Kunde ist doch immer König, heißt es so schön, und der Dienstleister hat sich nach den Wünschen des Kunden zu richten, sonst ist er kein guter Dienstleister. Aber bei Krankheiten auch? Krankheiten sind ein Ausnahmezustand, und wenn man wirklich in der Klemme steckt, tut man vieles, vielleicht alles, damit man geholfen kriegt, dann stellt man sich mit dem Nothelfer gut. Aber ist der Professor auch mein Pappi, mein Vormund? Oder der Papst?
Gott sei dank bin ich nicht im katholischen Glauben großgeworden und gehorche nicht so willig wie ein Katholik gegenüber dem Papst. So was überträgt sich. Katholiken sind von Kind an autoritätsgläubig. Obwohl, wir protestantisch sozialisierten Erwachsenen lassen uns auch genugsam einschüchtern und machen unserm Namen, der vom Protestieren herrührt, wenig Ehre.
Bitte an mich!
Murrend versprach man mir die Akte.

… Frau Dr. Mitterer hat die Befunde studiert und mir einen langen Fragebogen geschickt. Sie will meine gesamten Vorerkrankungen wissen. Krebs käme nie aus heiterem Himmel. Krebs sei das Ende einer Stufenleiter. Das ist mir neu, leuchtet mir aber ein.
Überhaupt leuchtet mir ein, was Frau Dr. Mitterer sagt. Weil sie es erklärt. Weil sie Nachfragen zuläßt. Sie denkt in logischen Abläufen. Das gefällt mir. Wenn Sie hier einen Tisch haben, sagen wir kaltes Büfett, mit rohen Salaten und dort einen anderen Tisch mit Gebratenem, lange abgehangenem Fleisch, stark gewürzten Soßen, künstlichen Geschmacksträgerstoffen, was denken Sie, bekommt Ihrem Körper besser? Ich antworte spontan: Vermutlich der rohe Salat. Warum? Der Salat ist so gewachsen, wie er mir angeboten wird, das Fleisch, die Soße, das heiße Fett irgendwie verfälscht, chemisch verändert, künstlich.
Beim Lagern und Verändern der Nahrungsmittel zerstöre ich wertvolle Vitalstoffe und erzeuge neue chemische Verbindungen, die den Körper belasten. Der Körper muß einen vielfach größeren Aufwand betreiben, um mit einem geronnenen Ei, einem Stück Fleisch oder Fisch, was auch Fleisch ist, oder Milch oder einem aus der Milch gewonnenen Nahrungsmittel fertigzuwerden. Und beim Abarbeiten dieser schwer bekömmlichen Nahrungsmittel bleiben Abbauprodukte zurück, die der Körper nicht immer ausscheiden kann. Oft sind es auch einfach zu viele. Der Körper deponiert die überschüssigen Abbauprodukte im Fettgewebe, in den Gefäßwänden, in den Kapillaren. Neben der Anstrengung bleibt die doppelte Last von Stoffwechselmüll. Bei einer pflanzlichen Kost bleiben kaum schädliche Abbaupro-

dukte, die Abfallstoffe, die entstehen, bilden vielmehr wertvolle Nahrung für die Bakterienflora in unserem Darm. Aber die pflanzliche Kost muß naturbelassen sein.

Also roh?

Soweit wie möglich roh. Wenn wir weiter sind, dürfen Sie auch wieder in Wasser angedünstetes Gemüse essen. Bis dahin empfehle ich Pellkartoffeln, selbstverständlich ohne Salz, als Ausnahme von der Rohkost.

Aber woher nehmen wir das lebenswichtige Eiweiß?

Dazu brauchen wir nicht das Fleisch toter Tiere. Unsere Nutzpflanzen und die Wildkräuter, die ich Ihnen nenne, enthalten genug an Eiweiß. Pflanzliches Eiweiß ist generell bekömmlicher als tierisches.

Aber sind wir Menschen nicht omnivore – Allesfresser?

Zur Not. Wenn wir auch in der Regel eine längere Phase tierische Produkte verarbeiten und vertragen können, sind Folgeschäden bereits in verhältnismäßig jungen Jahren die Norm, wie man an Ihnen sieht, Frau Krüger. Davon müssen wir ganz weg. Was wir als Menschen auch immer sein mögen, eines steht fest, und das wiederhole ich in allen meinen Ernährungsvorträgen: unser Darm ist Vegetarier.

Frau Doktor hat mir einen Plan geschickt mit dem, was ich essen, und dem, was ich vermeiden soll. Er sieht aber ganz anders aus als die üblichen Allergielisten. Außerdem hat sie dafür fast nichts berechnet. So ein Nahrungsmittel-Allergietest kostet hier im Labor 400 Euro plus Beratung. Frau Dr. Mitterer hat für ihr langes Telefongespräch und die Liste zusammen eben mal 100 Euro berechnet. Nun, die Liste ist nicht besonders ausführlich. Aber die Linie ist klar. Ich will versuchen, mich streng daran zu halten. Versuchen wir unser Glück!

… Heute sind die Geräte angekommen, die mein Mann bestellt hat: ein robuster Mixer, der die Wildkräuter zermahlt. Ich soll Brennesseln essen, in großen Mengen, die kriegt man natürlich nur vorverkleinert geschluckt, Löwenzahn, Giersch und alles mögliche. Wenn ein bißchen Gras dabei wäre, würde das auch nichts machen, hat Frau Doktor gescherzt. Gras zum Beispiel kriegt man gar nicht geschluckt. Zerkaut wird es holzig und bleibt im Halse stecken. Nicht so zerkleinert in Verbindung mit etwas Wasser, mit dem Apfel, den Möhren und der Banane, die ich beimischen darf, um den Geschmack zu heben. Gras ist dann kein Problem.
Es war eher eine Idee von Sigismund. Er wollte Gras probieren, um mir Mut zu machen. Gras ist wirklich nicht schädlich. Es enthält viel Chlorophyll, und Chlorophyll ist ungeheuer wertvoll für die Bildung sauberen Blutes. Aber Brennesseln sind besonders gehaltvoll. Frau Doktor hat auch nur am Rande das mit dem Gras erwähnt, um mir die Angst zu nehmen, ich könnte mich an dem fremden Grünzeug vergiften.
Neben dem Spezialmixer hat mir Sigismund noch eine spezielle Saftmaschine besorgt. Da stehen er und mein Jüngster eben dran und stecken ganze Berge kleingeschnittener Möhren, Äpfel und ein paar Kohlblätter hinein. Herauströpfelt ein ungemein gehaltvoller Saft, den ich in kleinen Zügen schlucken soll. Er schmeckt sehr gut. Das hatte ich nicht erwartet. Er ist jedoch extrem intensiv. Ich darf nicht zuviel auf einmal zu mir nehmen, das würde die Magenwände zu doll strapazieren.

Ich fragte Frau Dr. Mitterer, ob das nicht auch ein verändertes Lebensmittel sei?
Es ist eine Maßnahme, sagte sie, um Ihnen frischen Extrakt frischer Rohkostpflanzen zukommen zu lassen. In solchen Mengen könnten Sie die Pflanzen niemals essen. Wir überschwemmen Ihren Organismus mit dem Besten der Natur. Statt mit Chemotherapien, Strahl und Zellgift bombardieren wir Ihren armen Körper mit aufbauender natürlicher Energie …
Vorher hatte noch das Büro vom Professor angerufen. Ob ich nicht den Befund im Auge behalten wolle, ob ich nicht mehr wüßte, was man bei mir festgestellt habe? Welcher Befund? Ich gebe Ihnen mal den Professor. Ja dieses Ding, diese Geschwulst im Darm, die gefällt mir nicht.
Das weiß ich doch, und ich habe meines dazu gesagt! Ich brauche Zeit!
Ich koche vor Wut. Kann Graf Dracula seine Hauer nicht von mir lassen? Darf ich keinen Tag mehr meinen Frieden haben, meine Ruhe genießen? Die Spucke bleibt mir weg. Ich kann nichts sagen. Entweder vor Wut über die Dreistigkeit, mit der der Professor in mein Leben eindringt, oder vor Schrecken, daß da wieder was Gefährliches sein soll. Er merkt meine Verlegenheit und nutzt den Moment: Ich gebe Ihnen meine Sprechstundenhilfe, die gibt Ihnen Anfang kommender Woche einen Termin.
Jetzt habe ich den Termin. Dabei wollte ich doch die nächsten Wochen nicht mehr hingehen. Es sei denn, es würden sich Dinge ereignen, die mich zum Notfall machten.

Ich habe Sigismund von dem Anruf des Professors nichts gesagt. Ich weiß nicht, ob ich ihm etwas sagen werde. Vielleicht sollte ich erst mit Frau Doktor sprechen. Wenn ich den Termin wahrnehme, muß ich Sigismund natürlich informieren. Ich bin noch zu schwach, um selber mit dem Auto hinzufahren. Die Krankenversicherung übernimmt nur einen Teil meiner Fahrten, das läppert sich, da fährt Sigismund mich lieber hin. Es ist auch immer tröstend, wenn er dabeisitzt. Er und die Kinder verhalten sich wirklich vorbildlich und lieb. Wenn er hörte, daß ich den Termin beim Professor absage, wäre er vermutlich sehr enttäuscht. Morgen kann ich nicht gut anrufen. Weder in der Klinik, um abzusagen, noch bei Frau Doktor, um mir ihre Meinung einzuholen. Sigismund hat sich zwei Tage Urlaub genommen, um mir mit den Geräten zu helfen und sich und unseren Jüngsten daran einzuarbeiten.

… Sigismund ist wieder im Betrieb, David in der Schule. Ich fühle mich ganz wohl. Dabei habe ich erst zwei Tage die Wundernahrung genossen. Es kann auch Einbildung sein. Autosuggestion. Wenn man sich stärker fühlt, kriegt man natürlich große Lust, dem Professor abzusagen. Andererseits, wenn ich den Professor verprelle und dann doch eines Tages wieder dringend Hilfe im Krankenhaus brauche? Das Damoklesschwert, das dammichte, so ein Notfall. Ist ja immer möglich bei dieser Krankheit. Er hat, fürchte ich, sowieso schon mitbekommen, daß sich Widerstand in mir regt gegen seine Methoden. Seine Art, mit den Patienten umzugehen. Wieso sagt ihm keiner das ins Gesicht? Götter in Weiß.

Als Patient ist man immer der Gelackmeierte. Das schwächste Glied in der Kette.
Ist doch absurd. 48 Jahre habe ich gelernt, mich zu wehren. Ich habe als Ehefrau, als Mutter und beruflich immer meine Frau gestanden, selbstbewußt, und wenn es sein mußte, kritisch und geradeheraus. Und jetzt benehme ich mich wie ein kleines Kind.
Unter den Büchern, die Frau Doktor mir empfohlen hat, ist eines von Rudolf Breuß. Sie schärft mir jedoch jedesmal, wenn ich nach einem Buchtitel frage, ein, nicht alles wörtlich zu übernehmen. Jeder Fall sei anders und sie könne den meinen erst beurteilen, halbwegs, wenn sie mich in persönlichen Augenschein genommen habe. Daran ist nur leider momentan nicht zu denken.
Rudolf Breuß behauptet, daß in 42 Tagen der Krebs verschwindet, wenn man sich streng an das hält, was er vorschreibt. Frau Doktor warnt: Nehmen Sie solche Zahlen nicht wörtlich, Frau Krüger, Rudolf Breuß neigt bei allem nützlichen zu einer gehörigen Portion Esoterik. Nehmen Sie die Rezepte als erste Anregung bis zu unserm Treffen und lesen seine allgemeinen Erläuterungen zu den Vorteilen pflanzlicher Rohkost.

… Sigismund war ziemlich gedrückt, als ich ihm am Abend erklärte, daß ich den Termin beim Professor absagen will. Zuvor hatte ich mit Frau Doktor gesprochen und sie hatte gemeint, das müsse ich selbst entscheiden. Und wie würden Sie entscheiden an meiner Stelle? Ich, sagte sie, ich würde den Termin erstmal verschieben. Auf einen unbekannten Zeitpunkt. Ich würde, sagte sie, von meinem Befinden abhängig machen, wann das wäre.

Ich sagte Sigismund, mir ginge es nach den wenigen Tagen mit der neuen Kost schon soviel besser, daß ich nicht schon wieder Krankenhausluft schnuppern wolle. Er reagierte ziemlich pikiert. Ich merke, daß ich noch viel Überzeugungsarbeit leisten muß, bis ich ihn auf meiner Seite habe. Die Reden des Professors haben ihn noch mehr eingeschüchtert als mich.
Aber vielleicht ist die Angst, einen lieben Menschen zu verlieren, zumal wenn der noch in den besten Jahren ist, schwerer zu ertragen als das Gefühl, daß die Uhr bei einem selber zuendetickt?
Ich habe sofort ans Sterben gedacht, als der Professor im Frühjahr sagte, da ist ein großes Ding in Ihrem Unterleib, schnellwachsend und sehr gefährlich, das muß raus, je früher, desto besser.
Wir wissen durch die Medien heute doch alle viel zu gut, daß das einem Todesurteil nahekommt. Nicht gleich, aber nahe. Wenn du so ein Ding erwischt hast, stehen deine Chancen, in zwei oder drei Jahren noch zu leben, äußerst schlecht. Ich weiß das, und Sigismund und die Kinder wissen es auch. Auch wenn wir nie darüber reden.
Wenn es dich tröstet, sagte ich, gehe ich zwei Wochen später hin.
Du erwartest, daß ich für dich absage, riet er richtig.
Erwarten nicht, aber es wäre ein Wunsch. Gebe ich ehrlich zu.
Das mußt du selber tun, der Professor würde mir vielleicht nicht glauben, oder annehmen, es ginge von mir aus. Und außerdem, in dieser Frage kann ich dir meine eheliche Unterstützung nicht geben, Marion, es ginge gegen mein Gewissen.

Am Morgen habe ich mir ein Herz gefaßt und im Büro des Professors angerufen. Ich bitte um Verlegung meines Termins. Aus persönlichen Gründen.
Welche Gründe?
Ich will es, das muß genügen.
Ich muß dazu den Professor holen.
Nein, lassen Sie ihn, es ändert nichts an meinem Entschluß.
Aber schon hatte ich ihn in der Leitung. Wissen Sie, was Sie da tun? raunzte er mich an.
Ich habe das mit meiner Familie abgesprochen – hier log ich oder erweckte zumindest einen falschen Eindruck bezüglich der gewonnenen Übereinkunft. Gesprochen hatten wir, aber keine Einigkeit erzielt. Mein Mann weiß Bescheid, schob ich kleinmütig nach, verdammt kleinmütig.
Überlegen Sie sich's! Beim nächsten Mal bekommen Sie einen Termin vielleicht nicht mehr so bevorzugt, obwohl Sie ihn dann dringend wünschen.
Beim nächsten Mal, was ist beim nächsten Mal?
Ich rate Ihnen dringend, im Interesse Ihrer Überlebenschancen, halten Sie sich an den gebotenen Therapierahmen!
Und was tat ich? Ich legte einfach auf. Ich habe anschließend gleich mit Frau Dr. Mitterer telefoniert. Sie hat immer ein offenes Ohr. Ich frage mich, ob sie vielleicht schon in Rente lebt, sie hat so viel Zeit. Sie kommentierte meine Absage nicht, weder in positiver Weise, etwa daß sie meinen Patientenmut als einen Akt überfälliger Mündigkeit lobte, noch dergestalt, daß sie mir etwa wegen meiner Unvorsichtigkeit bange machte. Sie fragte noch ein paar Einzelheiten zu meinem Ana-

mnesebogen, gab mir ein paar technische Tips und schloß überaus aufbauend: Dann wollen wir jetzt machen, daß Sie wieder zu Kräften kommen. In ein paar Wochen werden wir uns sicher bei mir in der Praxis persönlich gegenübersitzen. Ich bin sehr neugierig, Sie kennenzulernen.
Das sind Gespräche, die einen aufbauen. Nicht so herunterziehen. Nicht deprimiert machen. Nicht so hoffnungslos zurücklassen.

… Seit ich mir den Professor etwas vom Halse geschaffen habe und unter murrender Duldung meines Mannes – ich weiß, er steht nicht auf meiner Seite – den Pfad der Eigeninitiative betreten habe, klammere ich mich an Rudolf Breuß und seine 42-Tage-Prognose. Ich habe das Frau Mitterer angedeutet und sie sich den Kommentar darüber, wie ich empfinde, verkniffen. Aber auch wenn alle dagegen sind, es hilft mir momentan sehr dabei, meine salz- und fettlose Rohkost mit den Säften und dem Wildkräuterbrei tapfer durchzuhalten. Unserem reizeverwöhnten Gaumen sind die Gaumenfreuden der Steinzeitmenschen abhandengekommen. Wie freue ich mich darauf, wieder wenigstens ein paar Vollkornnudeln mit einer angedünsteten Tomate, einem Büschel Basilikum, Knoblauch und einem Teelöffelchen frischen Leinöls aus der Mühle zu genießen. Die ungesalzenen Pellkartoffeln, noch ohne Öl, sind schon ein Genuß, wie ihn der Normalsterbliche und wie ich selber ihn bis dato nur bei einer ausgewachsenen Mittagsschlemmerei empfand. So ändern sich die Zeiten, und so ändert sich der Geschmack.

… Morgen ist wieder Untersuchung beim Professor. Mir geht es wenige Wochen nach der Umstellung in meinen Ernährungsgewohnheiten sehr viel besser. Ich habe meine Waldspaziergänge ausgedehnt, ich kann mich mit meinen Saft- und Breimaschinen jetzt selbständig versorgen und führe den Haushalt wieder fast allein. Nur, wenn ich ehrlich bin, wenn wir nicht die Putzfrau hätten, ich wüßte nicht, ob mir das Reinemachen noch von der Hand ging. Wir haben sie vor einem Jahr genommen, weil wir's uns leisten konnten. Von der Krankheit war noch keine Rede. Wenn dir ein großes Stück Fleisch aus dem Körper geschnitten wird, merkst du das lange nachher noch. Die Beschwerden beim Heilungsprozeß, die unmittelbaren Folgeschmerzen nach der OP sind längst überwunden, dann spürst du es immer noch in der Statik. Der Körper muß kompensieren. Wie in einem Gebäude, wo die Zwischenwände entfernt wurden und die Außenträger und die Wände der anderen Etagen die gesamte Last übernehmen müssen. Ich habe oft Verspannungen, die ich mir daraus erkläre. Frau Dr. Mitterer wird danach schauen. Aber im allgemeinen geht es mir viel besser. Meine Energie kehrt zurück wie die Farben in der Natur, die mächtig zu blühen und zu treiben angefangen hat, und alle bewundern meinen frischen natürlichen Teint.
Eigentlich würde ich morgen gerne absagen. Aber ich habe Sigismund und den Kindern, die ganz auf seiner Seite sind, hoch und heilig versprochen, hinzugehen.
Wenn die 42 Tage Heildauer stimmen, wie Rudolf Breuß definiert, dann müßte doch auch nach einem Drittel der Zeit, also morgen, schon ein Erfolg sichtbar sein. Was, wenn die Geschwulst im Darm trotz meines Wohl-

befindens, trotz aller Anzeichen genereller Regeneration nicht geschrumpft, sondern wenn sie gewachsen ist? Was nützt all mein Wohlbefinden, wenn die Fakten dem entgegenstehen? Ein Mörder, einmal im Visier der Ermittler, darf auch nicht einfach unbegrenzt frei herumlaufen, auch wenn die Sonne wie heute scheint, daß einem das Herz aufgeht, auch wenn er das Leben und das Licht in vollen Zügen genießt. Er wird geschnappt, wird mitten aus dem Leben gerissen und in die Zelle geschmissen. Je nachdem, wo er lebt, in die Todeszelle. Ich hab's nie fassen wollen, daß die Vereinigten Staaten von Amerika, die Nation der Magna Carta der Menschenrechte, die Verteidiger des Rechts aller Menschen auf Leben, immer noch die Todesstrafe kennen.
Oder die Ritualopfer in den alten Religionen. Ein Kind vornehmer Eltern wird beim Spielen von den Häschern abgeholt. Am Abend verglüht es schreiend auf der Ofenstatue des Gottes Moloch.
Ich komme mir so vor, als würde ich morgen in die Todeszelle gesteckt. Mitten aus der schönsten Sonne. Mein Leben ist entwertet, seitdem mir alles an die Freiheit will. Ich muß in meiner früheren Existenz ziemlich über die Stränge geschlagen haben, daß man mir jetzt die ganze Palette der Gefühle des Delinquenten in einer amerikanischen Todeszelle verschafft.
Ich habe den Arzthelferinnen schon gesagt, daß sie mir alle neuen Unterlagen zurechtlegen sollen. Ich werde sie spätestens übermorgen brauchen, wenn wir zu Dr. Mitterer fahren. Egal wie die Untersuchung ausfällt, da gebe ich Frau Dr. Mitterer recht und verteidige das notfalls gegen den Professor und gegen die ganze Welt, egal was die Untersuchung ergibt, soviel Zeit muß sein,

daß ich die Fahrt zu Frau Dr. Mitterer endlich antreten und ihr vorstellig werden kann. Ich bin sogar so fit wieder, daß ich selber fahren könnte. Notfalls würde ich aber auch den Zug oder ein Taxi nehmen, das eine ist von hier aus etwas umständlich, das andere sehr teuer. Aber beides wird nicht nötig, denn Sigismund fährt. Er hat es hoch und heilig versprochen, obwohl ich weiß, daß er ganz auf der Seite des Professors steht und nicht einverstanden ist mit meinem Weg. Aber es sind meine Zweifel und mein Leben, soviel Zeit und soviel Freiheit muß sein, darauf bestehe ich, und würden Westfalen und die halbe Welt das Gegenteil erwarten.

Frau Dr. Mitterer hat sich die neuen Bilder in aller Ruhe angeschaut. Und sie ist auch ruhig geblieben. Nicht wie der Professor, der ein bedenkliches Gesicht gezogen und mir wie immer Druck gemacht hat. Dr. Mitterer legte die Blätter ruhig wieder hin und erklärte mit einer Gelassenheit, die mir in diesem Moment richtig wohltat: Das Geschwür ist drei Zentimeter groß. Der Dickdarm hat einen Durchmesser von sieben bis acht. Wenn das Geschwür nicht weiter wächst, und ich vermute, daß es nicht weiter wächst, bleiben vier Zentimeter Öffnung, und da sinkt die Gefahr eines Darmverschlusses gegen null.

Sie würden also nicht operieren lassen?

In dem Status nicht. Es wächst langsam oder ruht.

Der Professor drängt aber, und mein Mann, ich fühle es, gibt ihm recht.

Angst ist kein guter Ratgeber, Frau Krüger. Jedenfalls nicht, wenn keine unmittelbare Gefahr im Verzuge ist.

Aber es heißt doch immer, je früher man therapiert, desto höher die Überlebensrate, je später, desto niedriger.
Hier zeigte sie mir eine Statistik, einen Ausschnitt aus einer großen deutschen Zeitung. Wenn zwei Menschen, steht da sinngemäß, einmal angenommen, zehn Jahre an einem Krebs leiden. Beim ersten wird er nach einem Jahr festgestellt, behandelt, wieder behandelt, nachtherapiert und so fort. Er lebt nun neun Jahre im Bewußtsein seiner Erkrankung mit all den Umständen, Beeinträchtigungen und Schmerzen, die wiederkehrende Behandlungen mit sich bringen. Sein Gegenkandidat weiß nichts von seinem Krebs. Nach neun Jahren, die er unbekümmert leben darf, bekommt er Beschwerden. Er läßt sich untersuchen: Krebs. Er lebt noch ein Jahr. Beide leben zehn Jahre mit ihrem Krebs, der früh erkannte und früh therapierte Mensch wie der andere, spät erkannte.
Aber beide Fälle entsprechen nicht dem Ziel der Therapie, die Sie begonnen haben. Ziel dieser Therapie ist es, die Ursachen Ihrer vorzeitigen Krebserkrankung auszuräumen, Frau Krüger. Krebs ist eine von vielen möglichen Antworten auf einen Versorgungsnotstand im Körper. Dieser Notzustand wird ausgelöst durch ein Zuviel an Irritationen, sei es durch unbekömmliche Nahrungsmittel, sei es durch Vergiftungen aus der Umwelt. Diese Irritationen beeinflussen und beeinträchtigen den Stoffeaustausch im kapillaren Bereich. Substanzen, die nicht in den Körper gehören, sabotieren die Aufnahme dringend benötigter Vitalstoffe. Wenn ein Körper durch künstlich veränderte Nahrung auch noch zu wenig davon erhält, führt dies zu einem doppelten Versorgungsnotstand und zur Krise. Krebs ist nur eine Spielart,

wie der Körper auf den Notstand reagiert. Andere Patienten erleiden einen Schlaganfall, einen Bandscheibenvorfall oder kommen mit einer Gicht, Arthrose oder einem Diabetes oder einer Hypertonie davon. Manches davon läßt sich mit Medikamenten einige Jahre ganz gut verwalten. Heilung ist mit den sogenannten Therapien im aktuellen Gesundheitswesen aber nicht zu erreichen. Heilung kann nur gelingen, wenn wir dem Körper seinen Versorgungszustand zurückgeben. Wenn, dann setzt eine Regeneration von innen ein, dann bereinigt der Körper seine Blessuren aus sich selber nach und nach.

Ist das sicher? fragte ich.

Heilungsversprechen kann und darf ich Ihnen nicht geben. Aber es ist der einzige Weg, den ich kenne.

Dann zeigte sie mir noch ein paar Auffälligkeiten in meiner Anamnese. Seit meiner vorletzten Grippeimpfung leide ich unter weiter nicht schlimmen, wie der Professor in ärgerlichem Tone raunzte, einem medizinisch vollkommen unbedenklichen Reizhusten. Nach der *letzten* Grippeimpfung jedoch hätte ich mich zerschlagen gefühlt, sei ungewöhnlich schwer von Husten erfaßt worden und kurz danach sei dann der Krebs diagnostiziert worden. In der Seniorenresidenz müssen oder sollen sich die Mitarbeiter jährlich gegen die Grippe impfen lassen.

Besteht ein Zusammenhang zwischen Impfung und Krebs? fragte ich.

Die Frau Doktor lächelte sanft und sagte nur: Das werde ich nach dem Kriterienkatalog einer ausgewachsenen Doppelblindstudie mit mehreren tausend Patienten schwerlich nachweisen können! Und sie zeigte auf ihre bescheidene Praxis.

Impfungen gehören zu den künstlichen Reizstoffen, von denen Sie vorhin sprachen.
Sie sagen es! Aber ein paar natürliche Reizstoffe will ich Ihnen zeigen. Mit denen kriegen wir Ihre Verfrorenheit hoffentlich in den Griff und erreichen mehr gegen Grippeanfälligkeit als tausend Spritzen.
Sie nahm nun einen Kaltwasserguß an den Beinen bei mir vor und erklärte mir ein paar Maßnahmen des weiland Pfarrers Kneipp. Dann tastete sie mich auf ihrer Behandlungsliege ab und löste mit ein paar wohltuenden gezielten Drücken meine Verspannungen, die sich auf der Fahrt verschärft hatten. Wir hatten vor Köln einen ziemlichen Stau und brauchten mehr als drei Stunden für den Weg. Nach der Druckpunktmassage waren meine Verspannungen wie weggeblasen. Ich fühlte mich leicht und beschwingt, übrigens auch vom Gefühl, daß es keine neuen Tumorschmerzen waren, sondern normale Verspannungen, wie sie jeder bekommt. Da mir aber immer noch ein bisserl fröstelte, wiederholte sie für mich die Kneippschen Anwendungen, wickelte mir die Unterschenkel in kalte Lappen, die Füße dann dick in trockene Tücher und ließ mich eine Viertelstunde entspannen. Danach wurde mir wohlig warm und blieb's.
Überhaupt behandelte sie mich sowas von normal. Seit meiner Diagnose habe ich mich überhaupt nicht wieder normal wie ein Mensch gefühlt. Aber das war nur möglich, weil es nicht aus Gleichgültigkeit oder gar einer Hoffnungslosigkeit in Bezug auf meinen Fall entsprang, sondern weil es ganz ihrer festen Überzeugung vom natürlichen Entstehen und von der natürlichen Behandlung dieser, wie sie sagt, Krise des Organismus entspricht.

Wir waren einen ganzen Nachmittag da und fragten sie anschließend, ob wir sie zum Essen irgendwo einladen dürften. Es wäre uns eine große Freude, wenn sie dies ermöglichen könne. Wir wunderten uns, daß Frau Dr. Mitterer keinen Betrieb hatte. Vielleicht nicht einmal ein Wartezimmer. Wir mußten nicht warten. Gleich nachdem wir ankamen, führte sie mich in ihre Praxis. Oder was sie so nennt. Es ist nicht mehr als ein kleines Zimmer mit einer Behandlungsliege und ziemlich normalen Möbeln drin. Sie wohnt wohl auch in dem Haus, denn ein paarmal hörte ich jemanden nebenan Wasser kochen, vermutlich ihr Mann. Auch während der gesamten Stunden, die ich da war, meldete sich niemand. Und dann verlangt sie so wenig Geld. Davon kann man nicht leben. 150 Euro für den ganzen Nachmittag. Einmal dachte ich auch: wenn sie so tüchtig ist, wieso hat sie dann ihre Bude nicht voll? Oder ob sie schon in Rente ist, nur noch ein paar Patienten macht? Oder ist ihr Mann so wohlsituiert, daß sie nur noch ein paar Kunden braucht und mit dem wenigen Entgelt klarkommt? Ich hätte sie höchstens Mitte fünfzig geschätzt. Sie ist schlank und hat eine gute Figur. Ihr Haar hat sie nicht gefärbt und verzichtet selbstredend auf Kosmetik und scharfe Chemikalien im Haushalt. Sie hat mir schon beim ersten Telefonat eingeschärft, ebenfalls auf Haarfärbung, Shampoo, Duschgel, Schminke, industrielle Hautcremes und Chemiereiniger im ganzen Haus zu verzichten. Das seien alles Stoffe und Verbindungen, die nicht in die Umgebung und in den Körper gehören. Sie erklärte mir auch, wie es kommt, daß unbekannte Mengen Jods und Antibiotika aus der industriellen Tierhaltung in unsere Nahrungskette gelangen und dort viele

Erkrankungen auslösen, die nicht zu unterschätzen seien. Tricks, wie sie schelmisch meinte, um den Absatz an Schilddrüsenmedikamenten anzukurbeln, die Zahl der Schilddrüsen-Operationen zu steigern und eine genügend große Anzahl hyperaktiver, verhaltensauffälliger, depressiver Kinder und Erwachsener ihren Arztkollegen und den Apothekern in die weitausgebreiteten Arme zu treiben.
Vielleicht macht sie aber auch deswegen nur Beratung, weil sie Desinfektionsmittel, die handelsüblichen zumindest, ebenfalls ablehnt und in einer nicht sterilisierten Umgebung laut Gesetz zum Beispiel keine invasiven Maßnahmen durchführen darf.
Wir besuchten das Bergcafé. Das ist ein hübscher Aussichtspunkt ganz in ihrer Nähe, von dem aus man einen wunderschönen Rundblick auf die Stadt mit dem historischen Stadtkern, dem alten Dom und dem Rathaus hat. Sigismund ließ uns bestellen, und da wir so lebhaft im Gespräch waren, vergaß ich, meinen Salat ungesalzen, ohne Essig, mit nur ein paar Kräutern und Öl zu bestellen. Er kam dann mit Joghurt-Dressing und ein paar Scheiben hellen Weißbrotes. Ich aß den Zusatzstoffecocktail mit den raffinierten Kohlehydraten, dem Jodsalz, den ungesunden Fetten und den verbotenen Milchderivaten zur Feier dieses angenehmen Tages dann aber doch mit großem Appetit, in der Hoffnung zugleich, daß Frau Doktor nicht denkt, ich mache das jeden Tag und damit ihre gesamten Bemühungen zunichte.
Sie erzählte uns noch, wie sie selber nach ihrer Operation am linken Auge dem behandelnden Arzt heimlich geschworen habe, der schon einen Termin für das zweite Auge vorschlagen wollte: Mein zweites Auge kriegst

du nicht! Und wie sie nach dem Fleisch dann auch den Verzehr des geliebten Käses eingestellt und einen Gang zugelegt hätte in Sachen Rohkostnahrung und wie der Graue Star im zweiten Augen seitdem nachgelassen habe und sie wieder klarer damit sehe.
Nach dem Salat war mir ziemlich übel. Jetzt merke ich erst, wie schlecht einem die Sachen bekommen, die man jahrelang gedankenlos in sich hineinstopft. Auch der Schluck Rotweins, den ich bei Sigismund nippte. Der hat fast auf der Stelle das alte Sodbrennen bei mir verursacht. Bis zu meiner Diagnose haben wir allabendlich eine Flasche Rotwein miteinander gekippt, manchmal auch zwei. An den Wochenenden und in Gesellschaft wurde es immer mehr. Alle unsere Nachbarn und Geschäftsfreunde trinken Alkohol.
Und dann die vielen Grillabende im Sommer. Ob ich diesen Sommer wieder dabeisein werde? Ob ich überhaupt noch leben werde? Jetzt geht es mir gut, und auch die Verdauungsbeschwerden und die Übelkeit nach dem Bergcafé sind wieder einigermaßen weg. Aber dieses Ding in meinem Darm. Es ist immer noch da. Auch wenn Frau Doktor mich beruhigt. Mein Mann hat auf der Rückfahrt ziemlich heftig gegen Frau Doktor gewettert. Wie sie so leichtsinnig über einen so kritischen Befund hinweggleiten könne! Im März hätte ich bis zum Zusammenbruch schließlich auch nicht gemerkt, was Sache war. Er finde Frau Mitteres Verhalten schon fahrlässig und mehr als grenzwertig. Ich war das lange Fahren nicht mehr gewohnt und von dem kleinen Essen so erschöpft, daß ich nicht mehr diskutieren wollte. Wenn Sigismund am Ende recht hat?

… Ich habe Frau Doktor endlich angerufen. Aber sie braucht ja auch ihre Ruhe und hat noch andere Baustellen als mich. Daß mir nach dem Bergcafé übelgeworden sei, ich aber schuldbewußt den Grund kenne. Daß es mir jetzt wieder gut gehe und ich von dem Besuch viele Impulse mitgenommen habe. Die Verspannungen waren anfangs verschwunden, sind aber wiedergekommen, allerdings nur in leichter Form, da die wunderschöne Behandlung bei ihr durch das homöopathische Mittel, das sie anschließend noch für mich herausfand, bislang vorhält.
Und was ist mit dem drei Zentimeter dicken Geschwür?
Wissen Sie, Frau Krüger, solange das schläft, können wir es schlafen lassen. Schlafende Kettenhunde weckt man nicht.
Aber die Mediziner, aber mein Mann!
Ich weiß. Ich bin auch Medizinerin. Ich habe lange auf einer onkologischen Station gearbeitet, ich weiß, wovon ich rede. Wie lange sind wir mit der Umstellung jetzt zugange? Drei Wochen? Zweieinhalb. Wie fühlen Sie sich? Wie das junge Leben. Oder zumindest recht gut. Hat der Tumor sich verändert? Ist er gewachsen? Nein. Er verhält sich still. Wissen Sie, wenn er so schlimm wäre, daß zwei oder drei Wochen darüber entscheiden, ob Sie leben dürfen oder nicht, dann wären Sie so schwer erkrankt, daß keine Maßnahme der Welt mehr hilft. Dann stünde es so schlecht um Sie, daß keine Operation auch nur das mindeste noch verbessert. Wenn es aber so schlecht um Sie bestellt wäre, dann sollten Sie allemal doch besser Ihren momentanen Zustand genießen, solange das geht, und sich nicht gleich wieder unters Messer begeben.

Die Medizin, Entschuldigung, die anderen Mediziner sehen aber Handlungsbedarf. Und wenn ich richtig hörte, dann denken Sie auch, es ist nichts mehr zu machen und unsere Maßnahmen dienen allein der Schönwetterlaune.

Das Gegenteil ist der Fall, Frau Krüger. Aber ich will und darf Sie nicht beeinflussen. Entscheiden müssen Sie, als mündiger Mensch und als mündiger Patient. Nicht einmal die Angst, die ich nicht teile, will und darf ich Ihnen nehmen. Das würde so aussehen, als nähme ich Sie und Ihre Sorgen auf die leichte Schulter. Beides trifft nicht zu. Ihre Körperfunktionen sind dank unserer Maßnahmen normal, Sie sehen frisch und straff aus, Sie fühlen sich vital, das kommt nicht von nichts. Ich würde darauf aufbauen und mir das Erreichte nicht schon wieder nehmen lassen. Ich konnte damals auf der Station den Patienten nicht raten: Steigen Sie aus der Therapie aus, entlassen Sie sich selber, auf eigene Verantwortung, ich weiß es hundertprozentig, es ist besser für Sie. Das durfte ich leider niemandem raten, es hätte mich in heftigsten Konflikt und in einen für mich ungewinnbaren Rechtsstreit mit der Klinik, dem Chefarzt, ja der gesamten Ärzteschaft gebracht. Man hätte mir die ärztliche Zulassung entzogen. Ich bin dem zuvorgekommen, indem ich von mir aus kündigte. Nun siechen die armen irregeleiteten Patienten auf meiner alten Station in den üblichen Etappen dem ewiggleichen Krebstod entgegen. Davor würde ich Sie gern bewahren, Frau Krüger. Machen Sie aus meiner Geschichte, was Sie wollen. Aber jetzt muß ich auflegen.

Ich kann nicht behaupten, daß dieses Gespräch mich beruhigt hätte. Es hat mich nicht beunruhigt, aber es hat mich auch nicht aufgebaut. Aber wie hätte es das können? Frau Mitterer ist nicht Gott, und wenn der Patient nicht will, gerät die Therapeutin ans Ende ihrer Macht.
Wenn doch Sigismund hinter mir stände! Vor lauter Angst und seinem alten katholischen Respekt vor Autoritäten vertraut er dem Professor mehr als der Frau Doktor. Obwohl die Frau Doktor klar und logisch darlegt, was sie denkt, und der Professor sich hinter seinem weißen Kittel, seinem Chefschreibtisch und einer Menge unverständlicher Fachliteratur verhüllt. Wenn einer einen schwarzen Talar trägt, sag ich zu Sigismund im Scherz immer wieder, oder einen Arztkittel hinter seinem Altar aus Krankenakten und unverständliches Latein dahermurmelt, reagierst du unselbständiger als ein Kind und erstarrst wie ein unerwartet angestrahltes Reh im Scheinwerferlicht. Das geheimnisvolle autoritäre Gehabe hat den Katholiken schon immer mehr imponiert als das Klare und Verständliche.
Aber warum setze ich mich nicht durch? Bin ich noch zu schwach, schwächer jedenfalls, als ich hoffte? Wie ein Vampir hat sich der Professor auf meinen Lebenskarren draufgeschmissen. Jetzt muß ich ihn mitschleppen, wohin ich den Karren ziehe. Oder ist es der Krebs selber, der mein Leben untergräbt? Wäre ich sonst nicht stark genug, der Stimme meines kaputten Bauches, leider, der Bauch ist zerstört, unwiederbringlich zerstört, wäre ich sonst nicht stark genug, der Stimme dann eben meines Herzens zu folgen und ließe den Professor einen guten Mann sein?

… Die 42 Tage nach Rudolf Breuß sind um. Morgen habe ich wieder Rapport beim Professor. Ich fühlte mich die ganze Zeit beschwerdefrei, bis auf die Verspannungen, die seit der OP im März immer wiederkehren. Ich kenne leider keinen Therapeuten in der Nähe, der die Druckpunktmassage wie Frau Dr. Mitterer beherrschte. Das homöopathische Mittel allein beseitigt die Beschwerden nur zum Teil. Und das, obwohl ich mich täglich viel bewege. Ich gehe in den Wald und mache alle kleinen Erledigungen mit dem Rad. Wenn nichts schlimmes dazwischenkommt, will ich spätestens im September wieder zu arbeiten beginnen.
Frau Dr. Mitterer gehört übrigens nicht zu den Leuten, die auf Homöopathie schwören und für die Homöopathie alles wäre. Sie nähert sich der Homöopathie als einem Phänomen, das sie abwartend beobachtet und dessen Resultate sie bescheiden respektiert. Sie hat Effekte im Zusammenhang mit Homöopathie beobachtet und seitdem probiert sie einfach aus, was sich tut, ohne daß sie eine abschließende Bewertung anstrebt. Ein abschließendes Urteil scheint ihr persönlich bisher unmöglich. Aber weil sie definitiv Erfolge mit Homöopathie beobachtet, setzt sie die Mittel von Fall zu Fall immer wieder ein, als ein Baustein unter vielen und nie, ohne andere, wie sie denkt, grundlegendere Maßnahmen zu vernachlässigen. Wir möchten alle Register ziehen, das ist es, erklärte sie meinem Mann, der skeptisch dasaß und sein Schnitzel mit Pommes frites verzehrte.
Wenn ich daran denke, daß ich Dr. Hase für den Vortrag empfohlen habe, den er kommende Woche in der Seniorenresidenz halten wird! Für viel Geld. Dieser fette Fleischvertilger, der den Krebs mit Eiweißbergen kurie-

ren will. Wir hätten Frau Dr. Mitterer einladen sollen. Aber dazu ist es jetzt zu spät, Dr. Hase wird anreisen und unseren Vorgesetzten, alle ausgewiesene Fleischesser und Rotweintrinker mit roten Nasen und dicken Wampen wie Sigismund, bleibt die bescheidene Frau Mitterer mit ihrer adretten Figur und ihrem besseren Wissen als fleischgewordene Mahnung erspart.
Aber wenn ich zum Beweis für die Richtigkeit der Theorien dieser Frau würde? Wenn ich durch Rohkost gesund würde, richtiggehend geheilt, und dann in einem Jahr nochmal mit dem Vorschlag käme, daß Frau Doktor bei uns referiert?
Jetzt freilich käme ihr Auftritt gelegener. Dann hätte sie einen vergüteten Anlaß, herzureisen und könnte nebenbei nach meinen Verspannungen sehen und mir Kraft geben für die Auseinandersetzungen, die sich mit dem Professor und auch mit Sigismund immer stärker anbahnen.

… Ich war erstaunlich stoisch und relaxed. Der Professor nahm die Akten von einem wichtigen Stapel und setzte sich in akademischer Bedeutsamkeit mir und Sigismund gegenüber auf seinen Chefsessel. Er schlug die Akte, auf Symmetrie achtend, bedeutungsvoll auf und verschränkte die Hände, die er auf die aufgeschlagene Doppelseite legte. Ich gab mir Mühe, sein Getue lächerlich zu finden. Ganz gelang es mir nicht. Immerhin scheint er ein kleines Grinsen auf meiner Oberlippe wahrzunehmen. Daß ich es gleich sage, Frau Krüger, die Geschwulst thront in bewährter Weise an ihrem alten Platz, aber etwas anderes haben Sie hoffentlich nicht erwartet.

Aber sie ist auch nicht größer geworden, Herr Professor?
Größer nein. Ortsfest. Größenstabil. Was drumherum ist, ersehen wir nicht aus den vorhandenen Daten, da müssen wir weitere Untersuchungen vornehmen. Ich sage Ihnen nur eines: diese Geschwulst ist eine lauernde Gefahr, ein Vulkan, der sich nur ruhig gebärdet und harmlos tarnt. Es bleibt keine andere Wahl: das Gewächs muß raus.
Und wenn ich nicht will?
Marion, empörte sich plötzlich Sigismund, der wie sonst auch immer bisher schweigend dagesessen war; ich beobachte deine Verzögerungstaktik nun schon länger und es fällt mir zunehmend schwer, länger zu schweigen.
Überzeugen Sie Ihre Frau, Herr Krüger, von der Richtigkeit unseres Vorschlags und der absoluten Notwendigkeit einer neuerlichen Operation.
Vor dem Sprechzimmer gerieten Sigismund und ich uns heftig in die Haare. Du mußt tun, was der Professor vorschlägt!
Wir fahren aber jetzt in Urlaub, ich bin wieder fit und möchte mein neues Wohlgefühl genießen; aber danach lassen wir das Notwendige machen.
Wenn es bis dahin nicht zu spät ist!
Und wenn's das wäre, wenn es zu spät wäre und ich sterben müßte, Sigismund, dann habe ich wenigstens noch diesen einen wunderschönen Urlaub erlebt!
Dieser unerquickliche Wortwechsel hat mich ganz schön aufgewühlt und mir die Souveränität wieder ziemlich geraubt, die ich mir angeeignet hatte für die leidige Konsultation beim Professor. Angehörige sind in manchen Situationen belastend. Ich allein mit meinem

Krebs hätte vielleicht eine gute Zeit jetzt. Ich allein träfe souverän und vergnügt allein jetzt die Entscheidungen. Ich allein stände für deren Folgen guten Gewissens und alleine gerade.
Nun klammert und drängt ein verängstigter Mann und ich habe verdorbene Laune, ein schlechtes Gewissen, egal wie ich entscheide, und nach 21 Ehejahren ernsthafte Trennungswünsche. Die habe ich während 21 Ehejahren nie gekannt, aber jetzt, wo ich am meisten Unterstützung gebrauchen könnte, werden diese Trennungswünsche wach. Unter der Last allseitiger Manipulationen laufe ich schnurstracks Gefahr, das Allerfalscheste zu machen. Der Professor bekommt am Ende freies Spiel und ich liege in einem Jahr unter der Erde. Es leuchtet doch jedem Kind ein, daß eine Serie schwerer Operationen den stärksten Kerl unter die Erde bringt. Wieviel verdient denn das Krankenhaus an meinem Fall? Als Privatversicherte bekommen wir ja die Rechnungen ins Haus geschickt und reichen sie dann ein. Wenn der Professor sich an mir austoben kann und der Rasen lange genug bespielbar bleibt, kommt bei meinem Fall locker eine halbe Million zusammen. Gegen paar hundert Euro, die die Beratungen bei Frau Doktor alle zusammen kosten! Wenn ich während einer der heftigen Prozeduren, und die sind wahrhaft heftig, ich hab im März die grünen Halbleichen über die Gänge schleifen sehen, die aufgedunsenen Todgeweihten, die wachsfarbenen Todgeweihten, die schwammigen noch Scheinlebendigen und die bereits Ausgezehrten, da kann mir keiner erzählen, daß das ein lebenswertes Leben ist. Dann doch lieber unbehandelt sterben.

… Der Professor tut mir nicht gut, Sigismund, ich habe es immer gespürt.
Der Professor ist eine Kapazität!
Auf seinem Gebiet.
Unter den Annahmen seines Glaubens!
Das nennst du Glauben? Es ist die neueste Wissenschaft.
Die Wissenschaftsgeschichte steckt voller Irrtümer. Warum sollte die heutige Wissenschaft frei von Irrtümern sein.
Und du willst das wissen?
Ein Bauchgefühl. Ich verschluckte: kaputtes Bauchgefühl.
Was machen wir? Holen wir eine Zweitmeinung ein?
Die Zweitmeinung kennen wir!
Diese Mitterer zählt nicht, tut mir leid, liebe Marion, diese Frau Doktor hat den Anschluß an die moderne Medizin verschlafen.
Ich schwieg ihn nur noch an. Ich wußte, daß er im Unrecht war, aber es hatte keinen Zweck, mit ihm weiter zu diskutieren. Wie soll ich bloß im Urlaub mit ihm klarkommen, wenn er sich so gegen mich stellt? Wenn meine Selbsterfahrungen und Gedanken über das alles für ihn nicht zählen? Sigismund, sagte ich nach langem Sinnen, ich möchte den Urlaub mit dir so richtig genießen, wir haben das beide nach diesen schwierigen Monaten verdient. Ich verspreche dir, nach dem Urlaub wieder den Professor zu konsultieren und, sollten wir beide zu der Überzeugung gelangen, daß das nötig wird, eine weitere Meinung von einem weiteren Schulmediziner einholen. Aber mir gestatte, daß ich trotzdem Frau Mitterer nachher anrufe. Ich habe ihr versprochen, sie

vom Ausgang der Untersuchung zu unterrichten. Das Gespräch mit ihr tut mir einfach gut. Und der Wunsch danach sollte dir als Grund dafür genügen, daß ich mich zurückziehe und mit ihr rede.

… Wir hatten 14 schöne Tage am Timmendorfer Strand. Ich hatte im Internet eine Privatpension gefunden, wo wir unsere ständigen Begleiter, meine Rohkostmaschinen, aufbauen konnten. Ich gönnte mir keine Ausnahme wie bei unserem Besuch bei Frau Dr. Mitterer in dem Bergcafé. Ich legte sozusagen einen Gang zu. Vielleicht sagt der Gast in meinem Darm zur Feier des Tages ja noch leise Servus? Was wäre das für ein Glück, wenn der Professor staunend vermelden müßte, Ihr Befund hat sich aufgelöst, der Tumor ist weg!
Ich versuchte aber, jeden Gedanken an alles das zu verdrängen und watete nach Herzenslust durch den Sand und das niedrige Wasser am Strand. Die Ostsee war noch etwas kühl, aber ich dachte daran, daß kalte Wasserreize den Wärmehaushalt im Körper optimieren können. Der weiland Pfarrer Kneipp hat in den vergangenen Wochen dazu beigetragen, daß ich immerhin nicht mehr ganz so verfroren bin wie bisher. Das frische salzige Wasser tat mir jedenfalls gut. Irgendwie war meine Atmung besser und freier im Reizklima des Meeres.
Über Krankheiten haben wir die ganze Zeit geschwiegen. Es war ein Fehler. Frau Dr. Mitterer tut mir gut. Ich habe sie erst einmal persönlich gesehen, aber ihre Voraussagen sind alle eingetroffen: der Tumor hat sich unter der neuen Ernährung still und friedlich verhalten.
Selbst wenn er weiter existiert, er tut Ihnen anscheinend nichts, Frau Krüger. Diese Fälle sind nicht selten. Las-

sen Sie ihn schlafen, lassen Sie ihn in Ruhe. Sonst wacht er auf und wird am Ende recht ungemütlich. Also fahren Sie getrost an die Ostsee. Halten Sie sich an unsere Ernährung und tun Sie im frischen Wasser und in der Meeresluft etwas für Ihre Atmung und Ihre Durchblutung.

Und alles ist eingetroffen, wie Frau Doktor sagte. Ich fühle mich körperlich gut, einfach gut, und täte es auch seelisch, wenn da nicht dieser große dunkle Schatten auf mir lastete, bestehend aus der Angst meines Mannes, dem permanenten Drängen des Vampirs und dem Wort, das ich gegeben habe. Wenn ich meinem kaputten Bauchgefühl folgen dürfte, ginge ich morgen einfach nicht hin. Ich ließe den Professor mit seiner ganzen armen Schulbücherweisheit hängen und es wäre mir schnurzegal, ob Sigismund sich von mir scheiden läßt oder bei mir bleibt. Es ist mein Körper, nicht seiner, meine Seele, nicht seine, meine Freiheit und nicht seine. Wenn Frau Dr. Mitterer nur so wankelmütige, feige und mißtrauische Patienten hätte wie mich, sie gäbe ihre Praxis sehr bald auf. So eine verständige Ärztin. Aber hat sie ihre Praxis nicht ziemlich leer? Sind alle Krebserkrankten so leicht einzuschüchtern wie ich?

Ich fühle, ich bin verloren, wenn ich nicht vor Sigismund hintrete, wenn er jetzt gleich aus dem Betrieb kommt, und ihn klipp und klar vor die Alternative stelle: Entweder du unterstützt mich in meinem Wunsch, mich aus der Umklammerung durch den Professor zu verabschieden und den Termin morgen abzusagen, oder ich trenne mich von dir. Es ist mein Körper, meine Krankheit und meine Gesundheit, ich entscheide ab heute selber darüber, was mit mir geschieht. Unterstütze mich auf diesem Weg oder laß mich gehen!

... Beim Professor war es ähnlich wie immer. Er sprach aber etwas ruhiger als sonst. Sie hatten lange genug Zeit, Ihr Gewächs mit frommen Sprüchen kleinzubeten. Wie Sie an den Schaubildern nun erkennen, war Ihr Beten umsonst. Und wir beiden hatten lange genug Zeit, uns die Entscheidung gut zu überlegen. Nun wollen wir das medizinisch Notwendige nicht länger verschieben. Dieser Parasit gehört nicht dahin. Er muß des Landes verwiesen werden.
Aber er tut doch nichts!
Sind Sie der erfahrene Arzt oder ich? Ich kann nur wiederholen, wenn wir noch länger warten, haben Sie vielleicht schon Ihre letzte Chance verspielt, Silvester zu erleben.
Und wenn ich mich operieren lasse, wie groß ist dann meine Überlebenschance?
Chance, Sie sagen es, keine Garantie. Und je länger Sie sich gegen den Eingriff sperren, umso kleiner wird diese Chance.
Da machte mein Mann etwas, das ich niemals für möglich gehalten hätte. Wie immer hatte er anfangs schweigend neben mir gesessen und nichts gesagt. Jetzt machte er etwas, das der Professor womöglich noch nie erlebt hatte in seiner gesamten Arztlaufbahn: Sigismund warf sich vor mir auf die Knie, nahm wie Romeo die beiden Hände seiner Julia und drückte sie sich an die Wangen. Ich flehe dich auf Knien an, Marion, tu, was der Professor von dir verlangt. Wir wollen dich doch alle nicht verlieren.

Erst dachte ich, es ist ein Scherz. Dieser robuste trockene Mann. Aber es war kein Scherz. Er vergrub sein Gesicht in meinem Schoß und weinte heftig los. Ich habe Sigismund erst einmal in unserm gemeinsamen Leben weinen sehen: als die Polizei vor unserer Tür stand und sagte, daß seine beiden Eltern bei einem Autounfall in den französischen Alpen tödlich verunglückt seien. Jetzt weinte er wieder, vor dem Professor, weinte wie ein Schloßhund. Ich glaube, wenn er von mir verlangt hätte: Marion, nimm das Los an und geh für dein Volk in den Tod, laß dich im Ofen von Gott Baal verbrennen, ich hätte den Opfergang jetzt angetreten. Einmal bestiegen wir in einem Urlaub vor Jahren den Vesuv bis zur Gefahrenzone: Stürz dich in den Krater, du tust es für dein Volk und unser aller Wohlergehen, Seelenheil und Überleben, ich wäre in den siedend heißen Kesseldampf hineingesprungen.
Ich habe am Abend dann noch mit Frau Mitterer telefoniert. Ich habe kein gutes Gefühl, aber mein Mann, verstehen Sie.
Ich weiß.
Ich habe mir bis morgen früh Bedenkzeit ausbedungen. Der Professor hat mir in Anwesenheit meines Mannes hoch und heilig zugesichert, nur das Nötigste zu operieren.
Ich will das nicht weiter diskutieren. Nur eine alles umfassende abschließende Frage: wie würden Sie an meiner Stelle handeln? Würden Sie den Tumor operieren lassen?
Wenn ich Sie wäre, Frau Krüger, eindeutig nein. Ich würde mich nicht operieren lassen.

Ich fürchte, ich werde um des lieben Familienfriedens willen etwas Falsches tun.

... Ich bin noch nicht wieder richtig da. Dennoch spüre ich, daß etwas Großes und Schlimmes mit mir geschehen ist. Ich muß unter starken Betäubungsmitteln stehen. Als ich gestern aus der Narkose aufwachte, fiel mein erster Blick auf den riesigen Verband, der meinen ganzen Bauch umspannt. Was er wohl stützen und was er verbergen mag? Mir ahnte das Schlimmste und eine Wut stieg in mir auf. Diese Wut kann ich keinem Menschen beschreiben und so laut kann ich gar nicht brüllen, wie ich meine Wut hinausbrüllen wollte. Ich kann überhaupt nicht brüllen, denn ich bin zu schwach. Bei jedem Atemzug spüre ich, welche Mühe schon das normale Atemholen kostet. Ich bringe gerade ein paar heisere Worte mühsam hervor.
Ich schlief gleich wieder ein. Oder richtiger: ich schlief mich auf der Stelle weg. Im Dusel kriegte ich noch mit, wie der Professor mit seinem Gefolge kam und leicht den Verband betastete. Keine Unebenheiten, das Netz scheint gut zu sitzen.
Heute sah ich den Professor nicht. Die Intensivschwester weckte mich und erneuerte den Verband. Und da sah ich erstmals die lange Schnittwunde, die man mir verpaßt hat. Dreißig Zentimeter mindestens*. Was ist das, stammelte ich mit dem bißchen Stimme, das mir geblieben ist, heiser.
Die OP-Narbe.

---

* Vermutlich übertriebene Angabe, aus dem Schock der Patientin heraus verständlich.

Das sehe ich. Warum soviel Narbe für so ein kleines Gewächs?
Um fünf kommt der Chef, den fragen Sie.
Doch erst kam Sigismund und verbrachte eine wortkarge Wartezeit an meinem Bett, die mir als Ewigkeit erschien. Und dann kam der Oberarzt. Bis zur Rückkehr des Professors aus dem Urlaub trage er jetzt die Verantwortung für die Station. Was möchten Sie wissen, junge Frau?
Erklären Sie mir und meinem Mann bitte das hier, es war eine minimale Operation angekündigt und jetzt sehe ich eine Narbe, die sich über meinen ganzen Unterleib erstreckt.
Als wir Sie aufmachten, mußten wir feststellen, daß Teile des Bauchraums leicht befallen waren. Sicherheitshalber mußten wir auch noch sämtliche Lymphknoten drumherum entfernen. Um den Körper zu stützen, mußten wir ein Netz implantieren, das mit dem verbliebenen Bauchfell verwächst. Wie ich sehe, wächst es hervorragend an. Sie haben gute Heilkräfte und gutes Fleisch, Frau Krüger. Wenn das so weitergeht, entlassen wir Sie bereits in einer Woche in die Reha. Dort werden dann auch schon die weiteren Schritte mit Ihnen beraten.
Welche weiteren Schritte?
Eventuell eine Chemotherapie. Das hängt von der weiteren Entwicklung ab.
Und von meinem Willen nicht? Ich brauste auf, und für einen Augenblick wäre beinahe meine alte Stimmkraft zurückgekehrt, aber das täuschte. Ich brachte nur ein röchelndes Gekrächze hervor, und jede weitere Rede erstickte mir im Hals. Ich spürte nur noch ein Würgen und

eine übelschmeckende Trockenheit und eine Ohnmacht wie nie im Leben zuvor.
Der Oberarzt merkte wohl, daß ich wütend war, gab mir lasch die Hand, ich stand zusehr unter Schock, um sie abzulehnen, und wandte sich routinemäßig an meinen Mann, ganz der folgsame Schüler und Stellvertreter seines Professors: Wir lassen Ihre Frau jetzt eine Weile schlafen. Sie werden das Richtige tun, Sie kennen Ihre Frau am längsten, Sie wissen, was das Beste für Ihre Frau ist.
Wenn ich nicht an lauter Schläuchen angeschlossen hinge, der Verband mich nicht hemmte und die Schwäche mich nicht so niederdrückte, ich wäre aufgesprungen und dem Oberarzt an die Gurgel gegangen. Ich schaute stattdessen stier vor mich hin und wich allen Blicken meines Mannes standhaft aus. Ich hätte Sigismund in diesem Moment erwürgen wollen.
Nach Minuten des Schweigens raffte ich mich auf und lächelte ihn freundlich an, sicher kein ehrliches Lachen. Ich weiß, man darf sich nicht verstellen in einer engen Beziehung und nach 21 Jahren Ehe. Aber ich frage mich, ob wir überhaupt in einer Beziehung leben, die das Wort eng verdient. Wenn meine Unehrlichkeit der Anfang vom Ende gewesen sein soll, dann war's das eben. Aber stecken Sie einmal in so einer dammichten Situation wie ich, ohnmächtig, verhöhnt, belogen, hintergangen, ohne jemanden in der Nähe, mit dem Sie ehrlich reden können, unendlich schwach und gedemütigt, und Sie werden meine Worte begreifen. Ich flüsterte so deutlich und nett ich konnte, und ich hoffe, er nahm meine Freundlichkeit für wahr: Nach diesem Treffen muß ich mich erstmal eine Stunde erholen, Schatz, das

muß ich mit mir alleine austragen und verdauen. Mach dir um mich keine Sorgen, wir schaffen das. Bitte geh. Bis morgen.

Nun hat der Professor erreicht, was er wollte: er hat, mithilfe meines Mannes, der Frau Doktor, seiner unbekannten Rivalin, das Ruder aus der Hand geschlagen und das Boot so ruiniert, daß es nie wieder fahren wird. Was treibt ihn dazu, mich um jeden Preis kaputtzumachen? Sähe er mich lieber tot, als daß er ertrüge, daß eine unbekannte graue Eminenz, seine Rivalin, Frau Dr. Mitterer, erfolgreich mein Leben verlängerte mit Methoden, die er nicht kennt oder auch belächelt aus den wenigen rudimentären Kenntnissen, die er darüber hat? Methoden, denen jemals nachzuforschen er für unter seiner Würde hält? Sie würde erfolgreich sein außerhalb des Königswegs, für den er, der Herr Prof. Dr. med. und anerkannte Chefarzt, steht und für den er seine ganze Reputation als Professor und das ganze Ansehen seiner Richtung in die Waagschale wirft. Mehr noch: für den er und seinesgleichen unsere Politik umgarnen und für astronomische Milliardensummen beknien.
Frau Doktor hat argumentiert: Ihr Gewächs verhält sich still, Ihr Organismus arbeitet. Ihr Darm, wie er wieder funktionierte, leistete Ihnen wunderbare Dienste beim Wiedererlangen Ihrer Vitalität und dem Aufbau Ihrer Immunabwehr. Das darf man nicht gefährden. Vertrauen Sie Ihrem Körpergefühl, Ihr Körper berät Sie richtig.
Nun, beraten wird der Körper mich nicht mehr, denn er kam mir zu großen Teilen abhanden. Wenn man mehr als das halbe Bauchfell und was sonst noch alles herausgeschnitten bekommt und die Immunabwehr gleich mit.

Das ist das Ende. Wie soll so ein beschnittener Restkörper, ein Torso, ein Wrack überleben?
Ich will mich konsequent wie eh und je an das Programm von Dr. Mitterer halten. Laßt mich erst nach Hause kommen. Ich habe euch, mein guter Mann, meine guten Kinder, meinen guten Willen gezeigt, mich aufzuopfern für mein Volk, aber jetzt gilt nur noch das, was ich selber will. Ich will auch keine Reha. Folgebehandlungen kommen nicht infrage, Chemotherapie nur über meine Leiche.

… Gestern habe ich Frau Doktor angerufen. Ich hatte es ihr versprochen. Ihr gesagt, wie unglücklich ich jetzt bin, dem Professor und meiner Familie nachgegeben zu haben. Die Operation wäre ein unwiderruflicher Fehler gewesen. Ob sie mir etwas über die Befunde sagen könne, die Sigismund ihr zugeschickt habe. Frau Mitterer gab zu, daß die Größe des Eingriffs sie entsetze, daß sie aber mit so etwas gerechnet habe nach allem, was dem vorausgegangen war. Vor allem hätte man mir wichtige Abschnitte des Immunsystems entfernt und meinem Körper Chancen genommen, sich zu regenerieren. Ohne Werkstatt keine Reparatur.
Jetzt können wir nur noch hoffen, daß der Körper mit den Resten seiner Immunabwehr ein Wunder leistet. Aber das ist meine persönliche Ansicht, der Professor mag das anders sehen und eine bessere Strategie verfolgen. Jetzt ist er am Zuge.
Der Professor? Nie wieder! Ich will den Professor nie im Leben wiedersehen!
Wir sind so verblieben, daß ich sie informiere, wenn etwas neues sich ergibt.

… Es erstaunt, von was ein Körper sich nochmal erholt. Der Selbsterhaltungstrieb mobilisiert in uns Kräfte, die ans Unglaubliche grenzen. Ich bin fünf Wochen nach der folgenschwersten Dummheit meines Lebens, dieser ungeheuerlichen Operation, wieder aufs Rad gestiegen, um zweihundert Meter entfernt im Dorf Gemüse zu besorgen. Ob ich wieder so fit werde wie, sagen wir, zwei Wochen nach Beginn der Betreuung durch Dr. Mitterer nach meiner ersten OP? Ich wage es kaum zu hoffen.
Sigismund liest mir jetzt jeden Wunsch von den Lippen ab und handelt in allem mich Betreffenden fast unterwürfig so, wie ich es möchte. Ich habe die Reha abgelehnt und gehe auch nicht mehr zur Nachuntersuchung. Eine Frau aus Polen kommt mehrmals die Woche vorbei und macht den Haushalt. Anfangs hat sie auch die Säfte für mich gepreßt und den Rohkost-Wildkräuter-Brei erledigt, letzteres kann ich inzwischen wieder, der Saft ist noch zu anstrengend. Am Wochenende wollen wir für einige Tage ins Münsterland. Eigentlich würde ich viel lieber wieder zum Timmendorfer Strand, aber die Fahrt dorthin wäre noch zu weit. Außerdem traue ich mir das Schwimmen nach OP Nummer zwei nun gar nicht mehr zu. Da wo der Professor das Netz eingesetzt hat, reagiere ich sehr empfindlich. Bestimmte Bewegungen darf ich gar nicht machen. Die Narbe könnte platzen und die Verankerung vom Netz könnte aufreißen. Nein, Schwimmen ist tatsächlich nicht mehr drin. Aber wir wollen uns Räder ausleihen. In Sigismunds Begleitung kann ich einen größeren Versuch damit wohl wagen.

Montag, der 27. August. Ich saß kaum im Sattel, am zweiten Tag unsers Kurzurlaubs, das zweite Mal überhaupt nach meiner zweiten OP und unserm Urlaub am Timmendorfer Strand, als ich einen stechenden, wühlenden Schmerz im Muskelfleisch neben dem rechten Hüftgelenk verspürt. Er bohrte und wühlte so doll, daß ich fast ohnmächtig wurde. Sollen wir zum Hotel zurück, Marion? Nein, es geht schon wieder. Laß uns fahren.
Wir waren keinen Kilometer gefahren, als ich abbrechen mußte. Wenn Sigismund mich nicht im letzten Moment aufgefangen hätte, wäre ich flach auf den Radweg geknallt. Nicht auszudenken, was das hätte anrichten können bei all den Narben und dem Netz! Der Schmerz war bestialisch und ich tippte auf Ischias. Sigismund bestellte ein Taxi, das brachte mich gleich in die nächste Ambulanz. Er versorgte die Räder und kam mit dem Auto nach. Eine Spritze brachte Linderung.
Wieder im Hotel, suchten wir nach einem Orthopäden, der auch gleich einen Notfall in mir erkannte. Das sieht nicht nach einem normalen Ischias aus, sagte er nach der Untersuchung, ich stelle Ihnen aber gern ein Rezept über zehn Massagen aus. Sie müssen die Sache abklären lassen, am besten in der Klinik, die haben die Geräte dazu.
Wieder zu Hause, hätte ich am liebsten alle Massagen auf einmal genommen. Aber der Masseur erklärte, das ginge nicht.
Auch nicht gegen einen gewissen Aufpreis? gab ihm Sigismund einen Wink.
Möchten Sie, daß ich meine Kassenzulassung verliere?
Aber schon unter der ersten Massagebehandlung glaubte ich zu zerspringen vor Schmerz, aber ich biß auf die

Zähne und bestand noch auf der zweiten, die er noch in derselben Woche anbieten durfte.
Das war am Donnerstag. Kurzum, der Schmerz wurde durch die Massagen nicht geringer, sondern schlimmer. Ohne das Schmerzmittel, das ich jetzt hochdosiert nehme, wäre er so schlimm, daß ich keine zwei Schritte gehen könnte. Die Klinik nahm mich als Notfall auf. Ich bestand aber darauf, nach Röntgen und Ultraschall und nach der Versorgung mit neuen Schmerztabletten die Ambulanz zu verlassen und nicht wieder auf Station zu landen.
Am Freitagnachmittag bekamen wir einen Termin. Der Professor kam taktvollerweise nicht selbst, sondern hatte seine Vertretung geschickt. Die neue Oberärztin, die jetzt unter ihm arbeitete, fiel mit der Tür ins Haus, und es war der niederschmetterndste Dialog in der gesamten Geschichte meiner Erkrankung. Eigentlich war es kein Dialog, denn ich kam gar nicht zu Wort.
Was glauben Sie denn, wer Sie sind! Eine Extrawurst? Ischias! Wissen Sie nicht, was Sie haben? Ist Ihnen noch immer nicht klar, was Ihre Krankheit bedeutet? Peritonealkarzinose! Krebs im ganzen Körper! Statt Luftsprünge und Kurzurlaube sollten Sie allmählich daran denken, Ihr Haus zu bestellen! Das Büro gibt Ihnen einen Termin, wann wir mit der palliativen Chemotherapie beginnen können.
Und schon war sie weg.
Sigismund legte mir zart die Hand auf den Arm und flüsterte: Das haben wir davon!
Ich aber schüttelte ihn ab, richtete mich auf, soweit die Schmerzen das zuließen und auch das Ziehen, das ich seit der zweiten Operation immer spüre, wenn ich mich

geradezuhalten versuche, und rief der Oberärztin hinterher, ja, ich brüllte, und ich glaube, ich ballte sogar die Faust, ziemlich altmodisch hat das ausgesehen, bestimmt wie im Volkstheater, wie sie's in meiner Jugend bei uns dahoam in Bayern spielten: Mörder, brüllte ich, Mörder, Mörder!

... Mittwoch, 2. Januar. Die letzten Monate waren die Hölle. Ich ernähre meinen ausgezehrten Torso von Pralinen. Ich habe es Frau Doktor gesagt. Sie rief mich gestern an. Nach langer Unterbrechung. Wollte nur ein gutes Jahr anwünschen. Ich sagte ihr, daß ich nur noch liege, zweimal unterbrochen von Krankenhausaufenthalten, in denen ich nur die übliche minderwertige Kost bekam. Ich habe auch zu Hause nur noch Schitt gegessen. Ich nehme die starken Betäubungsmittel, Morphium zum Beispiel, da krieg ich nicht mit, wie der Magen krampft nach dem ganzen Schrott. Ich habe keine Kraft mehr zu kämpfen. Ich bin müde. Ich bin froh, wenn alles vorbei ist. Es kann nur noch Tage dauern. Ich habe Sigismund angewiesen, Frau Dr. Mitterer 200 Euro extra zu schicken. Als Dankeschön für ihre Liebe und Geduld. So eine Ärztin hätte ich mir immer gewünscht. Aber sie kommt nicht durch mit ihrer Art. Sie verlangt zuviel Mut. Ich habe sie sicher enttäuscht. Aber das zählt jetzt auch nicht mehr. Jetzt gilt es, mit Anstand die Tage durchzuhalten bis zum Eingang in die Unendlichkeit. Schade, ich hätte gerne noch ein bißchen von der Welt gehabt, gut freund mit dem kleinen schweigenden Parasiten, hätte ich gern noch ein bißchen weitergewirtschaftet. Wie in den Monaten vor der zweiten Operation.

Sigismund hat es zugesagt. Er will die 200 Euro der Frau Doktor schicken mit Dank von mir und der Anzeige, der sie entnehmen kann, daß ich nach tapfer ertragener Krankheit im Alter von 48 Jahren aus der Welt gegangen bin.
Daß es schon jetzt sein soll und unter so traurigen Umständen, kann sich der Professor auf seine Fahnen schreiben. Aber er folgt nur seiner Lehre. Oder muß ich sagen: seiner Religion? Jedenfalls folgt er seinem Dogma. Sicher liest er die Zeitung. Oder jemand zeigt ihm die Anzeigen. Jemand vom Personal. Jedenfalls soll er keinen Brief erhalten und auch kein Dankeschön.

(Marion Krüger – geboren 7. März 1962 in Bayern, gestorben 4. Januar 2011 in Hamm.)

Zweiter Monolog
Regina Morgen

... Gerd konnte richtig fuchsig werden. Man hatte bei einer Wagner-Oper gefälligst so zu reagieren wie er. Während er gebannt der Handlung folgte, saß ich neben ihm und schüttelte nur von Zeit zu Zeit den Kopf. Dann konnte es geschehen, daß ich gleich wieder in eine Vorstellung mitkommen mußte. Zur Strafe für meine Ignoranz. Oder um vielleicht doch noch zu begreifen, warum der eine Tränen über Senta und den Holländer vergießt und der andere über Wotans Abschied keine schlaflose Nacht verbrachte.

Gerd war 20 Jahre jünger als ich und häuslich. Er kochte gern. Mich ließ er im Haushalt nichts machen außer staubsaugen, Geschirr trocknen und den Müll an die Tonne bringen. Nichts besseres konnte mir passieren, als daß sich ein jüngerer Mann für mich interessierte, der auch noch gern im Haus hantierte.

Wir kannten uns aus der Seniorenresidenz. Das Beerdigungsinstitut Müller, Pater Vierboom und die Direktion richteten damals eine Vortragsreihe über das Trauern aus. Zur Eröffnung sang Roland Zengen, ein Kunde unseres Antiquariats, Altphilologe, Theologe und guter Laiensänger, Brahmsens Ernste Gesänge opus 123. Ich hatte ihn vorgeschlagen. Ich wußte, er macht das schöner als Fischer-Dieskau. Fischer-Dieskau ist als Sänger perfekt, aber diese Intensität des Textverständnisses, dieses Eindringen in die Welt der alten Bibelworte gelingt Roland Zengen besser. Roland trug die Gesänge zum Weinen schön vor. Wenn ich demnächst beerdigt werde, bestehe ich darauf, daß Roland Zengen diese Gesänge für mich singt.

Gerd arbeitete als Altenpfleger in der Residenz und betreute zu Hause noch einen kranken Vater. Dieser alte Herr hatte den Wunsch zu sterben und Gerd tat sich in der Diskussion zur aktiven Sterbehilfe aktiv hervor. So lernten wir uns kennen. Er hatte einen Herzfehler von der Mutter geerbt, die schon lange tot war. Kurz nachdem wir uns kennengelernt hatten, mußte er seinen Beruf deswegen aufgeben.

Wenn Gerd neben mir in einer Wagner-Oper rührselig wurde, warum sprang das nicht auf mich über? Er war doch mein Freund, mein Lebensgefährte und mein Mann?

Bei den überladenen Produkten des Musiktheaters kommt einfach keine Rührung bei mir auf. Heute könnte das beim Holländer oder bei Wotans Abschied anders sein. Weil es mich an die gemeinsamen Opernbesuche erinnert, an Gerds Reaktionen, seine Physiognomie, seine Nähe.

Aber Klagen macht Dinge nur noch schlimmer und Verluste nur noch schmerzlicher. Das muß ich mir nicht mehr antun. Das Leben wird schon sehr viel anders in dem Moment, wo dein Partner tot neben dem Sessel liegt. Gerd wollte aufstehen vom Mittagsschlaf. Er muß bei der Drehung Richtung Küche einen Herzstillstand erlitten haben. Er soll auf der Stelle tot gewesen sein. Wenig später kamen mein Bruder und ich von unserm Verdauungsspaziergang zurück. Gerd hatte Johannes und mich nach dem Essen wie gewöhnlich vor die Tür geschickt, um Ruhe vor uns zu haben. Er konnte schon seit langem nicht mehr mit. Er geriet schon bei der

kleinsten Steigung außer Atem. Geht ihr nur. Wenn ihr zurückkommt, ist der Kaffee fertig.
Aber dieser Kaffee wurde nie fertig. Der Kaffeekoch lag tot neben seinem geliebten Fernsehsessel. Den Kuchen haben wir gegessen. Es ist der letzte Kuchen, den Gerd gebacken hat. Und ehe er verdirbt, wollen wir ihn Gerd zu Ehren genießen.
Es war ein wunderbarer Kuchen, aber es fiel uns verdammt schwer, ihn zu verzehren, verdammt schwer. Nie werde ich diesen Kuchen und diese letzte Mahlzeit im Anblick des lieben Verstorbenen vergessen. Auch wenn ich nicht gern über Emotionen spreche, aber das kann ich Ihnen sagen, es war, als würde ich Gerd bei lebendigem Leibe verzehren.
Entschuldigen Sie diesen direkten Vergleich, aber ich drücke mich manchmal so aus. Das ist meine Art. Und ich möchte meine Art nicht mehr ändern in der kurzen Lebensspanne, die mir bleibt. Ich will nicht den reuigen Sünder heucheln, der auf der Zielgeraden Besserung und eine neue Technik und eine andere Lauffrequenz gelobt. Ich will überhaupt nichts mehr ändern oder geloben, ich will einfach nur, daß alles so gewohnt wie möglich weiterläuft. Was hat sich denn eigentlich verändert, seit ich weiß, daß ich nicht mehr lange lebe? Die Welt geht weiter ihren Gang. Ein paar Gedanken würde ich gerne noch vertiefen und, wenn möglich, zu einem Abschluß bringen, aber sonst?
(Aber schließt man je etwas im Leben ab? Der Tod beendet das Leben. Oder ist nicht einmal das so sicher, wie einige behaupten und auch ich selber meistens denke?)

Als erstes würde ich gerne noch die Reaktion von Gerd und mir auf ein und dieselbe Musik begreifen. (Einwurf: hieße Begreifen nicht, ich mache mir seine Empfindungen zueigen, gehe darin auf, werde er? Diesen Gedanken verfolgen, wenn noch Gelegenheit bleibt! Großes Thema!)

... Ich stöberte am Mittag alte Papiere auf: Kompositionsübungen, Sie glauben es nicht, ein Konvolut von sechzehn Notenblättern. Das habe ich also auch probiert. Ich wußte es nicht mehr. Meine gute Mutter muß die Seiten aufgehoben haben. Sie hob viele Dinge auf. Aus Ordnungsliebe. Wenn mal Streit aufkäme, wie war das denn damals? So? Nein, so! Oder so? Dann schauen wir doch mal nach, wie es war.
Die Noten verraten eine Kinderschrift. Über ein, zwei Reihen kommen sie selten hinaus. Kaum eine Nummer hat so etwas wie einen Abschluß. Nur einmal ein etwas längerer Ansatz: anderthalb Seiten, doch dann wieder, mitten im Takt, Abbruch. Ein bißchen klingt's nach Telemann. Telemann spielten wir im Schulorchester damals. Solange ist das her. Wie fühlte sich Musik für den Jungpennäler damals an?
Wenn wir das damals, mit elf, zwölf Jahren, zusammen spielten, war das ein Erlebnis. Wenn du allein auf dem Cello übst, macht das nichts daher. Aber wenn die anderen Instrumente dazukommen, klingt es voll und du kriegst ein Gefühl für den Wert deiner Stimme. Das Musizieren in der Gruppe gleicht einem Mannschaftsspiel. Oder einer Diskussion. Freilich, wenn du von einer Diskussion im wahren Leben aufstehst, dann siehst du in einer Sache klarer, die dir vorher unklar war, und

hast für dein Leben dazugelernt. Was bleibt dagegen nach dem Musizieren? Der Geschmack des Essens liegt dir noch ein bißchen auf der Zunge, dann denkst du an etwas anderes.
Ich liebe es, wenn es schmeckt. Johannes findet, ich lasse mich zu sehr gehen. Er bringt oft etwas mit und übernimmt, soweit mein Widerstand das zuläßt, die Rolle des Kochs. Johannes lebt gesünder als ich. Wie sehr vermisse ich Gerds Küche! Wie freute ich mich, wenn er etwas Schönes auf den Teller zauberte! Ich habe sein Essen genossen, aber wenn aufgegessen war, ging ich immer zu anderen, interessanteren Dingen über. Essen ist eine Naturnotwendigkeit und zuweilen ein angenehmer Nachtisch. (Gedanken ordnen! Abschnitt redigieren!)
Claudine würde baß erstaunen, wenn sie erführe, daß ihre Großtante außer Haydn und den Vier ernsten Gesängen Musik nicht besonders liebt. Mit Haydn und diesen Liedern könnte ich meinen Musikbedarf für die letzten Monate decken.
Gerd hatte wegen seines Herzleidens Probleme, eine Partnerin zu finden, eine Senta, die ihm bedingungslos folgte. Senta stürzt sich für Holländer in den Tod, beweist: Ich bin dein. Das ist keine sehr praktische Lösung für die Liebe, aber Senta erlöst den Fremden so von seinem alten Fluch. Holländer weiß, er wurde geliebt. Die Hingabe der Frau hat ihn erlöst.
War ich für Gerd Senta? Er konnte trotz des Altersunterschiedes vor mir bettlägerig werden. Er konnte von heute auf morgen dem Siechtum verfallen oder, wie es tatsächlich ja geschah, dem plötzlichen Herztod erlie-

gen. Diese Sorge, diesen Schrecken, diesen Schmerz wollte er keiner Frau zumuten.

Und dann tauchte ich auf und alle seine Bedenken schmolzen dahin. Wir haben nicht oft von seinem Leiden gesprochen. Wir hätten es vielleicht tun sollen. Er hat gewiß öfter daran gedacht. Und jedesmal bestimmt, wenn im Theater zwei nahestehende Menschen auseinandergingen.

Aber sind wir damit dem Wesen der Musik nähergerückt? Abschied, Heimweh, das Sterben rühren doch auch ohne Musik, Klänge liefern das Dekor. Sie hören Töne, denken an einen geliebten Menschen, an eine traurige Situation und sind gerührt. Sie sind nicht von den Tönen gerührt, sondern von Ihrer Erinnerung. Musik ohne Erinnerung sagt nichts aus.

(Wenn Musik den Tod besingt, nehmen wir als Beispiel ein Requiem, wovon soll sie dann aber handeln? An den eigenen Tod kann der Komponist keine Erinnerung entwickeln, also kann seine Musik kein Gefühl vom Sterben vermitteln. Wovon handelt sie? Wovon handeln Brahmsens Ernste Gesänge? Von Abschied und Trennung handeln sie und von der Bitterkeit darüber, daß wir nicht ewig an den Freuden dieser Erde teilnehmen dürfen.)

Die Wirkung der Musik hängt von inneren Vorstellungen ab. Das erweist sich immer dann, wenn Menschen grundverschieden auf einunddieselben Töne reagieren. Gerd reagierte auf eine Oper aufgewühlt, mich hinterließ sie nervös mit einem schalen Gefühl der Leere. Ich gewinne den Stoffen von Wagners Bühnenwerken kein persönliches Interesse ab. Ich finde ein intellektuelles Vergnügen, wenn ich gewisse Anspielungen und Ton-

malereien darin verfolge. Ich ziehe den Hut vor dem reich angehäuften kompositorischen Wissen, ich spüre ein ungestümes Temperament, aber ich finde das Gesamtprodukt ausufernd und ernüchternd.
Ich habe noch sechs Monate zu leben oder acht. Habe ich da noch Zeit, eine Wagner-Oper zu hören? Wir haben noch eine Wagner-Oper im Abonnement: Lohengrin. Johannes mag Wagner noch weniger als ich. Er geht immer mit, seit Gerd tot ist, weil das Abo bezahlt ist und weil er Angst hat, das Geld würde verfallen. Und weil er meint, er müsse auf mich aufpassen. Ich würde den Brauch des Theaterbesuchs aus dem Grund noch gerne beibehalten, weil es mich an die vielen Abende mit Gerd erinnert.

… Was ist das: sinnvoll genutzte und verschwendete Zeit?
Übrigens ist Wagner immer noch das geringere Übel gegenüber anderen Komponisten, die um die ersten Plätze im Opernrepertoire ringen: Verdi, Puccini, Bizet zum Beispiel. Er kickt sie kompositorisch wie Zwerge aus dem Rennen. Aber überschreitet er auch die Schwelle vom Effekt zum sogenannten Affekt, von der verschwendeten zur sinnvoll genutzten Zeit?
Für den Affekt sind, wie wir hörten, Erinnerungen verantwortlich. Die Wirkung wird aus meinem Leben heraus an den Klang heran-, in den Klang hineingetragen. Ohne die Zutat aus meiner Seele verbleibt Musik im Bereich der angenehmen, unangenehmen oder eben auch eine Leere hinterlassenden Effekte.
(Theoretisch kann die Annahme immer noch falsch sein, Musik sage aus sich heraus nichts aus. Theoretisch kann

es so sein, daß sie gegenteils in jenseitigen, absoluten, vom menschlichen Ertasten und Erfühlen abgekoppelten Bereichen wurzelt. Dann könnte sie durchaus Prämissen einer Weltsprache, einer Sprache verborgener Welterkenntnis erfüllen. Wenn das so wäre, würde es denkbar, daß sie uns etwas über den Tod und das Jenseits aussagt. Einige romantische Denker haben das in Betracht gezogen. Ich bleibe lieber bei meiner bescheideneren Auffassung.)
Einprägsamer und unmittelbarer als Musik übermitteln übrigens Gerüche Erinnerungen. Draußen im Korridor, wenn die Putzfrau bei meinem Neffen war, riecht es immer nach der Möbelpolitur von Großmutters Kommode. Immer wenn ich daran vorbeikomme, tritt mir das alte Haus, das Wohnzimmer, die Treppe, die nahe vorbeirauschende Eisenbahn vor die Sinne.
(Wieso verfalle ich immer wieder auf den Punkt zurück, daß Musik nichts sagt? Wenn wir uns bei den Klängen und Melodien, im krassen Widerspruch zur bisherigen Theorie, genau das vorstellten, was aus der Musik selber käme? Dann würde sie sehr wohl etwas sagen. Unsere Annahme – mein Vergleich mit dem Sahnenachtisch – wäre falsch. Dann könnte, sozusagen über Offenbarung, beim Besuch in einer Leichenhalle oder beim Anhören eines Requiems oder beim Vortrag der Vier ernsten Gesänge ein objektives Wissen über den Tod und das Leben nach dem Tod erwachsen.)

… Es macht mich immer neugierig, wenn jemand Abfälliges oder nichts oder nur wenig an dem findet, was mir sonnenklar und bedeutend erscheint. Gibt es einen größeren Reiz, als der Frage nachzuspüren, was uns unterscheidet? Vielleicht bringe ich meinen Nachbarn ja noch auf die Spur und am Ende versteht er mich. Oder umgekehrt, ich verstehe ihn und erkenne, daß ich einem Irrtum erlegen war. Am Ende begreife ich noch die Faszination für Dinge, die mir fremd sind. Lernen macht das Leben reich.

Unsere Theaterfreunde berichten, sie hätten Oper nicht gemocht. Durch die Gewöhnung seien sie aber süchtig danach geworden.

Soll das jedem so ergehen? Kann man sich an alles gewöhnen?

Dann müßte man sich auch ans Sterben, auch an den Tod gewöhnen und am Ende süchtig danach werden. Ich glaube, ich sollte dem Friedhof und der Aufbahrungshalle öfter einen Besuch abstatten. Dann gewöhne ich mich besser an den Gedanken, daß ich selber bald dort liege.

Wenn man sich an alles gewöhnen kann, wie mancher an Alkoholika, Nikotin, weite Wanderungen oder Oper, dann müßte mir doch irgendwann der Gedanke ans Sterben angenehm und die ewige Ruhe verlockend erscheinen? Ob ich den Gedanken besser vertrage als Alkohol und Nikotin? Ich fürchte, mir geht es da wie bei der Oper. Oder wie Johannes mit dem Fleisch.

Johannes ißt kein totes Tier, seit er vor Jahren diesen Krebs im Darm hatte. Er glaubt, er habe sich mit seiner Schmalhansküche wieder auf den Damm gebracht. Unlängst kamen wir aber so ausgehungert an einem unserer Ausflugsziele an und es gab dort nichts anderes, da bestellte er sich eine Currywurst. Die Folge: ihm war eine Stunde später todschlecht und anschließend konnte er tagelang nicht zur Toilette.

Solche Reaktionen hätte ich mir auch gewünscht, als es noch früh genug dafür war. Dann hätte ich vielleicht anders gegessen und wäre jetzt nicht krank.
Wenn einige Organismen sich an Alkohol, Nikotin, Oper gewöhnen und Lust an langen Bergwanderungen finden, dann sollte es doch verdammt möglich sein, dem Tod mit einem Lachen in den Mundwinkeln zu begegnen. Oder ist es umgekehrt: wie Alkohol, Nikotin, Currywurst schaden, schadet auch ein Übermaß an Oper und alles, an das man sich lange gewöhnen muß? Und ebenso das zu häufige Denken an den Tod?
Es ist denkbar, wenn auch schwer beweisbar. Im übrigen steckt im Erweitern der Grenzen ein Potential. Das Erweitern der Grenzen gehört zu unserem menschlichen Dasein wie das Klettern zu den Affen.

… Es gäbe noch viel über Wagner-Opern und verschwendete Zeit zu sagen. Ich habe für ein Blatt, das es nicht mehr gibt, Kritiken geschrieben. Und ich habe beobachtet, wie die Leute außer sich gerieten, wenn ich nicht bei einer Zauberflöte dahinschmolz und keineswegs bei einer Johannes-Passion vor Ehrfurcht in die Knie ging. Sie waren zornig, weil ich ihre Vorurteile boykottierte. Das war schlimmer, als wenn ein Islamjünger die Monstranz im Petersdom zerstört oder eine unverschleierte Frau gegen Mekka spuckt. Ein Grund zum Töten, möchte ich sagen. Lyncht sie! Willst du nicht unsre Schwester sein, haun wir dir die Rübe ein. Ich habe da einiges an archaischer Intoleranz studieren können in dieser so auf ihre gute Bildung eingebildeten Gemeinde.

Das hat mich im stillen, ehrlich gesagt, amüsiert und ich habe mir immer neue Sticheleien ausgedacht, um die Leute zu ärgern. Einmal hatte ich ein Konzert mit barocker Musik anzuhören. Ich kannte das Ensemble und befürchtete schlimmes. Meine prophetischen Erwartungen wurden übertroffen. Das Konzert war an Langeweile kaum zu überbieten. Das Publikum, meistens Freunde und Verwandte des Ensembles (ich will es nicht nennen, denn einige Mitglieder leben noch und sind mir bis heute spinnegram), das Publikum tat begeistert und andächtig.
Da hab ich einfach die Toilette der aufgemotzten Ensembleleitergattin in der ersten Reihe beschrieben und die andächtige Miene der Rentnerin in der Reihe hinter ihr und das Schnarchen des neben ihr eingeschlafenen Alten und was dergleichen sonst im Publikum passierte. Ach ja, und Mitwirkende gab es auch und Komponisten wurden auch gespielt.
Den Aufruhr hätten Sie erleben sollen! Mein Ressortleiter, ein alter Arzt, erfaßte meine Ironie sofort und stand hinter mir. (Man munkelte, er habe Schwerkranken auf Wunsch tödliche Dosen verabreicht und daraufhin seine Approbation verloren.) Ohne sein Verständnis für Satire und Ironie wäre der Artikel nicht durchgegangen. Nach dem Aufruhr wurde er vorgeladen und verwarnt und mich zog man aus dem Verkehr. Da hat er als treuer Freund ebenfalls seinen Hut genommen und das Blatt verlassen. Das mochte zusehen, wo es blieb.
Ein halbes Jahr später rief der Verleger bei mir an und fragte, ob ich nicht doch wieder rezensieren wolle. Unseren Freund könne man leider nicht mehr fragen, der sei gerade verstorben. (Unser letztes Gespräch ging über

den Freitod.) Sie fänden niemanden. Was macht Regina Morgen? Sagt sie ab, macht euern Kram allein? Oder verlangt sie neue Konditionen? Nichts von allem. Weitergeschrieben hat sie zum alten Tarif. Ich glaube, ein Freiabo hab ich mir ausbedungen, aber das weiß ich auch nicht mehr. Auf Drängen von Gerd vielleicht. Aber vielleicht war das noch vor unserer Zeit? Ich müßte nachsehen.
Ich habe mich damals sehr intensiv mit Musik befaßt. Vielleicht hat Musik mir damals persönlich mehr bedeutet, aber auch das könnte ich nicht mehr sicher sagen. Aber wenn ich zuhörte, hörte ich ernsthaft zu. In vielen Haushalten heute läuft Musik den ganzen Tag. Ich kann das nicht begreifen. Musiksender schweigen bei mir während der Arbeit. Musik als akustische Raumdekoration, als Wohlfühlrauschkulisse ist Terror, tönende Käfighaltung. Wo Sie auch hinkommen, laufen Schlager oder werden auf der Straße gespielt. Die Ignoranz gegenüber der Musik ist ebenso epidemisch geworden wie die Ignoranz gegenüber Lärm. Vor keinem Café mehr haben Sie während der warmen Jahreszeit Ruhe. Oder auch bestimmte klassische Stücke. Schlager auch sie. Das Adagio von Albinoni, Caro mio ben, Eine kleine Nachtmusik, oder, in der Weihnachtszeit, aber die beginnt bei Aldi mittlerweile schon im August, Tochter Zion von Händel, da komme ich mir im Sommer schon vor wie auf einer adventlichen Kaffeefahrt. Nichts gegen diese Stücke und nichts gegen die Komponisten, die haben ihr Handwerk gemacht, aber es sind heute reine Wohlfühlsuggerierstücke, Aufforderungen zum Friede-Freude-Händchenhalten-Ringelreihen. Sie betreten ein Kaufhaus und finden alles nur noch großartig. Von den

harmonischen Klängen der Musik eingelullt, möchten Sie nur noch kaufen. Das ist die Absicht, dafür wird Musik benutzt.
Es gibt nur wenige Musikstücke, die ich in der Zeit, die mir bleibt, noch hören möchte. Eine Stunde in der Woche vielleicht, eine Stunde, die ich wie eine Andachtsstunde reservieren werde. Eine Haydn-Sinfonie, ein Streichquartett oder die Kleine Orgelsolomesse. Bei der hab ich das Cello gespielt. Ich kann immer noch einigermaßen Cello spielen. Aber die Körperhaltung macht zuviel Beschwerden jetzt, und nach der Operation lasse ich es ganz. Ich habe seit der Operation überhaupt kein Instrument mehr angefaßt. Ein paar Tasten auf Gerds elektrischer Orgel gedrückt gerade mal bei der Harmonielehrestunde gestern mit Claudinchen. Claudinchen ist meine elfjährige Großnichte.

Ich definiere Musik als einen Zeitvertreib (Zeitfüller wäre zu despektierlich), als ein Spiel wie Schach, Mensch-ärgere-dich-nicht, Monopoly und Golf, eine Spielerei, wenn Sie möchten. Sie ist ein Spiel mit sich selbst entlang ihrer selbstgesteckten Regeln. Immer mehr komme ich dahinter, daß Musik am meisten bei sich bleibt, wenn sie sich auf den Charakter eines geistreichen Zeitvertreibs beschränkt. Gerd hat behauptet, Musik habe sein Leben beeinflußt. Musik habe ihm aus Traurigkeiten heraus- und manchmal in sie hineinverholfen. Claudinchens neue Gesangslehrerin behauptet sogar, die holde Musik habe sie vor Jahren aus einer völlig ausweglosen Lage hinausbefördert.
Wie soll das gehen? Wie sollen Klänge zum Psychoanalytiker taugen? Da bräuchte ich nur eine Scheibe aufzu-

legen und dürfte mich entspannt auf mein Ableben freuen. Helfen Durakkorde gegen körperliche Leiden? Dann höre ich ein Haydn-Quartett und der Krebs ist weg.
Vor vielen Jahren rührte mich ein spätes Streichquartett von Beethoven einmal zu Tränen. Wie mühsam hatte der sterbenskranke, ertaubte und genauso tragisch verliebte Komponist diese zerrissenen Klänge seiner gebeutelten Seele abgerungen, welche unerhörte Tapferkeit ging von ihm aus!
Aber stimmte diese Information? Heute bin ich selber krank. Und nüchtern. Ich sehe vieles anders. Wenn ein schöpferischer Mensch ein schöpferisches Werk hervorbringt, schwebt er in einem Zustand angespannter Begeisterung. Die Lust, die er beim Schaffen fühlt, läßt ihn das Drumherum vergessen. Man ist angeregt und hält das Restliche ganz gut aus. Mir geht es gut, solange ich das Räderwerk in meinem Kopf in Schwung halte. Mir geht es gut, solange ich machen kann, was ich am liebsten möchte: über Gott und die Welt nachdenken und meine Gedanken mit andern Menschen austauschen. Es geht mir in diesem Augenblick gut, wo ich diese Überlegungen für Sie auf Band spreche und das eine oder andere auch notiere. Es erzeugt eine regelrechte Euphorie in mir und ich vergesse die Schmerzen und das Wissen um meine Krankheit. Ich will mich vom Wissen um meine Krankheit, die Prognose, ein halbes Jahr, acht Monate bestenfalls, und was da gemeinhin dranhängt, nicht beeinflussen lassen. Das Leben geht weiter. Der Kelch ist noch nicht leer. Er sei in vollen Zügen genossen. Punkt.
Hören Sie? Claudinchen übt Für Elise von Beethoven. Das war das letzte Stück, das Engelberts Mutter an der

Schwelle zur Demenz anschlug und mit versteiften Fingern hinzubekommen versuchte. Sie soll es als junge Frau sehr ausdrucksvoll gespielt haben.
Gerd mußte bei bestimmten Musikstücken immer an seine Großmutter denken. Sie liebte Mozart so. Oder an seinen tragisch kranken Großvater. Der schleppte sich noch mit letzter Kraft ans Klavier und begleitete sich mit brüchiger Stimme zu Schuberts Abendrot selber. So ist das mit der Musik. Aber viele Menschen, wenn sie beim Anhören spezieller Klänge gerührt sind, glauben wirklich, die Musik gebe das so vor.
Claudinchens Gesangslehrerin hat ihre Singstimme verloren. Sie tourt jetzt mit literarischen Vortragsprogrammen durch die Gegend. Doch wie alle musikalisch beschränkten Menschen traut sie Texten nicht. Ständig muß sie ihren Vortrag durch musikalische Einlagen unterbrechen und die Hörer aus der Konzentration bringen. Dabei wechselt sie ständig die Musik und die Pianisten. Unlängst sprang ein Klavierspieler ein, der in der Art der Stummfilmuntermaler versuchte, das Gesprochene figürlich zu kommentieren. Eine Art Sondersprache: Kirchenglocken, Alarmglocken, Festglocken, Sterbeglocken, Gewitter, das ganze Arsenal der Abfolgen, die eine Sprache ersetzen. Claudine ist nun ganz erfüllt von den tonmalenden Improvisationen dieses Klavierspielers. Sie will das unbedingt auch lernen. Kind, sage ich, es gibt schon so viele gute Musik, warum willst du schlechte improvisieren?
Ich will aber nicht mit fertigen Musikstücken meine Lehrerin begleiten, Tante Regina!
Das ist doch egal, Claudinchen, welche Musik du spielst. Deine Lehrerin behauptet bei jeder Veranstal-

tung, die Musik erläutere ihren Textvortrag – und verwendet jedesmal eine andere Musik. Da muß ich dich als deine Großtante ernsthaft fragen: wenn deine hochgeschätzte Lehrerin in diesem Punkte richtig handelt, drückt sie damit nicht aus, daß deine heißgeliebte Musik alles und jedes bedeutet?
Aber das Kind soll seinen Willen bekommen. Ich zeig der Kleinen ein bißchen Harmonielehre. Hören Sie, sie hat Für Elise eben beendet. Gleich klingelt's, und dann habe ich ein paar schöne Stunden.
Gerd, mein Schatz, was denkst du dort, wo du gerade sein magst, gern würde ich unser Abo Claudinchen schenken. Sie kommt jetzt in das Alter, wo sie sich dafür interessiert. Johannes geht sowieso nur meinetwegen in die Oper mit und ich gehe nur deinem Gedächtnis zuliebe hin. Er kann Claudine ja als ihr Opa in den Lohengrin begleiten, oder ihre Mutter begleitet sie. Du bist doch einverstanden, lieber Gerd, wenn ich das jetzt so löse. Ich habe nicht mehr viel davon und einem aufgeweckten, früh erwachsenen Mädchen tun wir eine große Freude. Und in der Familie bleibt das Abo auch.

… Wir waren zu unserem Vetter Engelbert eingeladen. Wie jedes Jahr am Karfreitag. Engelbert macht in seiner alten Pfarrei noch Pfarrersdienste. Engelbert war Dechant. Längst ist er pensioniert, aber es herrscht Priestermangel und da muß er noch ran. Wir wollten zum Karfreitagsgottesdienst, zur Feier von Christi Leiden am Kreuz, pünktlich oben sein und Johannes wollte Engelberts Gottesdienst besuchen. Ich hätte mir derweilen die Beine vertreten oder im Café gemütlich im Euskirchener Wochenblatt gelesen. Engelbert hat kein Problem mit meinem Heidentum und erzählt mir zum Vergnügen Anekdoten aus dem Klerikerleben. Und während er so selbstironisch und kritisch seinen Stand beleuchtet, sitzt seine Haushälterin daneben und lacht, als hätte der Papst bei seinem Urbi et orbi einen lauten Flatus gelassen. Die beiden sind unzertrennlich und wir haben bis heute nicht heraus, ob sie sich näher als nahe stehen.

Komisch, das Lachen war nie meine Stärke. Ich schmunzle oft, und viele unterstellen, es wäre ein doppeldeutiges, hinterlistiges Lächeln. Aber das ist es nicht. Ich freue mich über die kleinen Absurditäten des Alltags. Ist das hinterhältig?

Bei Engelbert gibt's immer üppig zu essen, auch an den Karfreitagen. Er handelt ganz nach dem biblischen Motto: Der Sabbat ist für den Menschen da und nicht umgekehrt der Mensch für den Sabbat. Der Herrgott hat an unsern Regeln und Geboten wenig Freude, aber strahlende Gesichter liebt er.

Vetter Engelbert, der Welt ginge es besser, wenn alle Priester und alle Gläubigen dieser Erde so verständig wären wie du ...

Aber diesmal konnten wir nicht nach Euskirchen fahren. Mir war's schon die ganze Karwoche übel gewesen. Oft nahm ich nur schwarzen Kaffee zu mir und den auch nur halb. Alles Essen widerstand mir. Aber am Karfreitagvormittag erlitt ich den Zusammenbruch. Ich hatte solche Krämpfe im ganzen Bauch. Ich konnte mich nicht mehr auf den Beinen halten. Jeden Augenblick dachte ich, ich platze. Johannes, der einen Schlüssel hat, aber immer läutet, wenn er kommt, öffnete mit Sorge. Da hing ich, zusammengekauert, neben der Küchenbank, bleich wie eine getünchte Wand, schweißbedeckt,

unfähig, ein Wort herauszupressen. Er kippte vor Schrecken beinahe selber um. Immerhin blieb er so geistesgegenwärtig, daß er den Notarzt bestellte. Er dachte an einen schweren Schlaganfall.
Dann ging alles schnell. Ich wurde noch am selben Mittag notoperiert. Aber es war kein Schlaganfall, es war der Krebs. Der ganze Bauchraum war befallen. Man schnitt mir ein großes Stück Dünndarm raus und noch ein Stück vom Dickdarm. Die Rosette beließ man mir – die Unappetitlichkeit und Beschwerlichkeit des Anus praeter ersparte man Regina Morgen. Das bedeutet aber nicht immer etwas Gutes. Das rückte mir am Fest der Auferstehung vor Augen, am Ostermontag, beim ersten Arztgespräch nach der Narkose. Der Endabschnitt des Darmes sei noch nicht so stark befallen wie die höheren Abschnitte. Ehe die Wucherungen am Darmausgang gefährlich würden und einen künstlichen Ausgang unumgänglich machten, würde sich der Verschluß tiefer im Inneren meines Bauches weiterentwickelt haben und mein Leben beenden. Daher hätten sie von der doppelten Strapaze eines Anus praeter abgesehen.
Vernünftige Ärzte, ich muß schon sagen.
Was empfehlen Sie?
Eine Chemotherapie.
Meine Chancen?
Gering.
Wie lange noch?
Schwer zu sagen.
Ein halbes Jahr?
Mit Chemotherapie.
Und ohne Chemotherapie?
Sechs Monate.

Geben Sie sich keine Mühe. Das habe ich mit meinem leider schon verstorbenen Mann festgelegt und daran halte ich fest: Wenn einer von uns Krebs oder eine andere unheilbare Krankheit bekommt, bleiben Chemotherapie, Bestrahlung und künstliche Ernährung tabu.
Und die Ärzte drängten erstmal nicht. Ich war ihnen dafür dankbar. Und auch dem Krankenhaus, daß es solche Ärzte beschäftigt.
Bei der großen Arztvisite am Abend aber redeten sie anders. Ich müsse unbedingt eine Chemotherapie durchlaufen. Aber ich blieb hart. Vierzehn Tage nach der Operation war ich wieder zu Hause, und da bin ich noch. Zwei Monate ist es nun her.
Ich hätte mich öfter melden sollen. Zur Nachkontrolle. Nun, hab ich vernachlässigt. Ich war nur noch einmal hin. Um die Narbe kontrollieren zu lassen. Sie heilte langsam zu. Der Rest unverändert. Immerhin.
Unsere Mutter wurde 98. Da hab ich noch 20 Jahre. Muß sich schon noch einiges tun, wenn ich bis dahin kommen soll. 100 wollte ich locker schaffen, dachte ich in meinem jugendlichen Übermut, in meiner Lebensfreude, in meinem nimmerendenden Wissenshunger. Was hab ich Diskussionen in meinem Leben führen dürfen! Und es gibt immer noch soviel, was ich kennen und begreifen lernen möchte! Aber nicht immer werden die Nachkommen alter Eltern ebenfalls alt. Oder sterben früh, weil die Eltern früh starben. Das ist ein Trost. Immerhin. Gewißheit kann Trost sein, Ungewißheit aber manchmal auch.

… Johannes postuliert, daß ich nur noch Salat und Kartoffeln esse. Er verzehrt selber kein Fleisch und über-

haupt keine toten Tiere, seit er den Darmkrebs hatte. Aber sein Darmkrebs war nicht so schlimm wie meiner. Er lebt damit schon etliche Jahre und er gibt dafür der Schmalhansküche die Schuld. Er ist ein regelrechter Hungerhaken, aber er hält sich wacker und der alte Vulkan in seinem Bauch schweigt.
Aber warum soll ich mir den Verdruß antun und verzichten? Nur weil er es meint? Ich will weiter so leben, wie ich es gewohnt bin und mag. Und was soll es nützen, wenn du dich in der Zielgeraden noch umstellst? Genießen ist das halbe Leben, wenn nicht das ganze, oder doch fast das ganze.
Selbst Tiere genießen. Katzen ziehen gewürzte Nahrung, wenn man sie ihnen vorsetzt, der selbstgejagten Maus und dem Vogel vor. Es schmeckt ihnen einfach, und wenn sie die Möglichkeit hätten, würden sie sich die Pasteten selbst bereiten. Wir Tiere, Säuger wie die anderen, sind Genußautomaten. Immer trifft man uns dort an, wo es Gutes zu essen und zu trinken gibt. Und es gehört doch auch zur menschlichen Kultur, daß wir uns auf allen Gebieten verfeinern, das beste für uns aussuchen, an der Optimierung feilen. Wo bliebe unsere Gastfreundschaft, wo blieben unsere Festessen, wo unsere Familientreffen, wo blieben unsere Geschäftsessen und Diplomatenbankette ohne unsere Eßkultur?
Ich kann mich nicht reduzieren, ohne mich aus der Gemeinschaft der Kulturesser, Kulturtrinker, Kulturleser, Kulturmusikhörer und überhaupt der zivilisierten Weltenbürger auszugrenzen. Wer liebt, verschwendet allezeit, endet eine großartige Parabel von Conrad Ferdinand Meyer. Wer die Menschen liebt, erweist sich ihnen gegenüber großzügig. Der gute Gastgeber zeigt, daß

ihm keine Ausgabe für seine Gäste zu hoch, keine Mühe, ihn zu bewirten, zu beschwerlich ist. Und wer sich selber liebt, und man sollte sich manchmal ein wenig selber lieben, der tut sich und seiner Seele auch mit Freuden etwas Gutes. Ich war nie ein großer Esser, und Alkohol durfte ich sowieso nie trinken wegen meines Handicaps und um der Wirkung der Medikamente wegen, aber was ich esse und trinke, soll mir ein Genuß sein.

… Beim Abitur fing's mit dem Übel an. Ich war Schulbeste die ganzen Jahre, ohne mich angestrengt, besonders bemüht oder damit geprahlt zu haben. Bei der schriftlichen Arbeit ausgerechnet in Griechisch, meinem Lieblingsfach, ich war dreiviertel durch, die anderen noch am Anfang, befiel mich eine narkoseartige Müdigkeit. Eine ungeheuer schöne Euphorie mit Halluzinationszuständen und dann ein Sekundenschlaf. Aber dieser Sekundenschlaf dauerte lange: ich erwachte erst wieder im Krankenzimmer unseres Gymnasiums. Die Arbeit war da schon beendet und meine Klassenkameradinnen längst auf dem Nachhauseweg. Ich war bewußtlos hingefallen und hatte mich übel verletzt. Epilepsie war in meiner Umgebung nicht bekannt und man wußte nicht, wie damit umgehen. War ich jetzt geisteskrank? Dafür aber wirkte ich zu normal. Würde ich später einmal verblöden? Wie lange geht das? Und was jetzt mit meiner Leistung machen? Die Arbeit war fehlerfrei, doch nur zu drei Vierteln fertig. Eine drei? Der Summa-cum-laude-Schülerin eine drei verpassen?
Die Lehrer hatten ein Einsehen, ich durfte nachschreiben und übersetzte einen anderen Text fehlerfrei von A

bis Z. Ich behielt meine Vornote und durfte wohlgerüstet mein Studium beginnen.

Binnen dreier Jahre nahm ich mein Promotionsstudium auf. Die Anfälle traten zwischen ein- und zweimal im Monat auf und die Frage eines schulischen Probejahrs rückte näher. Dafür mußte ich ein amtsärztliches Zeugnis vorlegen.

Da stand nun alles drin, was der Studentin Regina Morgen eine Schulkarriere verbot. Damals durften noch keine Behinderten, wie man das nannte, in den Schuldienst übernommen werden. Mit Ihrer Fallsucht werden Sie nie vor einer Schulklasse stehen können. Mit Ihrer Fallsucht müssen Sie sich den Schuldienst, aber auch den Beamtenstatus in Nordrhein-Westfalen abschminken.

Ich hatte es befürchtet, jetzt wußte ich es.

Warum nun weiter studieren, wenn ich nichts mit dem Doktortitel anfangen konnte? Warum unserem Vater wegen eines überflüssigen Etiketts auf der Tasche liegen? Er hatte gerade das Antiquariat neu eröffnet. Da konnte ich doch aushelfen, die Abrechnungen machen, den Ankauf und Verkauf regeln.

Ich erinnere mich, wir führten auch medizinische Bücher und einige, in denen etwas über unsere Nahrung stand. Und über Krebs. Das Fach hat mich aber nie interessiert.

… Vorgestern dachte ich: er ist durchgebrochen! Die Schmerzen waren fürchterlich. Eine Kolik. Im Darm. Oder an der Narbe. Oder beides. Dazu die Übelkeit. Schlimmer als an Karfreitag. Der ganze Korpus krampfte und zerrte und zog und tat weh, Stiche durchbohrten mein Fleisch bis zum Steiß und zur Vulva. Am Abend

hatte ich einen großen Abgang von dünnem dunklem Stuhl, dann endlich kehrte Entspannung ein. Gott sei dank. Der schlimmste Kasus war es noch nicht. Der Tod gewährt noch eine Galgenfrist.
Johannes hatte Besuch von seinem Alkoholiker. Dieser Kerl bringt es immer wieder fertig, ihm Saufgeld aus der Tasche zu locken. Johannes ist da wie unser Vetter Engelbert. So sind die Morgens, Engelbert gibt auch immer nach, sonst würde er sich mit seinen auch demnächst 75 Jahren nicht jeden Dienst aufnötigen lassen. Ich bin eine Frau und in Umkehrung der Norm aus wenigstens *etwas* härterem Holz geschnitzt. Ich lasse viel mit mir machen und mein Spieltrieb stößt erst spät an Grenzen, aber so ausnutzen wie Johannes lasse ich mich nicht. Ich sag Johannes immer wieder, dein Klient kriegt Unterstützung vom Sozialamt, der kommt über die Runden. Aber Johannes hört auf mich genauso wenig wie ich auf ihn, wenn er mit seinen Essensratschlägen kommt. Unter Geschwistern ist das wohl normal. Außerdem beharrt er als der Christ von uns beiden auf seinem Standpunkt: Unterstelle deinem Nächsten keine Lügen, vertraue immer auf seine Bekehrung zum Guten. Schau nicht auf den Splitter im Auge deines Nächsten, während du den Balken im eigenen Auge nicht erkennst, und so weiter.
Selbst wenn der Alki, wie du ihn nennst, das Geld, das ich ihm zustecke, versäuft, habe ich, Johannes, karitativ und christlich an ihm gehandelt. Auf gleicher Augenhöhe mit ihm. Was der Alki mit dem Geld macht, ist seine Sache, und wenn er lügt, dann hat er auch das mit sich und unserem Schöpfer auszuhandeln.

Religiös stimmen Johannes und ich überhaupt nicht überein, und er der Laie kommt mit meinem Heidentum schlechter zurande als Engelbert der Priester. Übrigens pflegte auch Gerd einen ziemlichen Hang zur Frömmelei. Ich zog ihn hin und wieder auf: Bist doch sonst so realistisch, Gerd. Er sagte darauf nichts. Nicht zu diskutieren mit ihm. Praktizierender Katholik von Jugend auf. Aus liebgewonnener Gewohnheit. Wenig Wissen über die Spitzfindigkeiten des Glaubens.

Die Spitzfindigkeiten überlasse ich den Studierten, Regina. Ich liebe die Atmosphäre bei den Hochämtern, je nachdem wer zelebriert. Engelbert ist mir eine Spur zu protestantisch. Halbdunkles altes Gemäuer lieb ich, Weihrauchschwaden in der Luft, Heiligenbilder im alten Stil, traditionelle Orgelklänge, verschnörkelte Altäre.

Nun, so war er, mein lieber jüngerer Mann, und er ignorierte beschwingt, daß die Gewänder und der Zierat Insignien gewalttätiger römischer Kaiser waren, die zuweilen Christen ermordeten. Früher habe ich die Geschichten der Bibel selber bereitwillig aufgesogen. Nach der Pubertät benutzte ich, inzwischen bibelfest wie keine andere Jugendliche, die Zitate, um damit zu jonglieren und andere aufs Glatteis zu führen.

Im Antiquariat verbrachte ich bis zur Schließung bei Gerds Frühpensionierung vor fünfzehn Jahren viel Zeit mit Lesen. Alte Bücher, aber auch neue, kaum älter als fünf, manchmal nur zwei oder drei Jahre, und so lange stehen Bücher sowieso oft im Schrank, ehe sie gelesen werden, wenn sie denn überhaupt je gelesen werden. Ich bin überzeugt, daß viele Bücher, Bestseller vor allem, nur angeschafft werden, weil angeblich alle Welt sie liest. Kaum angelesen werden sie gleich wieder wegge-

stellt. Ich glaube, daß, wenn es denn stimmt, daß der Ulysses nach der Bibel das meistgekaufte Buch der Welt sei, keine zwei Promille der Käufer mehr als fünf Seiten davon gelesen haben oder jemals lesen werden.
Wenn das Buch mir gefiel, gab ich's erst zum Verkauf frei, wenn ich durch war, oder behielt es ganz. Unser Vater hatte nichts dagegen. Oder er bemerkte es nicht. Schätze, die Geld brachten, gab es sowieso nur selten, und das waren selten diejenigen Titel, die ich las. Ich las, wenn etwas einen interessanten Gedankengang versprach und eigene Überlegungen bei mir stimulierte.
Ich lernte so frühzeitig Drewermann und Küng und einige religionsgeschichtliche Abhandlungen von Deschner kennen, wußte aber im Grunde lange vor der Zeit, schon mit 13 oder 14 Jahren, was von den Religionen zu halten ist. Das merkt man eigentlich, wenn man nur aufmerksam die Texte liest und kritisch miteinander abgleicht.
Ich wäre zumindest eine geduldige Lehrerin an einem altsprachlichen Gymnasium geworden. Mit unserem Kunden Robert, inzwischen einem Freund, konnte ich mich nach meinem abgebrochenen Doktorat auf Latein und Altgriechisch unterhalten. Ich rief ihn gestern an, ob er die Ernsten Gesänge noch hinbekommt, und ich habe ihn gefragt, ob er sie auch kurzfristig bei einer Beerdigung singen könnte so wie vor 15 Jahren in der Seniorenresidenz.
Ist denn jemand gestorben?
Ich frage vorsorglich und allgemein. Es ist noch niemand gestorben.
Robert hilft immer noch im Theaterchor aus. Gerd und ich wunderten uns immer, wenn Robert eine pantomimi-

sche Sonderrolle im Chorkollektiv übernahm. Was in einem Stubenhocker und zurückgezogenen Altphilologen für Spieltalente stecken!
Eigentlich verwunderlich, daß er nicht weiterfragte. Aber er kennt mich und meine Geheimnistuerei und weiß, ich frage nie ohne Hintergedanken. Wie vor der Veranstaltungsreihe zur Trauerkultur damals. Er weiß, ich frage nicht ins blaue hinein, sondern nur dann, wenn wirklich etwas ansteht.
Johannes spielte private Heilsarmee und steckte seinem Schnorrer zur Entschädigung fürs geduldige Ausharren nach seiner Gardinenpredigt den gewünschten Zehner zu. Johannes vergißt in solchen Situationen, wo er sich gefordert fühlt, die Uhrzeit. Sonst hätte er am Abend noch vorbeigeschaut. Dann hätte er mich gesehen. Er hätte den Krankenwagen bestellt. Aber das will ich um keinen Preis schon wieder erleben: Krankenhaus! Lieber sterbe ich auf der Stelle. Der nächste Krankenhausaufenthalt wird der letzte sein. Nicht jetzt schon! Bitte, ihr Götter Homers und Vergils, nicht jetzt schon!
Als Johannes spät am Abend anrief, verschwieg ich den überstandenen Zusammenbruch.

… Ich gebe zu, ich habe gestern, bevor Claudinchen kam, eine ganze Stunde Musik gehört. Ist das nicht inkonsequent in Anbetracht der Skepsis, die ich über die holde Muse ausgoß? Die Wahrheit ist, mir war danach. Nach Nachtisch mit Sahne. Meine alte Mutter kriegte die letzten Jahre geistig nichts mehr mit. Aber wenn man ihr eine Kuchengabel mit Süßem an die Lippen führte, schnappte sie gierig zu und man kam mit dem Füttern kaum nach. Bis zum letzten Tag kann es passie-

ren, daß wir Menschen unsinnige Dinge tun, einzig aus einer Laune, einer plötzlichen Anwandlung heraus.
Alles läuft auf folgende Frage hinaus: wie füllst du deinen Zeitrahmen aus? Erfüllst du ihn? Überzeugt ein Komponist uns von der Richtigkeit seiner Wahl, ein Musikstück zwanzig, vierzig oder hundert Minuten dauern zu lassen? Oder bleibt er uns den Beweis schuldig? Immerhin, bitte ich Sie zu bedenken, ist es meine Zeit, die er bereichert oder stiehlt. Es gehört zu den asozialen Erscheinungen unserer Zeit, daß wir oft gedankenlos und verschwenderisch mit der Lebenszeit unseres Nachbarn umgehen. Wie mit einer Ware, die nichts kostet und sich nicht verbraucht. Aber die Zeit hat ein Ende, Ihre Zeit, meine Zeit, unser aller Zeit.
Wenn ich von Musik vor Ihnen handle, gewinnen Sie in meinem Verhandeln darüber ein Abbild meiner Person. Mein Verhandeln liefert Ihnen einen charakterologischen Abdruck meiner Person frei Haus. Mein Verhandeln täte dies auch noch, wenn ich in einer anderen Situation wäre und nicht im Traum daran dächte, Ihnen von meiner Krankheit zu erzählen oder wenn ich einfach nur so aus dem Nähkästchen plauderte. Ich gebe zu, daß mir bei den Ernsten Gesängen von Brahms die Tränen kommen können. Ich weine nie, auch nicht vor körperlichem Schmerz. Ungewöhnlich für eine Frau, aber ich habe es oft bewiesen. Ich habe nicht einmal bei meiner Kolik neulich und dem schwarzen Karfreitag geweint, als die Krankheit durchbrach. Aber ich kann ehrlich gerührt sein beim Anhören dieser Beerdigungsmusik. Ich werde gerührt, weil hier eine einzigartige Harmonie gelingt zwischen den alten Texten aus Isaia und den Paulus-Briefen und den Klängen, die für mich etwas Warmes

und Gefaßtes haben. Etwas Warmes und Gefaßtes bemühe ich mich auch auszustrahlen. Und ich liebe den Vortrag von Robert Zengen. Er hat diese Harmonie erfaßt. Und er übermittelt den Text. Fischer-Dieskau spricht den Text phonetisch auch verständlich, während er singt, aber es klingt metallisch, ohne Wärme. Robert singt fast wie ein Mann von der Straße, aber der Mangel an Theatralik ist genau das, was zu den Gesängen und der Demut dieser Texte paßt. Und darum bestehe ich darauf, daß Robert Zengen auf meiner Beerdigung singt. Wie ich das kann? Ich weiß es einfach, er wird da sein und die Ernsten Gesänge von Brahms für meine Angehörigen singen.
Ja, wie erfülle ich den Zeitrahmen, den mein Leben mir setzt? Darauf läuft alles hinaus: das Füllen, das Erfüllen des zeitlichen Rahmens. Streifen Sie von der Musik das Literarische ab, von Ihrem Leben das Ideologische, Äußerliche, die falsche Moral, dann bleibt genau das übrig: eine gelungene oder weniger gelungene Erfüllung von Zeit.
Nicht alle Tonsetzer waren so bescheiden wie Brahms. Einige haben regelrechte Menschheitsdramen ingangbringen wollen. Mahler in seinen, entschuldigen Sie, aber eine Privatmeinung mag an der Schwelle zum Grab erlaubt sein, hochstaplerischen Sinfonien. Ich sage hochstaplerisch, denn ich sehe bis zum heutigen Tag nicht ein, warum ein Kinderlied mit großer Orchesterbesetzung endlos wiedergekäut werden muß. Die lauten Stellen sind bei Mahler nichts als aufgedrehter Lärm. Bei meiner Epilepsie außerdem brandgefährlich. Körperverletzung. Ich muß das in diesem kleinen Exkurs über Mahler einmal anbringen. Die Anfälle waren nach

meiner Studienzeit zurückgegangen. Während Jahren schon blieben sie aus. Aber ein unvorbereiteter greller Akzent während eines Sinfoniekonzerts mit Mahlers Sechster Sinfonie warf mich von einer Sekunde auf die andere zurück. Der Hammerschlag im ersten Satz dieser Sinfonie löste bei mir auf der Stelle einen Anfall und große Aufregung im Publikum aus. Seitdem war mein Leiden wieder da.

Besoffene und Epileptikerinnen sagen bei der Kunst eben die Wahrheit …

Also, ein Komponist mag beabsichtigen, ein Menschheitsdrama zu inszenieren, herauskommt, selbst bei Wagner, Gerd verzeih mir von jenseits des Grabes, immer nur ein mehr oder weniger erfülltes Stück Zeitvertreib.

Und hier treten wir Künstler des Lebens alle in einen ursprünglichen Wettbewerb miteinander. In einen Wettbewerb um die beste Konzeption von uns selbst. Wer am Ende seines Lebens von sich behaupten darf, er habe ein gelungenes Leben geführt, der hat einen Achttausender bezwungen.

Eigentlich sollten wir im Leben alle nach einem erfüllten Dasein streben. Das nicht der Musik und ihren Konkurrenzdisziplinen überlassen. In den Höhepunkten der Musik, in den Höhepunkten der Literatur, der Bildenden Kunst, wie, nun ja, geistig bescheiden, im Sport, feiert die Menschheit sich selbst. Warum versuchen wir nicht alle, in der Art, wie wir unser Dasein gestalten, uns selber zu übertreffen und stellvertretend in uns selber die Menschheit zu feiern!

Aber feiern? Mit Weihrauch? Ich hatte einige gelungene Jahre. Vor allem die Jahre mit Gerd waren gelungen.

Und auch den Verlust des Partners vor sechsundzwanzig Monaten und jetzt meine Krankheit versuche ich mit Würde zu tragen. Ich versuche sogar, noch Spaß am Leben zu haben, das mir bleibt. Regina Morgen, sei ein bißchen stolz auf dich!

Beim Sport sind die Lösungen am einfachsten: wer kommt ohne Regelverstoß als erster durchs Ziel; wer macht ohne Regelverstoß die meisten Punkte; welche Mannschaft lenkt die meisten Treffer ins gegnerische Tor; wer rät die meisten Begriffe, wer entscheidet richtig zwischen A und B in der kürzesten Zeit? Allerdings, so sind die Menschen nun mal, wenn das liebe Geld ins Spiel tritt, wird sogar der Sport unglaubwürdig. Längst schon hat sich eine umfangreiche Subkultur von Regelverstoßmethoden ausgebildet. Auf den unsauberen Wegen des systematischen Dopings erschleicht sich eine Partei Wettbewerbsvorteile vor einer anderen. Und alle Parteien treiben es so. Nur die Masse in ihrem unzerstörbaren Reinheitsverlangen will es anders und läßt sich weiter gern das Gegenteil suggerieren. Beim Sport soll die Fassade gewahrt bleiben, wenigstens dort, und so wiegt die Masse sich wenigstens in den Sportarenen noch im Wohlgefühl: redliches Mühen wird belohnt, der Rechtschaffene gewinnt.

Das Leben war jeher um eine Nasenlänge komplizierter. Das Regelwerk des Lebens ist verzwickt. Auch wenn die Theologen alles besser wissen und die Profankirche des Richard-Wagner-Verbandes e. V. in Gestalt der Bayreuther Festspiele ihren lächerlichen Götzenkult betreibt. Wer gegen unsere Dogmen anstinkt, gehört am nächsten Baum aufgehängt. Willst du nicht meine Schwester sein, hau ich dir die Rübe ein. So ist Kultur, aber keine Kultur der Toleranz und Vernunft. Anders läßt sich der Haß nicht erklären, der mir von Hütern der Mozarts, Wagners oder Bachs entgegenschlug, als ich noch Kritiken schrieb. Ist das Gold auch echt? Gleichgültigkeit oder Skepsis genügt da schon, und Sie werden in die Verbannung geschickt.

In den Augen dieser Kulturfaschisten durfte ich nicht, was doch ganz normal sein sollte, ihre Sache kritisch hinterfragen. Ich hatte vielmehr am Kniefall vor dem Götzen teilzunehmen. So verlangen es die Götzenanbeter, die, je mehr Gesinnungsgenossen sie auf ihrer Seite wähnen, desto unzivilisierter und ungehemmter ihrem Fanatismus frönen.

Quote entscheidet im übrigen ebensowenig über die Qualität der Kunst und den Sinn des Glaubens wie eine Volksabstimmung über die Richtigkeit einer wissenschaftlichen Theorie und eine Meinungsumfrage über die Aufrichtigkeit der Politiker. Umgekehrt schließt ein Massenphänomen nicht aus, daß es sich um ein gelungenes, hochstehendes Produkt handelt. Claudinchen ist noch ganz Idealistin. Und ich will ihr die Neugier nicht nehmen. Sie meint, was sie empfindet, wenn sie Musik hört, das stecke auch in der Musik drin. Sie sagt: das höre ich genau heraus, und das müssen alle Menschen für alle Zeiten so wie ich empfinden. Und sie ignoriert, daß sich die Entstehung derjenigen Musik, die den Hörer bis heute bleibend erreicht, in einem kleinen Zeitfenster abspielte. Bachs Toccata 1707 bildet den Beginn und Carl Orffs Carmina burana 1937 den Beschluß. Dazwischen liegen eben mal 230 Jahre. Das ist ziemlich genau dreimal so lang, wie ich leben werde, und mein

Leben wird nicht zu den langen Leben gehören. Eine bescheidene Zeitstrecke, nicht wahr?
Mir war Mozart immer zu schön, Bach zu gerade und Wagner zu ausdrücklich, zu penetrant.

… Trotz des Leistungsdrucks, heißt es, werden hierzulande keine Menschen mehr auf einem Altar dem Gott zu Ehren hingeschlachtet. Es gibt keine Menschenopfer mehr, heißt es.
Denkste!
Der Anschein trügt. Diese Gesellschaft ist vom Mythos des Menschenopfers fasziniert. Nicht mehr von der schreienden Jungfrau auf dem blutigen Altar, aber vom Mythos der absoluten Selbstüberwindung und dem Mythos der Schmerzbereitschaft für ein Ideal.
Der Soldat, der teils freiwillig, teils gezwungen, teils bloß ahnungslos in einem fernen Krieg den Kopf hinhält, die GSG-9-Einsatztruppe, die ihr Leben riskiert, um fremde Leben zu retten, der Feuerwehrmann, der in ein Flammenmeer taucht, Verschüttete birgt und selber auf der Strecke bleibt, das sind wertvolle Taten, bei denen selbstverleugnender Heldenmut Großes leistet.
Aber wem nützt der Leistungssportler, wenn er für ein paar Hundertstelsekunden auf ein freies Leben in Genuß und Unbefangenheit verzichtet und sich mönchisch an ein genaues Trainingsprogramm hält? Von der Öffentlichkeit unbemerkt, von ihrer Rekordversessenheit und dem Terror hundertstelsekundengenauer Meßinstrumente getrieben, ruiniert er seinen Körper mit leistungssteigernden Manipulationen und riskiert nach einem Leben als chemiegebeuteltes Wrack den vorzeitigen Tod an einer seltenen Krankheit.

Die niedlichen chinesischen Artistenkinder werden, kaum daß sie laufen lernen, gequält, bis sie ihrem Körper Drehungen abtrotzen, die kein normaler Organismus erträgt – und das Lächeln lernen sie mit dazu. Spitzentänzerinnen in klassischen Spitzenballetten werden täglich gewogen und tanzen statt auf intakten Zehen auf blutenden Stümpfen, von denen die Nägel abfielen. Blutige Lachen füllen ihre Spitzenschuhe. Gerd sah gerne Ballett. Aber plötzlich fehlte eine der Haupttänzerinnen. Gerd fragte bei der Theaterleitung nach und erfuhr, sie sei wegen Krankheit ausgeschieden. Auf dem Weg zur Arbeit bekam er mit, wie die junge Frau eingeliefert wurde. Als bekennender Theaterliebhaber glaubte er sich berechtigt, der Ballerina einen Besuch abzustatten. Sie erzählte freimütig, sie sei jetzt arbeitsunfähig und nicht zum ersten Mal auf der Notfallstation. Das sei alle paar Wochen der Fall. Alle therapeutischen Versuche schlügen fehl. Nach medizinischem Ermessen unheilbar, strebe sie dem Ende aller Magersüchtigen entgegen. Sie würden am Theater jeden Tag gewogen. Kaum ein Leistungsträger in der Szene habe mit dreißig noch intakte Bänder und Gelenke und ungestörtes Eßverhalten.
Bei der Klassischen Musik rede mir keiner ein, frühe Höchstleistungen kämen ohne Druck auf die Kinder zustande. Meistens stehen ehrgeizige Eltern hinter diesen wehrlosen Geschöpfen. Das setzt sich nahtlos fort in der harten Schule mitleidloser Professoren. Claudinchens Mutter wird mir von Tag zu Tag unsympathischer. Wie sie ihre Kinder überall als Vorzeigekinder aufbaut. Claudinchen darf nicht auf der Straße spielen, ehe sie Besuchern ihre neuesten Fortschritte am Klavier gezeigt hat. Sie muß mindestens zwei Stunden pro Tag üben,

und die Mutter steht daneben und paßt auf, daß sie auch hübsch das übt, was sie aufhat. Bei mir darf sie komponieren, Fragen stellen, sich für alles interessieren, was ihr in den Sinn kommt. Aber wenn sie in einigen Monaten ganz ihrer starrsinnigen Mutter ausgeliefert ist, was geschieht dann? Sie wird doch erst elf, da bringt sie den Erwachsenen noch nicht genügend Widerstand entgegen.
Es lebte ein paar Jahre ein russischer Pianist hier um die Ecke. Er beherrschte alles, was man ihm auf seiner Schule eingebleut hatte. Er spielte den Mephisto-Walzer übermenschlich perfekt. Unbekanntes blieb ihm ein Buch mit sieben Siegeln. Er hatte nie erfahren dürfen, welche Freude das eigenmächtige Entdecken und Erschließen neuer Räume macht. Überall Drill und Disziplin und eisernes Training über die Schmerzgrenze hinaus. So etwas entlockt mir keine Bewunderung, nur Bedauern. Nur eine kranke Gesellschaft kann sich an den untoten Rekordleistungen erfreuen, die dabei herausschauen. Ihr Tugendwächter da oben, lenkt den Fokus doch einmal auf den dahinterstehenden täglichen Kindesmißbrauch. Aber auch ein Erwachsenenleben ist schützenswert und kann auf der Schlachtbank gesellschaftlicher Perversion geopfert werden.
Wenn Claudinchen ihre Gesangslehrerin bei einer Seniorenfeier demnächst auf dem Klavier begleitet, einfache Nummern in einem dieser überhandnehmenden, bunt durcheinandergewürfelten Beliebigkeitsprogramme, dann erwartet das Publikum, daß das Kind nach dem Auftritt mit der Auskunft aufwartet: Musik bedeutet mir das Ein-und-alles. Die Lehrerin, wenn sie mit ihren Nummern erfolgreich bleiben will, schickt es in kluger

Selbstmoderation unaufgefordert voraus: Die Auftritte bedeuten mir das Wunderbarste auf der Welt und ich kann davon nicht lassen, so wenig, daß ich, um diese drei Töne zu singen, diese hundert Wörter aufzusagen, die Strapaze von zweitausend Kilometern Anreise (und den damit verbundenen ökologischen Schaden, ganz nebenbei) jederzeit auf mich nehme.
Gerd war so enttäuscht, als ein bekannter deutscher Rekordskispringer, ich weiß den Namen nicht mehr, vom einen Tag auf den andern ausstieg. Der Mann ist doch zu beglückwünschen, Gerd, tröstete ich ihn, er hat den Absprung geschafft aus dieser zwanghaften, auf ein einziges schmales Ziel gerichteten Lebenswelt. Gerd fand jedoch das Aussteigen des Sportlers Verrat und reagierte mit Liebesentzug.
Im Grunde will das Publikum seinen Priester vorn, ersatzweise dessen Parodie, den Clown. Und seinen gekreuzigten Gott. Wenn ein Mensch etwas Besonderes möchte und nicht bereit ist, dafür in kalten Kellerlöchern zu hausen und sogar – wie ein Richard Wagner – sich bodenlos zu verschulden, dann taugt seine Sache nichts. Er muß atemlos rhetorische Kanonaden abfeuern, tricksen und, wenn es sein muß, sogar zum Kriminellen werden. Wenn er dazu nicht bereit ist, dann ist es ihm mit seiner Sache nicht ernst. Erst wenn er nachweist, daß er durch die Hölle ging und dem Teufel seine Seele verkaufte, kaufen wir ihm ab, daß seine Sache wichtig und sein Talent ein besonderes ist. Ohne seine Bereitschaft zum Selbstopfer glauben wir ihm nicht. Priester sind bekanntlich nicht von dieser Welt, höheren Dingen zugewandt, aber auch über die normalen Regeln

von recht und unrecht erhaben. Sie erleiden Entbehrungen und leben zölibatär.
Die Konzentration, die ein Urheber von Höchstleistungen aufbringt, erlaubt in den Stunden des Nachdenkens keine konkurrierenden Gedanken. Das sehe ich auch nicht als Opfer an. Hier ist die Leistung in ihrer absoluten Ausschließlichkeit Dienst an einer faszinierenden Idee. Wenn ich meinen Gedanken nachhänge oder in ein spannendes Gespräch verwickelt bin, blende ich die Außenwelt aus und vergesse, was um mich herum geschieht. Für einen Menschen, der sich so gut konzentrieren kann, wie ich es immer konnte (dreimal Klopfen auf Holz!), sind die Phasen der Besinnung und des Nachdenkens tief befriedigend. Wenn ich das nicht könnte, könnte ich dieses Glück nicht fühlen, wo meine Zeit sich längst nach Wochen bemißt. Das hilft mir, das ist ein Geschenk, für das danke ich wie für wenig anderes, aber niemals dürfte ich im Überblick doch behaupten, das Philosophieren über Musik, den Sport und dieses und jenes sei mir alles gewesen. Wer so etwas sagt, der sagt entweder nur die halbe Wahrheit oder ist tatsächlich infolge einer Verkrüppelung angewiesen, sein Leben auf einen einzigen Gegenstand zu konzentrieren.
Übrigens war ich auch nie sexbesessen, bei allen lebhaften Momenten, die Gerd und ich miteinander erlebten.
Gern blieben wir nach einer Premiere zur Nachfeier im Theaterfoyer, Gerd aus Interesse am Kontakt mit den Künstlern, ich, um das Publikum zu studieren. Einmal hörten wir, wie ein Gastsänger einen kritischen Standpunkt zu etwas äußerte, ich weiß nicht mehr was, jedenfalls klang es sehr kritisch. Als eine Person konsterniert ausrief: „Aber Herr Wollseifen, wie können Sie so ne-

gativ denken? Sie sind doch Musiker!" „Verehrte Dame", antwortete der Mann, wirklich ein Star im mittleren Gagensektor, „ich bin nicht Musiker. Musiker ist keine Identität, sondern ich interpretiere gelegentlich Musik vor Publikum." Thomas Bernhard führte in seinem Glenn-Gould-Roman bewundernd aus, dieser Pianist spiele nicht Klavier, nein, er verschmelze mit dem Klavier, er werde zum Klavier.

Abartiger geht's doch nicht! Ich hoffe, daß Claudinchen niemals in diese Schiene gerät. Johannes könnte als Großvater versuchen, auf seine Schwiegertochter mildernd einzuwirken, aber ich fürchte, er will's mit ihr und seinem Sohn nicht verderben. Und ich denke mir meines auch nur im stillen, weil ich so wenigstens Claudinchen noch ein paarmal hier bei mir unterrichten und, wie ich sehr hoffe, noch zu dem einen oder anderen Einfall inspirieren kann.

Aber jetzt bin ich selber als Opfer dran. Wir werden Opfer alle irgendwann. Bringen den Tribut, den wir dafür zahlen müssen, daß wir 40, 100 oder eben 78 Jahre über der Erde zubringen durften. Ich tröste mich damit, daß alle bisher den Tod – nicht überlebt, aber sagen wir, in Ermangelung besserer Wörter – überstanden haben. Aber bei diesem Opfer soll es bleiben. Keines darüber hinaus. Ich will kein Opfer der Medizin und hybrider Forschungen werden. Du mußt wöchentlich zur Kontrolle, Tante Regina! Du mußt das Angebot annehmen, in eine Studie aufgenommen zu werden! Da wird eine neue Chemotherapie ausprobiert! Das bist du dir schuldig! Die moderne Medizin leistet Wunder! Denke an den Nutzen, der von den Ergebnissen dieser Studie für

andere Betroffene und für künftige Generationen ausgeht!
Claudinchens Mutter ist immer groß darin, wenn es um Fortschritt und den Nutzen gesellschaftlich erwünschter Dinge geht. Arme Kinder!
Ich habe schon wieder versäumt, mir beim Arzt einen Termin für die Nachkontrolle geben zu lassen. Ich schade damit dem Arzt, der nichts an mir verdient. Aber da sollen sich unsere Politiker etwas einfallen lassen. Unser gesundheitliches Wohl darf nicht zum Spielball wirtschaftlicher Gebote werden, ein Arzt darf nicht in die wirtschaftlichen Zwänge eines Luxusartikelherstellers geraten.
Aber ich hoffe, ich merk's, wenn es soweit ist. Ich möchte meine liebsten Freundinnen und ein paar Freunde einladen, auch Johannes, Engelbert natürlich auch und auch seine drollige Haushälterin. Ich möchte einen gemeinsamen Imbiß mit ihnen einnehmen, mich in mein Schlafgemach zurückziehen und in Ruhe durch jenes unbekannte Tor flanieren.
Jede Leistung, die angetan ist, daß der Mensch sich in seinen besten Möglichkeiten erkennt und spiegelt, erwächst unter Anstrengung und Konzentration – ist dem Tode abgetrotzt. Trotzen wir ihm noch ein wenig!

… Ich habe mich noch einmal ins Theater geschleppt. Im Foyer traf ich eine alte Apothekerin. Sie fand, ich sehe krank und klapprig aus. Da erzählte ich ihr von meinem Krebs. Und sie erzählte mir, auch sie hatte Krebs und war in einer ziemlich ausweglosen Lage. Da hätte sie aber von einem Fall aus ihrer baltischen Heimat erfahren, wo ein Nachbar ihrer Kusine nur mit Gartenkost einen Bauchspeicheldrüsenkrebs überwand: Ich ließ mir die Adresse des Nachbarn geben, ein bißchen Baltisch verstehe ich noch. Er schickte mir ein Buch mit den Erfahrungen russischer Ärzte und genauen Anweisungen, was ich tun sollte. Ich hielt mich daran, und sehen Sie: ich bin fit und gesund. Als Apothekerin hätte ich das alles gar nicht wissen dürfen. Gegen die Kraft rohen Gartenzeugs und das, was dazwischenwächst und hierzulande als Unkraut weggeworfen und sogar mit Mitteln aus meiner ehemaligen Apotheke vernichtet wird, verdammter Scheibenkleister, ist die ganze Apothekerweisheit, mit der ich jahrzehntelang meinen Lebensunterhalt recht ordentlich verdiente, ein Dreck.

Und was kommt dann?

Ich lebe immer noch streng nach dem Buch.

Das ist hart.

Ich sehe nur den Erfolg. Ich stehe gesund und lebensfroh neben Ihnen mit meinen 88 Jahren. Ich möchte die Achtundachtzigjährigen hier sehen, denen es besser geht. Dabei hatte ich, wenn man den Doktoren glaubt, noch vier, höchstens sechs Monate zu leben. Vor 23 Jahren war das!

Wissen Sie, ich bewundere Sie für Ihre Chuzpe und Ihren Mut, und das, obwohl Sie Apothekerin waren und die Gegenseite lange mitgetragen haben, aber ich weiß nicht. Ich liebe mein Leben, wie es ist, und möchte es solange weiterführen, als mir das gelingt. Ich möchte über meine Krankheit nicht mehr nachdenken. Vielleicht hätte ich Chancen, vielleicht. Vielleicht aber auch nicht, und dann müßte ich jedes Wiener Würstchen und jede Hausmacherplatte betrauern, die ich mir versage. Ich habe mich damit arrangiert, daß ich sterben werde.

Und ich finde, es ist in Ordnung so. Einmal muß es sein. Bei mir ist es jetzt. Ich möchte meine Normalität solange weiterpflegen, wie ich kann. Das bin ich mir und meinen Mitmenschen schuldig. Dazu bedurfte es einiger Tapferkeit. Diese Tapferkeit brachte ich auf und darauf bin ich manchmal stolz. Wenn man die Krankheit einmal angenommen hat und anfängt, sich mit dem Sterben anzufreunden, dann sollte man es dabei belassen und nicht von neuem daran rütteln. Meine Mutter wurde über neunzig, ich dachte, die schaffe ich auch. Nun werden's keine achtzig sein. Auch gut. Ich nehme es, wie es kommt.

… Was ist der Tod? Der Tod ist der Fremde, der Unbekannte, den wir nicht hereinlassen wollen in unseren Bezirk. Müssen wir uns dem Tod so xenophob gegenüber verhalten? Ich meine, die Wurzel der Xenophobie, die sich gegen Ausländer und alles richtet, was uns fremd ist, entspringt derselben Angst, die wir vor dem grauenvollen Tod entwickeln. Aber wie wir Fremde willkommenheißen können und sie vielleicht bald umgänglich und liebenswürdig erleben, so können wir vielleicht auch den Tod willkommenheißen und Umgang mit ihm pflegen und sind am Ende überrascht, wie freundlich er ist. Ich habe in meinem ganzen Leben immer versucht, aufgeschlossen zu sein gegenüber den Menschen, dem Leben und allem, was das Schicksal so bringt. Warum nicht jetzt gegenüber dem Tod? Vielleicht bringt sogar der Schmerz, den ich verständlicherweise für die letzten Lebenswochen befürchte, seine positiven Seiten und Überraschungen.

Ich glaube nicht an ein Jenseits und an einen Gott, aber wer weiß, vielleicht gibt es ihn doch, und darum will ich mir meine Offenheit bewahren bis zum letzten Atemzug und mich, wenn es so kommen sollte, gern eines besseren belehren und von den Wonnen eines ungeahnten Paradieses überraschen lassen.

… Wo bin ich? Aah, die Schmerzen. Schau mal nach, ich krieg den Oberkörper nicht vorgebeugt, alles spannt. Da ist naß. Diese Schmerzen.
Alles voller Blut.
Wie komme ich hierher?
Herrje, gibt denn keiner der Frau vernünftige Medikamente!
Entschuldigung, wir sind unterbesetzt. Wir haben einen Notfall am anderen Ende.
Meine Schwester ist auch ein Notfall!
Ich bin ja jetzt da.
Was macht die Pflegerin?
Bringt ein Schmerzmedikament.
Ist da keines drin?
Wohl nicht das richtige.
Warum liege ich hier? In einem anderen Zimmer? Ich wollte nach Hause.
Wenn du auf mich gehört hättest, Regina, ich hätte bei dir gewohnt. Du wolltest es nicht.
Laß mir das bißchen Selbständigkeit!
Jetzt hast du deine Selbständigkeit.
Ich weiß.
Ich hätte, wenn ich in deiner Wohnung gewesen wäre, rechtzeitig bemerkt, daß dir ein Anfall bevorstand, und dir die Medikamente gegeben.

Die Aura war zu schön. Das wollte ich genießen.
Und am nächsten Morgen auf dem Boden liegen! Mit zerbissener Zunge und Blessuren überall!
Informierst du Robert Zengen, daß er auf meiner Beerdigung singt?
Robert Zengen wandert gerade in den Bergen. Ich weiß nicht, wann er zurückkommt.
Er wird die Vier ernsten Gesänge singen. Du versprichst es.
Ich kann über seine Zeit nicht verfügen, Regina. Abgesehen davon, müssen wir ihn erst finden.
Sobald ich tot bin, wirfst du einen Zettel bei ihm ein und rufst jeden Morgen und jeden Abend bei ihm zuhause an. Ich weiß genau, daß er singen wird. Versprich's.
Ich leiste meinen Beitrag.
Versprich's.
Ich tue mein Bestes.
Alles!
Alles.
Er wird singen. Versprich's!
Ich versprech's.
Mir ist heiß. Kannst du mich mit dem Franzbranntwein abklopfen?
Aber du bist eiskalt, Regina.
Den Rücken. Mir ist so heiß.
Ich klopfe dich ab. – Da kommen Sie endlich. Meine Schwester leidet entsetzliche Schmerzen und Sie bummeln.
Das Schmerzmittel, das Ihre Schwester erhielt, war in der Tat etwas schwach. Aber dieses hier hilft bestimmt.
Meine Schwester hat warm. Dabei fühlt sich ihr Rücken klamm und eiskalt an.

Das kennen wir.
Meine Schwester sollte am Mittag aus der Neurologie entlassen werden. Nach ihrem schweren epileptischen Anfall regenerierte sie dort. Ihr Kollege fand sie heute früh mit hohem Fieber halluzinierend neben dem Bett.
Der Krebs hält sich nicht an Entlassungstermine, Herr Morgen. – So, jetzt geht der Schmerz zurück und Sie haben eine ruhige Nacht, Frau Morgen.
Könnten Sie ihr den Rücken einreiben, während ich sie aufrecht halte?
Gern. Aber sehen Sie, Ihre Schwester schläft schon.
Regina!
Johannes!
Geht es dir besser?
Besser. Robert Zengen nicht vergessen, du versprichst es!

(In Anwesenheit ihres Bruders, der still bei ihr Wache hielt, schlief Regina Morgen dreieinhalb Monate nach Entdeckung ihrer Krebserkrankung ruhig ein. Zwei Stunden waren nach der ultimativen Palliativdosis vergangen, als die Achtundsiebzigjährige einen durchdringenden, schrillen Schrei ausstieß, der weniger aus der Kehle hervorgepreßt als tief aus dem Körperinneren zu kommen schien. Der Körper bäumte sich jäh auf, steilgerade, wie die Kranke das in ihrer besten Zeit niemals hätte bewerkstelligen können, und sank sofort wieder aufs Bett zurück. Der zugewachsene Restdarm war wie ein praller Luftballon geplatzt und zog den gesamten Körper konvulsorisch zusammen.

Regina Morgen – geboren 28. Oktober 1932, verstorben 11. Juli 2011.)

Dritter Monolog
Rita Becker

… Mein Vetter hat'n Knall. Ich hab ihn bislang für einigermaßen normal gehalten, aber mir mitten im Gespräch, ohne Vorwarnung, ins Gesicht zu schleudern, ich rede dummes Zeug, ich sei besoffen, das geht zu weit. Er und seine Frau haben mich einladen wollen. Nach diesem Eklat konnte ich nichts mehr sagen. Ich schmiß ihnen die Kohle vor die Schnauze und rauschte ab.

Das Tischtuch ist zerschnitten. Es wird keine Versöhnung zwischen uns mehr geben.

Ich war immer das fünfte Rad am Wagen. Rolf stand immer im Mittelpunkt. Rolf, Rolf, Rolf. Immer Rolf. Er spielte Geige, und dann spielte er auch noch Klavier. Ich werde meinen Lebtag das Geigengequietsche und Klaviergehämmere und überhaupt Klassik – ich bin in meiner Jugend so vollgedröhnt worden mit Klassik, daß ich nie wieder Klassik höre.

Aber die Leute haben ihn darum geliebt. In der Schule galt er als Musterschüler. Dabei war er nur durchschnittlich. Außer eben in Musik. Da spielte er früh bei Schulkonzerten Solo. Er spielte schon mit zwölf das Mozartkonzert, fragen Sie mich nicht welches, es gibt davon wohl mehrere. Und weil er so großen Eindruck damit machte, hat sich kein Lehrer getraut, ihm eine schlechte Note zu verpassen. So einem versaut keiner den Abidurchschnitt. Wenn er öffentliche Auftritte bei so kleinen Anlässen in der Umgebung hatte, so Sonderkonzerten mit hochbegabten Jugendlichen, die Omis waren ganz wild darauf, und wenn er bei Jugend musiziert auftrat, bekam er großzügig frei, und allein dafür, daß er dem Turnlehrer 'ne Flasche Limo besorgen ging, bekam er in Sport 'ne zwei. Und wegen allgemeiner sportlicher Gesinnung natürlich und aktiven Einsatzes für die Gemeinschaft.

Vor allem Tante Rosa, seine Mutter, und unsere gemeinsame Oma Elli wollten, daß aus ihm ein Musiker wird. Und die ganze Sippe unterstützte sie darin. Also förderten alle zusammen rund um die Uhr den Mustersproß. Oma und Tantchen wären selber gern Musikerinnen geworden. Aber Oma war durch den Krieg damals gehindert und Tantchen, wenn sie Publikum sah, kriegte die große Flatter. Rolf dagegen hatte etwas von Tantchens Mann, der sachlich war, aber kein Instrument spielte. Ich glaube, Rolf war für unsere Sippe das absolute Traumkind. Er beherrschte genau das, was die Matriarchinnen so gern beherrscht hätten, aber nie beherrschten. Als er, wo alle normalen Pubertierenden auf andere Gedanken kommen, sagte, er wolle sich ab sofort nur noch mit dem Klavier befassen, da gingen bei allen die Jalousien runter und Oma Elli rief die ganze Sippe zu einer Krisensitzung zusammen. Das war ein starkes Ding, ein unerhörter Verrat, eine Beschmutzung der Familienehre und des ach so ungetrübten Oma-Tantchen-Sippe-Sohn-Verhältnisses. Denn die Violine spielte Rolf schon gut, aber mit dem Klavier konnte es nichts mehr werden, und alle im Haus bangten, daß Rolf jetzt im Mittelmaß enden werde. Sie berieten sich alle und am nächsten Tag sprachen sie alle vereint ein weises Machtwort: Du darfst Klavier üben, aber erst, wenn du zwei Stunden für die Violine gearbeitet hast. Du bist zu weit fortgeschritten auf der Violine, um die Violine auf-

zugeben, wir haben alle dein Violinspiel unterstützt, wir haben dir teure Lehrer besorgt, und mit dem Klavier wirst du, das weißt du selber, nie so weit kommen.
Murrend gab Rolf kleinbei. Aber er hatte schon damals diesen Dickkopf. Er hat dann auch keine Musik studiert. Heute dirigiert er Blaskapellen und einige Wald-und-Wiesen-Chöre. Dafür reicht sein Können gerade aus. Die Geige hat er seit seinem abgebrochenen Pädagogikstudium nie wieder angerührt.
Ich sollte auch ein Instrument lernen. Ich wurde gar nicht gefragt, ob ich das wollte. Ich sagte: wenn schon, dann Saxophon. Aber Saxophon war für meine Eltern, Oma, die Sippe und sogar für Rolf – jetzt dirigiert er selber welche! – zu unedel. Entweder Geige oder wenigstens Klavier! Also Klavier. Es war langweilig. Die Verwandten übten ziemlichen Druck aus, daß ich übe. Ich lernte aber nur, wie man sich verdrückt. Ich sagte: Ich kann nicht üben, wenn Rolf zuhört oder nebenan selber übt. Ihr alle vergleicht mich mit ihm, das verkraft ich nicht. Ich will üben, wenn ihr samstags eure Ausflüge macht.
Natürlich hab ich samstags keine Taste angerührt. Mein Klavierlehrer gehörte auch zu der Wandertruppe, er war Gott sei dank der Verständigste von allen. Nach zwei Jahren voller musikalischer Scheinwehen durfte ich endlich aufgeben und keiner hat mich jemals wieder am Klavier gesehen.
Ich hatte kein spezielles Talent, jedenfalls keines, das bei meinen Verwandten Gnade fand. Als ich dann schon Geld verdiente, als der Mustersproß beruflich in den Seilen hing und noch unterstützt werden mußte, da hat mir das eine ziemliche Genugtuung verschafft. Nach-

dem ich ein Jahr im Lager gearbeitet habe, fiel dort auf, daß ich mehr kann als Gabelstapler fahren. Ich belegte Computerkurse und Kurse in Marketing. Heute sitze ich in der Werbeabteilung und entwickle mit Bärbel und ihrem Freund zusammen Drucksachen für die Firma. Ich kann das auf Englisch wie auf Deutsch. Ich beherrsche das Fachenglische genauso gut wie das umgangssprachliche. Ich verdiente Kohle, als Rolf gerade seine ersten Groschen mit Vereinedirigieren erhielt. Die Verwandten machten sich große Sorgen, wovon er beruflich leben sollte. Jetzt war *er* derjenige, mit dem sie nichts anfangen konnten. Von den zwei Wald-und-Wiesen-Chören konnte er keine Miete bezahlen. Also wohnte er noch im Haus, wo Oma Elli, meine Eltern und die Eltern von Rolf auf drei Etagen wohnten. Irgendwann wurden es mehr Wald-und-Wiesen-Chöre und dann auch noch einige Wald-und-Wiesen-Blaskapellen. Irgendwie hat er es geschafft und plötzlich hatte er sogar soviel angespart, daß er zusammen mit Anita ein passables kleines Häuschen erstehen konnte. Das hab *ich* ihm nicht mal vorgemacht mit meinem guten Gehalt.
Aber Rolf gönnt sich auch nichts. Nur billiges Grünzeug und Kartoffeln, keinen Wein. Wenn ich mein Weinchen tanke und ein zweites, verdreht er schon die Augen. Ich genieße mein Weinchen, und ich habe allen Ärzten auch freimütig gestanden, daß ich nicht abstinent lebe und auch niemals abstinent leben werde.
Im Betrieb trinken wir mehr Bier. Nach Feierabend versteht sich. Bevor die Chinesen die Firma übernahmen, tranken wir im Büro. Jetzt müssen wir dafür die betriebseigene Kantine aufsuchen. Seit die Chinesen das Sagen haben, ist vieles ungemütlicher geworden. Aber

eigentlich mag ich lieber Prosecco und spanischen Rosé. Die trink ich daheim. Ein, zwei Flaschen am Abend, am Wochenende auch mal mehr. Ich genieße es. Ich bin bekennende Genußtrinkerin. Wenn ich Laboruntersuchung habe, rühr ich drei Tage vorher keinen Tropfen an. Und komme ich ins Zittern? Nicht die Spur. Sind meine Leberwerte erhöht? Nein, sie sind normal. Meine Leber arbeitet normal, und psychologisch bin ich auch nicht abhängig.
Habe ich jemals in der Firma meine Frau nicht gestanden? Jeden Morgen stehe ich auf der Matte.
Sogar während der Strahlentherapie ging ich ins Büro. Ich bestand darauf. Auf eigene Verantwortung. Und ich habe es voll überstanden, voll leistungsfähig, ohne Symptome. Jetzt nehme ich diese Tabletten ein. Ein Teufelszeug. Ich krieg's davon im Magen, und damit der Magen ruhig wird, fresse ich lauter fetten Kram.
Als ich mit der Therapie angefangen hatte und mein einziger Angehöriger aus dem Mietshaus damals, mein Vetter Rolf, mich erstmalig wiedersah, sagte er doch glatt, ich sei ziemlich füllig geworden. Das fand ich extrem taktlos. Ich fresse wegen der Schmerzen.
Aber ich habe mich bereiterklärt, bei dem Medikamententest als Probandin die ganzen fünf Jahre zur Verfügung zu stehen. Meine Ärzte sagen, es wäre ein neues Medikament. Sie hätten noch wenig Langzeiterfahrung damit. Ich hätte keine schwere Stufe von Krebs erwischt, aber ich wäre die ideale Probandin für den Versuch. Warum, kann ich nicht sagen, aber meine Ärzte wissen schon, was mir hilft.
Mein taktvoller Vetter wird doch wohl nicht denken, sie wollten die Wechselwirkung mit Alkohol bei einer no-

torischen Alkoholikerin testen. Wenn er das denkt, dann gehe ich aber vor Gericht! Wenn mir irgendwo zu Gehör kommen sollte, daß er in einer derartigen Weise über mich redet, dann soll er mich kennenlernen! Zuzutrauen ist ihm jede Unterstellung. Er unterstellt mir schon immer, daß ich wegen meiner, O-Ton Rolf, Sauferei diese und jene Geschichte an der Backe hatte. Ich muß mir diese Unverschämtheiten nicht länger bieten lassen! Überhaupt, wer ist er denn? Zufällig im selben Haus aufgewachsen, zufällig im selben Jahr geboren, und zufällig waren unsere Väter Zwillingsbrüder. Seit er mit Anita zusammen ist, hat sich seine hämische Kritik etwas gegeben und ich hatte gehofft, er wäre zu Verstand gekommen, aber bei unserm Eklat gestern abend kam er mir wieder wie früher. Jetzt ist Schluß!

... Am Morgen war ich noch zur Nachsorge gewesen. Kein Befund. Ich habe immer Schiß. Obwohl nach der OP jetzt nix mehr war. Aber man weiß nie bei dieser Krankheit. Anita behauptet, ich hätte gar keinen richtigen Krebs. Jetzt gäben sie mir das volle Programm nur, weil ich privatversichert bin. Ich finde das, ehrlich gesagt, vermessen und befremdend für eine Frau, die selber viele Jahre in dem Betrieb gearbeitet hat. Wie kann Rolfs Frau als gelernte Ärztin und jahrelange Klinikangestellte ihren Überzeugungen so untreu werden! Sie lehnt fast die gesamte Krebstherapie ab. Sie tritt gegen die lebensrettende Vorsorge ein.
Ich erzählte ganz neutral, daß ich bei meinen Ärzten war und daß alles sauber ist. Da glaubte Rolf doch tatsächlich, mir eine Watschen geben zu müssen. Anstatt sich zu freuen, daß ich wieder gesund bin, anstatt auf sein

Kusinchen stolz zu sein, daß sie so tapfer das Medikament schluckt, dieses Teufelszeug, statt auf den Liebling seiner frühen Jahre stolz zu sein, hat er nichts besseres zu erwidern, als daß Anita den Mammographietermin absichtlich hat verstreichen lassen. Und daß sie automatische Mammographietermine für Mist hält. Den Termin kriegen wir Frauen ab fünfzig ja automatisch zugeschickt.
Ich hab also alles falsch gemacht und meine Ärzte haben auch alles falsch gemacht. Und es war völlig falsch, der Sache solange auf den Grund zu gehen, bis alles abgeklärt war. Zehn Mammographien habe ich ertragen, Rolf, meine Brust war ganz grün und blau, denn zehn Mammographien und die Stanzbiopsie waren nötig, um die lebensrettenden Maßnahmen einzuleiten, erst die brusterhaltende Operation, dann die dreißig Bestrahlungen und jetzt das Medikament. Ich war sofort mit allem einverstanden. Entschlossenheit ist alles. Nur zu einer Chemotherapie wäre ich nicht bereit, das kannst du dir denken. Ehe ich mit grünem Gesicht und glatzköpfig herumlaufe, sterbe ich lieber oder lasse mir in Holland die Spritze geben. Auf mein Äußeres leg ich nun einmal Wert, noch auf dem Sterbebett, du wirst es sehen. Es sei denn, du dankst vorher ab. Aber danach sieht es nicht aus.
Man hat in meine Brust eine Kerbe geschnitten. Die hat sich aber wieder geschlossen. Außerdem wurde der Wächterknoten entfernt. Das hört sich harmlos an. Bei Lymphknoten denkt man an erbsengroße Dinger, von denen man eine Menge hat. Auf einen mehr mehr oder weniger kommt es nicht an. Aber denkste, wenn die Wächterknoten sagen, dann meinen die eine ganze

Serie, ein ganzes System von so knopfgroßen Dingern. Die nehmen sie dir alle auf einmal raus, alles in allem soviel wie ein mittleres Organ. So wie die Schilddrüse, die mir damals entfernt worden ist. Anita findet, ich hätte schon damals gewarnt sein müssen und mein Leben ändern. Wie kommt sie dazu, die Geschichte mit der Schilddrüse damals und den Krebs jetzt in einem Atemzug zu nennen, das eine hat mit dem anderen nichts zu tun!
Seit der Wächterknoten-OP kann ich den linken Arm nur noch eingeschränkt bewegen, trotz der Rehagymnastik. Ein Wächterknoten ist wahrlich ein wichtiges Ding und reißt eine ziemliche Lücke im Getriebe. Außer bei der Stanzbiopsie hat man übrigens keine Krebszellen gefunden. Vielleicht hätte man den Wächterknoten drinlassen sollen. Aber besser ist besser und Vorsicht ist die Mutter der Porzellankiste.
Anita hat von Anfang an abfällig über die Entscheidungen der Klinik geurteilt und mir geraten, mit der OP abzuwarten und stattdessen eine Diät einzuschlagen. Zu ihrer Anfangszeit als Klinikärztin sei mein Befund noch gar nicht als Krebs geführt worden, sondern als Vorstufe. Erst mal beobachten und in Ruhe lassen reicht. Unter dem Druck der Pharmafirmen und der Klinikkonzerne habe man die Latte aber immer weiter abgesenkt und dadurch immer mehr behandlungspflichtige Fälle für das volle Programm erzeugt. Sie würde an meiner Stelle nicht operieren lassen, sondern erst einmal das Trinken einstellen, außerdem nur noch rohes Grünzeugs und Kartoffeln ohne Salz und Würze fressen wie eine Kuh, und dann sollte man in ein paar Wochen schauen, was wird.

Hat die gute Frau noch alle Tassen im Schrank? Hat sie nie gehört, daß Eile bei dieser Krankheit nottut? Je früher die Diagnose, desto größer die Aussichten auf Heilung. Anita spinnt. Tut mir leid, das so sagen zu müssen, die Frau hat'n Knall. Sonst müßte ich ihr Bösartigkeit unterstellen. Aber bösartig ist sie nicht. Sie tickt nur falsch und das ist für eine Fachkraft genauso schlimm. Ich sollte sie bei der Ärztekammer melden!

Natürlich wird Krebs heute rechtzeitiger erkannt und besser therapiert, weil der Stand der Wissenschaft immer besser und die Apparate immer sensibler geworden sind. Meine Ärzte haben voll verantwortlich zu meinem Nutzen gehandelt. Und auch wenn sie mir empfahlen, an dieser Studie mit dem Teufelszeug teilzunehmen, das den Magen so angreift, dann geschah es, um meine Langzeitprognose zu optimieren, und nicht, um an mein Geld zu kommen.

Wenn Rüdiger, Rüdiger ist mein Freund, neuerdings auch leise in diese Kerbe schlägt, man wolle mich abzocken, dann stopfe ich ihm ganz offen das Maul und sage: Wenn du weiter mit mir schlafen willst, darfst du solchen Mist nicht denken. Ich verlange deine bedingungslose Unterstützung auf meinem Weg. Der will tapfer und im Vertrauen auf die Ärzte gegangen sein. Vertrauen ist auch im Umgang mit Ärzten wichtig. Ohne Vertrauen versagt die beste Medizin. Ich glaube, daß auch Tantchen, also die Mutter meines Vetters, ihre Bypass-Operation überlebt hätte, wenn sie positiver in ihre OP hineingegangen wäre. Aber diese Frau blieb voller Mißtrauen. Sie meinte, sie hätte immer Pech und alles im Leben falsch gemacht. Jetzt käme die Rechnung. Lebenslänglich machte Tantchen sich Vorwürfe,

daß aus Rolf nicht mehr geworden ist als ein Wald-und-Wiesen-Chöre- und Wald-und-Wiesen-Blaskapellen-Dirigent. Auf den schäbigsten Dorffesten, Beerdigungen und Freundschaftschöretreffen darf dieser Musterspröß der Sippe jetzt die falschen Töne der Saxophone und singenden Opis dirigieren. Geiger im Quartett hätte er werden sollen. Oder noch besser: ein Professor. Mindestens aber Musikpauker an einer Penne. Aber aus mir haben sich alle nichts gemacht. Und schwiegen pikiert, als Rita Becker als Werbefrau plötzlich fünfmal soviel verdiente wie ihr Musterspröß. Plakate basteln hatte mit dem großartigen Bild nix zu tun, das sich die Beckers von sich selber machten.
Ich habe alles aus mir selber schöpfen müssen und geschafft, gegen den Willen der Sippe.
Immerhin, als ich meine erste Stelle, als Gabelstaplerin, hatte, da war Ruhe im Karton. Vielleicht auch nur, weil ich jetzt außerhalb wohnte und nur selten zu Besuch kam. Immerhin hat niemand mehr an mir herumgemäkelt und von Rolf schwiegen sie pikiert. Nur an Oma Ellis achtzigstem Geburtstag bei der Geburtstagsfeier in dieser mickrigen Pension, als ich etwas angesäuselt ankam, weitertrank und mich etwas lebhafter und offenherziger ausdrückte als die ganze Verwandtschaft, da reagierten sie sauer. Ich hätte niveaulos dahergeredet, alle übertönt und die ganze Feier verdorben. Und Rolf hat sie darin unterstützt und am nächsten Morgen noch eins draufgesattelt. Ob das sein müsse, daß ich ständig besoffen bin. Ob ich die Angehörigen ständig in Schrecken versetzen und dafür sorgen müsse, daß sie sich schämen. Oma Elli sei eine alte Frau und hätte häufig Herz-

rasen. Aber auch Tante Rosa, Rolfs Mutter, sei jetzt herzkrank und Onkel sowieso.
Ständig besoffen – du weißt nicht, was du sagst! An dem Tag hatte ich ein paar Bierchen über den Durst gekippt. In der Firma hatten wir Tag der Offenen Tür, und am Abend vorher hatte ich Zoff mit meinem Damaligen. Aber ich bin immer nur besoffen! Ich rede dummes Zeug! Ich bin dumm in der Birne!
Auf der Rückfahrt kam ich in eine Radarkontrolle, und kurz darauf hatte ich die Streife hinter mir. Widerstand gegen die Staatsgewalt, junge Frau! Blasen Sie doch mal! 1,5 Promille. Führerschein weg für ein halbes Jahr. Nie wieder was von Rolf und der ganze Sippe hören!
Er hat mir später schriftlich erklärt, er habe nur Oma Ellis Eindruck artikulieren wollen, der er verbunden sei und die damals seinen Eltern viel Geld für die teure Geige vorgestreckt habe. Er glaube immer, er müsse ihr helfen, und da könne es vorkommen, daß er übers Ziel hinausschießt und schon mal ins Fettnäpfchen tritt.
Da haben wir wieder so getan, als wäre nichts gewesen. Wenn ich zurückschaue, denke ich, ich hätte es bei diesem Cut belassen sollen. Aber Blut wirkt stärker als Wasser, und als Kinder spielten wir täglich im Hof hinter dem alten Haus und standen zusammen wie Pech und Schwefel. Und Oma Elli wollten wir auch nicht enttäuschen und unsere Väter, die Zwillingsbrüder, auch nicht.
Mit einem komischen Pflichtgefühl im Bauch suchte ich, lange nachdem alle gestorben waren, Rolf in seiner armseligen Wohnung auf, in der er seit seinem Auszug aus dem alten Haus lebte, um ihn zum Essen einzuladen. Da stellte er mir Anita vor. Jetzt wohnen die beiden

zusammen im eigenen Häuschen. Er war immer zu blöd, eine Frau zu kapern, ich lebte nie ohne Partner, jetzt ist *er* verheiratet und ich *nicht*. Wenn ich auch mit den beiden anderer Meinung bin, muß ich doch neidlos zugestehen, daß sie zueinander passen. Wenn jemand was über sein Frauchen kommen läßt, wird Rolf zum reißenden Wolf. Rolf – Wolf, das hab ich gerade unwissentlich gereimt, aber es ist die reine Wahrheit, Rolf wird zur Bestie, zum Wolf.

Ich fuhr Anita an: Da macht dir die Krankenkasse ein teures Angebot, schickt dir, ohne daß du dich drum kümmern mußt, deinen Vorsorgetermin ins Haus und du gehst einfach nicht hin! Dann sag doch wenigstens ab! Das ist pflichtvergessen. Eine andere Frau könnte einspringen. Die kommt durch dich jetzt später dran und ist vielleicht genau die Person, die sterben muß, weil man ihren Krebs zu spät erkennt. Und du bist schuld. Es ist anmaßend und unverantwortlich von dir, was du für ein Verhalten an den Tag legst.

Rolf fuhr mir über den Mund: Es ist im Gegenteil eine gute Tat, wenn man Frauen fragwürdige Vorsorgeuntersuchungen erspart!

Ihr wißt das besser, ja? Anita hat über Krebs die Wahrheit gepachtet? Wenn sie eine so erfolgreiche Therapeutin ist, warum stehen die Patientinnen vor ihrer Praxis nicht Schlange?

Zwischen der Wahrheit und dem Erfolg besteht kein Zusammenhang, Rita. Anita ist einfach ziemlich fertig momentan.

Vielleicht ist sie ja fertig, weil ihr die Patienten reihenweise wegsterben, die sie vor der lebensrettenden Operation bewahrte!

Anita hält niemanden von etwas ab und drängt niemandem etwas auf, im Gegensatz zu deinen Ärzten, die dir unnötige Maßnahmen aufschwätzen und dich immer noch unter Druck setzen. Aber keiner sagt dir endlich, daß das Saufen deine Krankheit ist.
Du weißt es auch besser als die Ärzte, wie? Wieso verbietest du Anita nicht, ein Bier mit mir zu trinken, schau, sie würde gern, traut sich aber nicht!
Du weißt (aber das lügt er), du weißt hundertpro, daß ich Anita gar nix verbiete!
Wohl, du verbietest aller Welt, zu tun, was dir mißfällt!
Da läßt er den Hammerspruch vom Stapel: Du redest ja lauter Blödsinn, du bist ja schon wieder besoffen!
Vielen Dank! Adieu! Und schmiß das Geld hin und war weg.
Ich hatte zum ersten Mal das Gefühl, daß Rolf imstande wäre, mich umzubringen. Dabei habe ich den beiden nie Böses gewollt. Nur Gutes. Ihnen sogar Dinge für ihr Häuschen gekauft. Ich habe mich ernsthaft gefreut, als dieser Eigenbrötler doch noch eine Frau für sich fand.
Mit Rüdiger kann ich nicht so unbefangen zusammensein. Ich würde ihn gerne bitten, bei mir zu wohnen, jetzt, wo ich krank bin. Aber ich traue mich nicht. Ich habe früher öfter davon gesprochen, aber er bleibt lieber unabhängig. Schlechte Erfahrungen mit Partnerinnen. Das soll sich nicht wiederholen. Er liebt mich, aber er gibt seine Freiheit nicht auf. Ist ganz schön prickelnd manchmal, mit so einem freiheitsliebenden Menschen zusammenzusein und er kommt auch immer wieder. Aber ideal ist es auch nicht. Jetzt zumindest. Aber es sollte wohl so sein.

Früher war ich viel unterwegs. Jetzt spare ich das Geld. Aber ich versuche, mit meinem guten Geld manches Gute zu tun. Ich habe afrikanischen Familien Ziegen gekauft, damit sie in der Dürreperiode eine kleine Herde aufziehen können, die Milch gibt und hin und wieder Fleisch. Von meinen Spenden müssen halbe Zeltstraßen in syrischen Flüchtlingslagern errichtet worden sein. Ich habe zwei indische Patenkinder, reizende Mädchen, die mir ihre Fotos schicken und ihre Fortschritte in der Schule mit englischen Briefchen bezeugen. Ich will's mir nicht nur selber gutgehen lassen, sondern leiste auch einen Beitrag, damit es anderen besser geht.
Und dann dieser Haß. Rolf, Rolf, das habe ich nicht verdient.

… Anita hat'n Knall. Ich hielt sie erst für 'ne verständige Frau. Die richtige, um meinem Vetter die Realität beizubringen. Sie raucht und trinkt einen mit, wenn man gemütlich beisammensitzt. Rolf trinkt keinen Tropfen. Er hat in seinem ganzen Leben noch keine Zigarette geraucht. Ich rauche ja jetzt auch nicht mehr, seit ich diese lange Erkältungsphase hatte. Vernarbungen auf der Lunge, was auch immer, ziemliche Scheiße. Ich merk im allgemeinen nicht viel, aber die Zigaretten bekommen mir nicht mehr. Komme irgendwie außer Atem, wenn ich mal mehr als eine fluppe. Sie schmecken fantastisch, ich fühl mich danach beschwingt, aber was nicht geht, das geht eben nicht. Ich hab früher viel geraucht. Wenn wir mit Kollegen gut gefeiert haben, noch mehr. Nicht soviel wie Vati. Der kriegte früh seinen ersten Infarkt. Da hat er das Kettenrauchen von einem Tag auf den anderen eingestellt. Er war ein Jahr lang danach nicht zu genießen. Er hat trotzdem noch die 75 geschafft, als gefäßkranker Nichtmehrraucher. Mit Tablettenhilfe, merk auf, Anita, dank der Schulmedizin, deren Prinzipien du verdammst! Mein Vater war sehr zäh. Du wirst sehen, ich bin auch sehr zäh.

Aber meine Krankengeschichten haben nichts mit dem Rauchen und dem Saufen zu tun, Pardon, dem kontrollierten Alkoholgenuß. Ich betone den Akzent auf Genuß: ich bin bekennende Genußtrinkerin. Zwei Flaschen Prosecco am Abend oder spanischen Rosé, ein paar Bierchen, aber keine harten Sachen. Allerhöchstens einen Amaretto beim Italiener und einen Ouzo beim Griechen zur Verdauung. Harte Sachen sind wirklich schädlich, das sehe ich ein. Wein oder Bier vertrag ich aber, und zwar gut. Wenn ich Blutuntersuchung hab, laß ich ein paar Tage vorher den Alkohol weg. Meine Leberwerte sind dann immer okay. Erst im Zusammenhang mit den Krebsuntersuchungen wurde jetzt eine Fettleber festgestellt. Aber nur ein Ansatz, das ist normal für einen Erwachsenen über fünfzig. Kein Anlaß zur Sorge.

Und dann meine Zahngeschichten. Ich habe einen fantastischen Zahnarzt, der auch Kiefernorthopäde ist, der hat mir das falsche Fleisch im Kiefer schon zweimal weggeschnitten und die Zahntaschen gestrafft. Das ist etwas unangenehm und verursacht zwei Tage danach noch Schmerzen, aber danach ist alles wieder gut. Es geht nichts über die richtigen Doktors. Oder vor zwanzig Jahren die Schilddrüse. Nichts schlimmes. Aber wenn man nichts dagegen unternimmt, kann etwas schlimmes daraus werden. Also weg mit dem Ding.

Anita hat doch allen Ernstes behauptet, diese Erkrankungen hätten allesamt mit meiner schlechten Lebens-

weise zu tun. Schlechte Lebensweise! Was sie sich anmaßt. Ich trinke nur beste Qualität und ausgewählte teure Weine, ich gehe fürs Essen nicht billigeinkaufen und mich sehen nur die teuersten Speiselokale von innen, außer wenn, was ja nicht wieder vorkommt, wenn Rolf und Anita mich rückeinladen. Im Unterschied zu Rolf und Anita kann ich mir teure Lokale und teure Konsumgüter leisten. Schlechte Lebensweise! Die sollen sich mal fragen und ehrlich dabei in den Spiegel schauen, wer hier eine schlechte Lebensweise an den Tag legt!
Überhaupt, eine Unverschämtheit! Seinen Mitmenschen vorzuschreiben, was sie essen sollen! Krebs kommt schließlich von den Genen und nicht von einer Flasche Bier und Pralinen. Ich habe das in meinem genetischen Programm mitbekommen, daß ich an Krebs erkranke. Irgendeiner unserer Vorfahren hatte Krebs. Der hat Rolfs Eltern und meine Eltern und unsere Großeltern väterlicherseits und mütterlicherseits übersprungen, aber bei mir ist das Gen wieder ausgebrochen.
Anita glaubt das nicht. Dabei hat sie Medizin studiert. Ich frag mich allerdings, an welcher beschissenen Uni sie studiert haben will. Man sollte nicht annehmen, daß sie jahrelang im Krankenhaus als Ärztin gearbeitet hat, zumal in der Krebsabteilung. Aber ich sagte ja schon, daß sie spinnt. Die Theorien, die sie damals geglaubt hätte, sagt sie, wären falsch. Krebs und all die anderen inneren Krankheiten, die man als Erwachsener bekommt, wären hausgemacht. Ich bin also selber schuld, daß ich Krebs bekam, und Oma Elli und Tantchen und meine Mutter haben in der Küche alles falsch gemacht!
Rolf, Rolf, Rolf, daß du diesen Unfug glaubst und deine Verwandten nicht in Schutz nimmst gegen solche uner-

hörten Vorwürfe, das ist kein Ruhmesblatt für dich! Du solltest vielmehr selber deine Pflicht endlich erfüllen und zur Vorsorge gehen, denn es ist deine verdammte Pflicht, daß du das machst. Als Vetter einer Person, die an Krebs erkrankte, bist du gefährdet, denn wir sind über Omi und unsere Väter eng miteinander verwandt, und nur wenn der Krebs im Frühstadium erkannt wird, hat man eine Chance. Oder willst du der Gemeinschaft zur Last fallen? Als Pflegefall? Dann wird Anita sich wundern, wie wenig sie ausrichtet mit ihren Essensplänen. Dann bist du glücklich, daß es noch die Medizin gibt, und du flehst die Doktors winselnd an, daß sie dich therapieren.

Ich hab meinen Krebs früh genug operieren lassen, dadurch habe ich keine Chemotherapie gebraucht. Aber was ist, wenn der Krebs wieder ausbricht? Dann kommst du an einer Chemo nicht mehr vorbei. Und die ist verdammt teuer. Die kostet die Solidargemeinschaft viel Geld. Also früh was machen, schon der Gemeinschaft zuliebe.

Hast du jemals daran gedacht, dich solidarisch zu verhalten? Die Wissenschaft hat bei ihren Forschungen herausgefunden, was bei Krebs im Körper abläuft. Da muß man sich den Fachleuten fügen und hübsch fein machen, was die wollen. Die haben das schließlich lange studiert und viele Erfahrungen auf den Krebsstationen gesammelt.

Anita stellt in Abrede, daß die Forschung die Wahrheit sagt. Sie stellt in Abrede, daß du vorbelastet bist und schon an Krebs erkrankt sein kannst. Woher will sie das wissen? Woran will sie das ablesen? An deiner Nasenspitze vielleicht? Daran, daß unsere Vorfahren zufälli-

gerweise alle an verstopften Gefäßen gestorben sind und das Krebsgen übersprungen haben? Wenn es nach Anita ginge, hätte ich keine zehn Mammographien machen lassen, hätte die OP abgesagt, die dreißig Bestrahlungen abgelehnt oder, besser, einfach geschwänzt. Das Teufelszeug, das den Magen angreift und das ich jetzt fünf Jahre einnehmen soll, würde ich zur Sammelstelle für Problemmüll bringen.
Aber wenn ich wie Anita meine Mammographien geschwänzt hätte, wäre ich jetzt tot. Hochmut kommt vor dem Fall. Ein bißchen Bescheidenheit vor der Fachwelt hat noch niemandem geschadet.

… Bärbel ist 'ne echte Freundin. Die weiß, was ich liebe. Sie hat mich gleich am ersten Abend nach meiner Operation besucht und mir meine Lieblingsschnäkereien gebracht. Die fade Krankenhauskost! Die kann man nur stehenlassen. Nougatbonbons und Paprikachips dagegen – ein Labsal! Die Seele ißt auch, und nur in der Normalität wird der Körper gesund. Ich will nicht dauernd an meine Krankheit denken müssen, du mußt dieses, du sollst das, du darfst jenes nicht und das nicht. Mir tut es um keine Zigarette leid, die ich genossen habe, um kein Bierchen, das ich jetzt, toitoitoi, noch trinke. Ich vertrag's doch! Morgen früh bin ich wieder fit in der Birne und mache meinen Job einwandfrei.
Nach der OP hab ich Rüdiger ehrlich gefragt, ob er mich noch begehren könne mit der zerstörten Brust. Er sagte charmant, meine Brüste hätten ihn nie vorrangig interessiert, er liebe mich wegen anderer Vorzüge. Das fand ich lieb gesagt.

… Rolf hat einen total verwirrten Brief geschrieben. Und was hat er mit unsrer Mitbewohnerin aus dem alten Haus zu schwätzen! Was haben die über mich zu tuscheln! Was wir miteinander haben, geht keinen etwas an, auch nicht die gute Frau Heckel. Die hat es sicher gut gemeint, davon gehe ich aus, aber Rolf hat ihr sicher gesagt, das traue ich ihm zu, ich wäre regelmäßig alkoholisiert und darum seien wir jetzt auseinander. Rolf schreibt:

Liebe Rita,
wie Frau Heckel aus dem alten Haus trefflich sagte, ist die Zeit zu kurz, um mit den einzigen Verwandten, die man noch hat, im Streit zu enden. Sie hat ganz recht, und mir gefällt auch nicht, daß meiner Großmutter einzig ander Enkelkind, für das die ganze Verwandtschaft Liebe und Sorge trug, mir fremd geworden sei.
Andererseits ist die Zeit zu kurz, um sich von einem Mitmenschen manipulieren zu lassen, der über Nüchternsein anders denkt und einen bei jedem Treffen vor die Alternative stellt, entweder so zu tun, als merke man nichts, oder ehrlich und unhöflich zu werden.
Anita war sehr erbost, hören zu müssen, sie werde von mir bevormundet, sie sei nicht mehr Herr ihrer eigenen Entscheidungen. Das wissen wir und weißt auch du viel richtiger.
Du kennst meine Einschätzung in dieser Sache allerspätestens seit Oma Ellis achtzigstem Geburtstag und ich möchte mich nicht wiederholen.
Dir eine gute Zeit!
Rolf

Ich habe Rolf nach langem Zögern zurückgeschrieben, daß ich auch nach zigfachem Lesen nicht mit dem Schreiben umgehen kann. Ich weiß, daß er über das Nüchternsein anders denkt. Aber was soll die Bemerkung, ich würde ihn bei jedem Treffen vor die Alternative stellen, entweder so zu tun, als merke man nichts, oder ehrlich und unhöflich zu werden? Ich habe noch nie in meinem ganzen Leben versucht, jemanden zu manipulieren, geschweige denn zu missionieren.
Er kann Frau Heckel auf der Straße erzählt haben, was er will, aber sicher hat er nicht erzählt, wie ich die Geschehnisse sehe. Er hat mir am vierzehnten vierten vergangenen Jahres seinen ganzen Haß, seine pure Verachtung volle Breitseite ins Gesicht geschleudert. Ich war entsetzt und Wochen danach war ich immer noch wie gelähmt. Und wenn ich jetzt daran denke, bin ich auch jetzt immer noch gebrettert und geschockt. Und mit Unhöflichkeit kann man seinen Angriff wahrlich nicht mehr abtun. Eine solche Reaktion hatte und habe ich nicht verdient. Ich habe den beiden noch nie etwas Böses getan. Und mir etwas vorzuhalten, was viele Jahre zurückliegt, ist ziemlich kleingeistig. Damals hatte ich nicht die Chance, abzusagen, da ich den Namen der Pension nicht kannte, wo Oma Elli ihren Achtzigsten feierte, und vorher ging es dienstlich beim Tag der Offenen Tür in der Firma verdammt stressig zu. Und bei Oma Elli habe ich mich nachträglich entschuldigt.
Und nun schreibt Rolf, daß er schlecht fände, wenn seiner Großmutter einzig ander Enkelkind, für das alle Liebe und Sorge trugen, ihm feind wäre. Wenn das alles ist, was ihn an mich bindet! Schön wenigstens für *seine*

Großmutter, daß das eine Enkelkind, nämlich er, wohlgeraten ist, wo das andere so mißlang!
Ich wollte eigentlich nicht antworten, habe mich aber trotzdem dazu entschieden. Ich bin nicht feige, und das soll er wissen.

... Eben erreicht mich seine Antwort und sie fällt noch schräger und bekloppter aus als sein erster Schreibversuch:

Liebe Rita,
ich habe keine Lust, die Vergangenheit mit dem Rechen durchzukämmen, um noch das letzte an Zitaten auszusieben, die ich längst vergessen habe (wie den genauen Wortlaut in einer kleinen Dorfpension vor vielen Jahren); oder die Gelegenheiten im einzelnen aufzulisten, wo ich mich über Deinen lauten Umgangston geärgert, aber nichts gesagt habe (Anita hielt mich dann immer für unglaublich geduldig und tolerant und fragte allen Ernstes, was mich an eine Kusine bände, die so mit mir umspringt). Oder über bestimmte wiederkehrende Boshaftigkeiten. (Als Du mit diesen Boshaftigkeiten meine Holde zu überziehen begannst, war's mit der Gemütlichkeit vorbei – mit bekanntem Resultat.)
Oder all die Male, wo ich so tat, als merkte ich nicht einen charakteristischen lallenden Wiederholungsmodus. Der wiederholt damit endete, daß die betreffende Person ohne Hilfe nicht mehr aufstehen konnte. (Für einen nüchternen Menschen eine ziemliche Zumutung.)
Wenn es Dir hilft, bleib Du bei Deiner Selbstwahrnehmung, meine Ansicht über diese Dinge ist sowieso von vorgestern.

Daß Du immer noch lange zurückliegende Rechnungen aufmachst und dabei selbstverständlich ausschließlich Deine Sicht der Dinge als die einzig korrekte vorzubringen nicht müde wirst, bedaure ich zutiefst. Du bist immerhin eine Frau von einigen Jahren und ich bin auch nicht jünger. Man sollte denken, wir sind nicht mehr die Kinder von einst.

Und jetzt kommt der Hammer. Er behauptet noch dieses: Wie immer er sich drehe oder wende, es würde zu seinen Ungunsten ausgelegt. Eine halbwegs entkrampfte Kommunikation zwischen uns sei unmöglich. Vielleicht hätten wir nach dem Crash in der Dorfpension vor zwanzig Jahren von einem Neuanfang absehen sollen. Es habe ja doch nie funktioniert. Meine großzügige Haltung in materiellen Dingen – die er mir hoch anrechne – wolle er nie vergessen.
Netter Trost. Das war's dann wohl.

Bis irgendwann vielleicht. Oder auch nicht. Mach's gut!
Rolf

… Vor 14 Tagen wurden Knötchen in meinen Bronchien festgestellt. Die Ärzte wissen noch nicht, ob es ein neuer Krebsbefund ist oder etwas anderes. Morgen muß ich wieder in die Ambulanz zu einer weiteren Untersuchung. Wenn die Knötchen sich nicht zurückgebildet haben, muß ich wieder ran. Dann muß ich mit dem schlimmsten rechnen. Ich habe gefragt, was sie machen können, wenn es Krebs ist … Operieren geht nicht. Beide Lungen sind befallen. Mit zwei halben Lungen kann ich nicht überleben, das Organ hat seit den Infektionen

Volumen eingebüßt. Chemotherapie bliebe als einzige Option.
Und da behaupte einer, es wäre mit der Brust kein Krebs gewesen! Bei so einem Verlauf! Wenn der Krebs zurückkehrt trotz OP, trotz Bestrahlungen, trotz Antiöstrogen-Langzeittherapie mit diesem Teufelszeug, das mir den Magen ruiniert! Man müßte Anita die Zulassung entziehen! Sie war einmal Ärztin und auf ihrem Praxisschild steht immer noch Dr. med.: Gesundheitsberatung Dr. med. Anita Mitterer. Ich habe Bärbel gefragt. Bärbel ist an dem Haus vorbeigefahren. Das Schild hängt immer noch: Dr. med. Anita Mitterer. Kann man denn nichts gegen Scharlatanerie unternehmen? Andererseits, wenn ich Anita anzeige wegen fahrlässiger Körperverletzung und dafür sorge, daß sie nicht mehr praktizieren darf, auch nicht als freie Gesundheitsberaterin, dann sieht das so aus, als wollte ich mich rächen für das geplatzte Essen am vierzehnten vierten. Also werde ich nichts unternehmen. Aber alle Welt warne ich, sich auf diesen Unsinn einzulassen.
Bei dieser schweren Krankheit helfen nur harte Maßnahmen. Als ich hörte, was da jetzt auf mich zukommen kann, hab ich mir die Hucke vollgesoffen. Ich war so zu, daß ich am nächsten Morgen nicht aufstehen konnte. Ich kam schlicht und ergreifend nicht auf die Füße. Das ist mir noch nie passiert. Es kam schon öfters vor, daß ich nicht mehr aufstehen konnte, um ins Bett zu gehen. Ich hab mich dann robbend zum Klo geschleppt und bin auf dem Fußboden eingeschlafen. Aber am Abend nach dieser neuen Hiobsbotschaft trank ich im Bett zuende und schaffte es dann anschließend nicht mehr in die Vertikale. Der Wecker rappelte und rappelte. Es war

zum ersten Mal, daß ich suffeshalber krankfeiern mußte. Ich hab auch gesagt, warum ich mir die Hucke vollgesoffen hätte. Meine Kollegen sind rührend, sie haben mich nur bedauert und gesagt, ich solle kommen, wenn ich wieder geradestehen und autofahren könne. Ich blieb dann den ganzen Tag im Bett. Am Abend hat mich Rüdiger besucht und wunderbar beruhigt. Ich dürfe jetzt nicht jeden Befund gleich auf das allerschlimmste hin überinterpretieren. Die Knötchen könnten auch gutartige Verwerfungen sein infolge der Erkältungen damals.
Rita, sagte er zu mir, gehe bis zum Beweis des Gegenteils davon aus, daß es nicht das schlimmste ist. Du bist in besten Händen, ich vertraue darauf, daß sie den Krebs im Griff haben.
Das war das erste Mal, daß Rüdiger sich so positiv über meine Behandler äußerte, denn vorher, das hab ich ein paarmal bemerkt, war er skeptisch.

… Große Erleichterung! Die Knötchen sind zwar noch da, haben sich aber nicht vergrößert. Die Doktors wollen das beobachten und abwarten. Es könnte sein, daß es eine Entzündung ist. Seit den großen Infektionen vor drei Jahren hab ich wohl fibröses Gewebe in der Lunge: Lungengewebe, das nicht mehr arbeitet. Damit muß man leben, wenn man es erstmal hat. Der verstorbene Mann von Frau Heckel hatte eine ausgewachsene Fibrose. Keiner wußte woher. Ob es die Spätfolgen einer Lungenquetschung waren, die er als junger Mann erlitten hatte, oder Folgen von dem vielen Baustaub, den er als Ingenieur einatmen mußte. Er fand immer überflüssig, eine Schutzmaske aufzusetzen. Wie übrigens auch Ohrenschoner, wenn er in der Nähe startender oder lan-

dender Militärmaschinen auf dem Flugplatz stand, wo er Bauleiter war. Da wurde er früh schon schwerhörig und bekam auch eben die Fibrose. Ich habe ihn noch erlebt. Er hat schwer gelitten.
Eine ausgewachsene Fibrose habe ich toitoitoi aber nicht. Nur ein Teil der Lunge hat von meinen Infekten Narben, diese kleinen Knötchen, zurückbehalten.
So fühle ich mich doch sehr erleichtert und sehe wieder optimistisch auf die nächsten Jahre. Ich will doch noch etwas von meiner Rente haben! Da ich gut abgesichert bin und infolge des Hauskaufs neulich meine Mietkosten spare, kann ich den kleinen Abschlag verkraften, wenn ich früher zu arbeiten aufhöre.

… Das neue Antiöstrogen werde ich weiter nehmen. Ich habe das dem Krankenhaus fest versprochen, und was eine Rita Becker verspricht, das hält sie auch. Meine Fettleber ist etwas schlechter geworden, aber immer noch im grünen Bereich, und das kommt vor allem von den Saufereien, die aber verständlich sind bei den Sorgen, die ich herunterspülen muß. Ich will jetzt wieder reduzieren auf acht, höchsten zehn Flaschen pro Woche. Mein Hausarzt hat mich erstmals darauf hingewiesen, daß der Alkohol den Streß erhöhen kann, den die starken Tabletten auf die Leber üben. Diskret hat er das geäußert und im Konjunktiv. Nicht so platt und brutal wie Anita und mein viellieber Vetter Rolf. Er hat beim Betriebsfest wieder irgendeine Wald-und-Wiesen-Kapelle geleitet. Aber die Gesamtleitung über das Kulturprogramm hatte ein anderer. Er kriegt nie die Leitung einer größeren Sache angeboten. Als abgebrochener Student

und Seiteneinsteiger traut man ihm das nicht zu. Gesehen hat er mich glücklicherweise nicht.
Ich probiere morgen ein paar Perücken aus. Seit ich das Teufelsmedikament nehme, eine Rita Becker hält, was sie verspricht, fallen mir die Haare auf dem Kopf aus, während mir gleichzeitig ein Damenschnäuzer sprießt. Meine Kosmetikerin macht mir den zweimal die Woche mit Wachs weg. Wenn man den rasiert, wird er rauh und hart wie bei einem Mann. Und Rüdiger möchte nicht mit einem Mann schmusen!
Und Blutdrucksenker nehme ich auch. Ich hatte nie mit Blutdruckproblemen zu tun, aber seit einigen Monaten steigt der Wert bedenklich, wenn ich nichts dagegen nehme. Anita sagte, das käme als häufige Spätfolge nach Strahlentherapien womöglich auf mich zu, aber Anita spinnt. Es ist ganz normal, daß nach fünfzig beim Mann und fünfundfünfzig bei der Frau, wenn die Menstruation ausfällt, der Blutdruck steigt. Und ich werde bald sechzig, da ist das mehr als normal. Unsere Vorfahren in dem alten Haus hatten es alle mit den Gefäßen. Und leider können wir den Genen nicht entfliehen.

Cheers!

Vierter Monolog
Sonja Oppermann

… Ich werde mich niemals von Leuten wie dem Frauenarzt behandeln lassen, und wenn ich draufgehe. Solche Leute kommen mir nicht wieder an meine Brust!
Die Kolleginnen drängten: Komm mit, Sonja! Wir pilgern jedes Jahr zur Brustuntersuchung und du weißt noch nicht einmal, wie Mammographie geschrieben wird. Es tut nicht weh. Drückt ein bißchen, alles. Geht schnell vorbei und nachher weißt du, du bist okay, kein Tumor, kein Krebs. Oder sie finden was und dann behandeln sie dich, acht Tage und du kommst schon wieder aus dem Krankenhaus und in spätestens einem Jahr bist du gesund. Sei kein Frosch!
Ich ging mit, und es war nicht angenehm. Die Brust tat mir Tage später noch weh, entstellt durch einen buntmelierten Bluterguß. Aber dann machte ich mir keinen Kopf mehr.
Bis dann dieser Anruf kam: Sie müssen wiederkommen; wir haben was gefunden, was genauer überprüft werden muß.
Also nochmal Mammographie, nochmal Quetschung, das tat saumäßig weh, die Brust war von der ersten Untersuchung noch wund, anschließend eine Stanzbiopsie. Mit einer dicken Hohlnadel entnehmen sie dir Gewebe aus der verdächtigen Brust. Ich bin schon beim Einstich der Betäubungsnadel fast an die Decke gesprungen. Ich hab Spritzen immer gemieden wie die Pest. Meine heutigen Schmerzen sind krasser und werden immer mehr, aber das ist ein anderer Schmerz als so ein häßlicher Pieks, damit kann ich mich arrangieren.

Die Stanzbiopsie war nur scheußlich, die Piekserei, das anschließende Druckgefühl, ein brutales Zerren und Reißen mehrmals hintereinander. Weh tat das wie etwas. Kann sein, daß sie gar kein Anästhetikum in der Spritze hatten, sondern Kochsalz oder Tomatensuppe, aber ich will mal annehmen, daß alles so lief wie üblich. Auch dieses ging vorüber.
Und nun?
Wir leiten die Auswertung der Daten an Ihre Frauenärztin weiter, die macht dann mit Ihnen einen Termin und bespricht die nächsten Schritte.
Welche Schritte und wohin soll ich gehen?
Zu Ihrer Frauenärztin oder Frauenarzt.
Wer bitte soll das sein?
Wie sollen wir das verstehen?
Ich habe so etwas wie einen Frauenarzt oder eine Frauenärztin nicht.
Sie sind 49 und haben keinen Frauenarzt?
Muß ich?
Wir verstehen nicht.
Ist es meine gesetzliche Pflicht?
Die Empfangsdame schluckt. Unser Büro gibt Ihnen eine Liste mit Frauenärzten der Region, wählen Sie einen aus und bestimmen Sie, an wen wir die Unterlagen schicken.
Ich erinnere mich, Dr. … , so hieß der Allgemeinmediziner in meinem Dorf. Könnte noch Daten von mir haben. Sein Sohn praktiziert im Nachbarort, der ist Frauenarzt, zu dem könnte ich hin.
Der Name ist bald gefunden, das Brustzentrum macht einen Termin für mich aus und am darauffolgenden Montag lerne ich meinen ersten Frauenarzt seit Men-

schengedenken kennen. In doppelter Weise kennen: als Person und als Vertreter seiner Spezies beziehungsweise einer neuen, herzlosen Spezies von Mensch, die sich als Wohltäter und große Wissenschaftler aufplustert und auf der Seele der Patientinnen Trampolin spielt.
Bevor ich vorgeladen werde, kommt die Sprechstundenhilfe mit einer Tablette und einem großen Glas Wasser.
Was soll das?
Die nehmen Sie bitte ein.
Eine Tablette?
Ein Beruhigungsmittel.
Was soll ich mit einem Beruhigungsmittel?
Das bekommen alle Patientinnen mit einer Krebsdiagnose.
Ich will das aber nicht! Ich habe nicht um eine Tablette gebeten! Ich erkläre mich ausdrücklich dagegen, diese Tablette zu nehmen!
Ich war völlig aufgewühlt. Auf das Aussehen meines neuen Frauenarztes war ich gar nicht mehr gespannt. Ich könnte über sein Äußeres nichts sagen. Ein weißer Kittel … Ich erinnere mich an seine Worte: Ein besonders gefährlicher schnellwachsender Tumor, Frau Oppermann. Operation, Bestrahlung, Chemotherapie. Sofort. Lebenserwartung bei verspäteter Therapie zwei Jahre, unbehandelt ein halbes Jahr. Finden Sie sich morgen früh mit Nachthemd, Zahnbürste und Wäsche in der Klinik ein. Die Operation startet am Donnerstagmorgen.
Ich rannte grußlos aus dem Zimmer. Helmut fuhr nachher meine Handtasche abholen, ich hatte sie liegenlassen. Die Klinik sah mich nie wieder und auch mein neuer Frauenarzt hat nie wieder von mir gehört, es sei denn, er rief dort an und erfuhr, daß ich den Operationstermin

hab verstreichen lassen. Ich bin bis heute nicht operiert. Und lebe immer noch. Dreieinhalb Jahre nach dem Befund. Drei Jahre über meiner Prognose bei untherapiertem Befund hinaus. Mit Chemo, Strahlen, Operation, Nachoperation, Chemo II, Chemo III wäre ich wahrscheinlich längst tot, ohne Operation lebe ich noch. Ich hab doch zwei von den Mädels gesehen, die mich damals zur Vorsorge drängten. Bei der einen, die schon einmal Brustkrebs hatte, kam er seit der zweiten Chemo ständig wieder, immer stärker, immer schneller. Wie ein offenes Bein, das immer weiter aufreißt, je weniger du's in Ruhe läßt. Sie ist elend verreckt.
Die andere kam vor ein paar Tagen grün angelaufen, ohne ein Haar auf dem Schädel, aus dem Krankenhaus. Der Krebs ist wiedergekommen, trotz Chemo, trotz Nachoperation. Ihr geht's nur furchtbar. Ich weiß, sagt sie schelmisch, was du jetzt denkst, aber nicht sagst: Das hast du von deiner Mammographie und deinem Glauben an die weißen Götter. Aber du bist ja auch nicht gerade das blühende Leben bei deinem Befund.
Da hat sie leider, leider recht. Ich will Marina nicht ärgern. Die Suppe, die sie auslöffelt, ist wahrhaft dickflüssig genug. Sonst würde ich sagen: Meine Organe und die Brüste sind wenigstens noch beisammen, wie der Herrgott sie erschuf, und der Schlamassel durch deine ständigen Behandlungen und Nachbehandlungen blieb mir erspart. Von den dreieinhalb Jahren, die ich nun schon mit meinem Raubtierkrebs überlebe, waren zwei Jahre richtig gut. Auf so eine lange Zeit blickst du nicht, wenn du die Pausen zwischen deinen Behandlungen zusammenzählst.
Aber jetzt sieht's scheiße aus.

Statt in die Klinik bin ich am nächsten Tag zu meiner damaligen Heilpraktikerin gefahren. Ludmilla hatte mir mal sehr geholfen. Ich wollte denen in der Klinik ja nicht aufs Auge binden, daß ich von ihrer Gynäkologie nichts halte. Ich hatte früher Kontakte zu frauenärztlichem Personal gehabt, durchaus. In Aachen und sonstwo noch. Und keiner konnte mir sagen, warum ich bei der Monatsblutung soviel Blut verlor. Zweimal mußte Helmut den Notarzt rufen, aber im Krankenhaus wußten die nichts Besseres, als den Verlust durch ihre Blutkonserven aufzufüllen. Vielleicht haben die verdammten Blutkonserven meinen Krebs sogar ausgelöst. Blutkonserven sind kleine Organtransplantationen. Manche Organismen reagieren bereits auf kleinste Spuren von Fremdeiweiß empfindlich und setzen sich mit Krebs zur Wehr. Ich habe das damals nicht gewußt und vertraute darauf, daß die Ärzte das schon richten.

Siehste, jetzt hab ich den Salat.

Auch Ludmilla kennt sich nicht aus. Das weiß ich durch Frau Dr. Mitterer jetzt. Sie hat mir die Augen geöffnet. Aber Ludmilla hatte einer Freundin meiner Kindergärtnerkollegin Heidi ihre Blutungen gestillt. Und bei mir funktionierte das Mittel auch. Man kann es nicht fassen: ein paar Kügelchen, Globuli genannt. Auch Frau Mitterer setzt Globuli bei meiner Behandlung ein. Begleitend, ohne Versprechungen, nur, um nichts auszulassen, was ja vielleicht hilft. Sie berichtet von guten Erfahrungen mit diesen Zauberkügelchen, bewahrt sich aber trotzdem eine Skepsis. Hauptsache ist und bleibt für sie die Lebensführung. Die muß neu ausgerichtet werden. Das meint sie übrigens materiell: meiden, was den Körper über die Atemluft, die Nahrung und die Haut schädigt, dafür sorgen, daß er gute Stoffe in Fülle bekommt. Und vor allem aufnimmt. Denn, so sagt sie, es kann sein, daß dem Körper gute Stoffe zur Verfügung stehen, aber er nimmt sie durch irgendwelche Blockaden nicht richtig auf. Das ist dann ihr Konzept: den Körper wieder in die Lage versetzen, die guten Stoffe aus dem reichen Angebot der Natur wieder richtig aufzunehmen. Hoffentlich machen die Menschen die Natur nicht kaputt. Die wissen gar nicht, was sie anrichten mit ihren Unkrautvernichtern und Monokulturen. Ich werde es nicht erleben, aber ich hoffe, daß eine neue Politikergeneration heranwächst, die den Wert der Artenvielfalt auf diesem Planeten und der Blütenvielfalt auf den Wiesen und Äckern und die Wildkräuter an den Rändern intakter Waldgebiete neu erkennt.

Helmut hat mir zu meinem letzten Geburtstag, oh, da hab ich mich verhaspelt, hoffentlich werden noch ein paar Geburtstage folgen, er hat mir ein Buch von einem brasilianischen Fotografen geschenkt. Der hat ein Projekt ins Leben gerufen. Sie haben dort verödetes Land neu bewaldet. Es fließt dort wieder ein Bach, das Land ist grün und die Menschen können wieder in der Gegend wohnen und flüchten nicht länger in die Stadt. Wenn die aktuelle Menschheit eine Zukunft haben soll, dann liegt diese Zukunft in der Wiederherstellung der Grüngürtel: Renaturierung von Wüstenland, friedliche Koexistenz der Arten, Entgiftung unseres gesamten Lebensraums. Die Beseitigung von Müll und belastenden Giften muß nicht nur in den Häusern und in den Körpern stattfinden, sondern in der gesamten Natur, in allen Staaten dieser Erde, auf der ganzen Welt. Am Ende unserer Straße beginnen ein paar Getreidefelder. Der Bau-

er güllt und spritzt Chemikalien mehrmals im Jahr. Ich bin schon mehrmals mit komischem Ausschlag zurückgekommen, wenn ich mit Brauni auslaufen ging, und Brauni bekam geschwollene Lymphknoten, so daß wir ihn auf Krebs untersuchen ließen. Und wochenlang hätte er ohne die Kohletabletten vom Tierarzt mit seinem flüssigen Stuhl das Haus versaut.
Jetzt stinke nur noch ich mit meinem siffenden Krebs das Haus voll. Es muß bestialisch stinken. Wie in einer Abdeckerei. Manchmal wenn ich auf den Balkon gehe, um eine Zigarette zu paffen, halte ich die Nase ins Wohnzimmer zurück. Dann krieg ich eine Ahnung davon, was Helmut an Gestank ertragen muß, wenn er um mich ist.
Ich habe mir immer einen stärkeren Mann gewünscht, einen, der energisch auf den Tisch klopft. Helmut hat sich grade mal getraut, verhalten nach meiner Tasche zu fragen, die ich beim Sohn meines ehemaligen Hausarztes liegenließ. Ein anderer hätte vor versammelter Mannschaft die Empfangsdame zusammengestaucht oder wäre gleich ins Sprechzimmer vorgeprescht, was denen einfiele, seiner Frau ohne Aufforderung ein Psychopharmakum zu verabreichen. Wenn sie nicht so mutig gewesen wäre, nachzufragen was das für ein Dreckszeug ist, hätte sie gar nicht erfahren, was mit ihr geschah. Skandalös, entmündigend, kriminell! Der Patient wird zum Spielball ärztlicher Willkür! So kommen die Freiheitsrechte in unserem Staat auf den Hund!
Der Mann von Anita, also Frau Dr. Mitterer, hat der Ärztekammer die Bude eingerannt, als sie Drohungen erhielt, die Zulassung zu verlieren: Meine Frau hat ihre wissenschaftlichen Erkenntnisse unter die Leute ge-

bracht, sie hat objektiv über die Nachteile Ihres Programms zur Krebsvorsorge aufgeklärt. Es wäre gut, Sie würden Ihren Eid, zum Nutzen der Patienten zu wirken, so ernstnehmen wie meine Frau. Meine Frau hat in keiner Weise gegen die ärztliche Fürsorgepflicht verstoßen. Nehmen Sie Ihre Drohungen zurück, sonst zeigen wir Ihre Kammer an wegen falscher Anschuldigungen und Behinderung der ärztlichen Arbeit.
Ich habe Anitas, also Frau Dr. Mitterers, Vorträge auf Band gehört. Mannomann, was näht die Medizinmafia uns für Märchen an die Backe! Vielleicht ist mein Krebs durch die Mammographie entstanden. Und durch die Bluttransfusionen. Irgendeine innere Verletzung im sensiblen Bereich, und schon feuert der Körper dagegen. Dann die Stanzbiopsie. Man soll den Körper lassen, nicht wieder und wieder reizen. Wer weiß, wer weiß, wie ich heute dastände, wenn ich meinen Kolleginnen nicht gefolgt wäre. Ich hätte dann von meinem schlummernden und jetzt losgelassenen Raubtier womöglich nie etwas mitgekriegt.
Aber ich bin undankbar. Helmut ist der liebevollste Helfer, den eine unbekannte Macht an meine Seite stellen konnte. Er macht für mich jeden Handgriff, er versorgt mich rund um die Uhr, und er erträgt den unerträglichen Gestank aus den siffenden Geschwüren und das laute Schmerzgebrüll, das ich ausstoße, wenn ich vor Schmerzen aus dem Schlaf fahre.

… Ein knappes halbes Jahr nach der Diagnose hatte sich der Knubbel in meiner Brust so weit entwickelt, daß ich ihn fühlen konnte. Er war ziemlich hart und wenn ich genau in den Spiegel sah, dann stellte ich eine zuneh-

mende Ungleichheit beider Brüste fest. Beginnt jetzt die Frist, in der ich als renitente Patientin die Radieschen von unten kennenlerne? Schmerzen hatte ich noch keine. Nur ein leises Ziehen, das war dauerhaft und fing langsam an zu stören.
Ludmilla verabreichte ein Homöopathikum. Nichts besserte sich. Im Gegenteil. Der Knubbel wuchs bedenklich an und tat jetzt momentweise weh. Ein Zerren, manchmal Stechen, durchfuhr unangekündigt die Brust und verschwand so schnell, wie es gekommen war. Helmut und ich gerieten in Sorge. Voreinander gaben wir uns den Anschein, wir blieben ruhig, aber das täuschte und beide wußten wir das. Helmut und ich haben es uns zum Prinzip gemacht, uns nicht die Hucke vollzujammern, was immer das Leben bringt.
Ludmilla sagte, ich müsse die Globuli weiter nehmen. Die bräuchten ihre Zeit. Wir sollten die Natur den Rest machen lassen.
Im darauffolgenden November dann, vier oder fünf Monate später, riß die Haut über dem Knubbel auf. Ludmilla sagte: Jetzt beginnt das Homöopathikum zu wirken. Der Körper fängt an zu arbeiten und scheidet die schlechten Energien aus. Die geplatzte Haut heilte noch einmal zu, aber der Knubbel wuchs und verfärbte sich feuerrot. Erste blaue und dann grünliche Verfärbungen zeichneten sich ab und der Schmerz wurde allmählich zu meinem ständigen Begleiter. Stell dir einen bohrenden Zahnschmerz vor, nur nicht im Mund, sondern über der Rippe über dem Herzen. Dazu ständig Stiche wie mit einem langen Geflügelmesser, Atemnot. Vielleicht fühlt sich so ein Infarkt an. Aber herzmäßig hatte ich

bisher nie was gehabt, trotz der verdammten Raucherei, die ich nicht lassen kann.
Eigentlich hätte ich im Kindergarten aufhören müssen. Aber dann hätte ich einen Arzt konsultieren müssen. Und dann? Mein Arbeitgeber hätte mich gezwungen, weiterzugehen, wo ich niemals hinwollte: in die Mühlen der schulischen Medizin. Nie wieder will ich so eine Bevormundung, Entmündigung und Angstmacherei mir bieten lassen wie bei meinem hoffentlich letzten Arztbesuch, als ich die Prognose erhielt. Ich müßte längst tot sein. Ich lebe immer noch, drei Jahre später, und habe meinen Körper erfolgreich gegen die Vergewaltigungen durch die Krebsschnippler in Weiß geschützt.
Helmut, sag mal was. Du denkst doch auch, hätte sie auf den Doktor damals gehört. Ludmilla ist die falsche Adresse.
Helmut reagierte sehr verständig: Du irrst. Der Doktor war nicht der richtige Weg. Aber Ludmilla tut dir auch nicht gut. Ich sitze immer, wenn du endlich schläfst, am Computer und recherchiere.
Und bist du weitergekommen?
Vorhin fand ich etwas Interessantes: Vortrag einer Dr. Anita Mitterer.
Worüber handelt er?
Ernährung in der Krebstherapie.
Und weiter?
Es geht nicht um begleitende Ernährung, sondern anscheinend darum, daß man mit Ernährung Krebs heilen kann.
Mit Ernährung Krebs heilen? Glaubst du daran?
Warum nicht? Eher jedenfalls als durch Messer und Gift.

Wann findet der Vortrag statt?
Morgen.
Und wo?
Zwei Stunden müssen wir schon fahren.
Nach Dienstschluß in der Kita stieg ich zu Helmut in den bereitstehenden Wagen. Die Erwachsenenbildungsstätte, wo Anita Mitterer ihren Vortrag hielt, war Gott sei dank mit dem Navi zu finden. Dr. Mitterer ist eine ausgewiesene Medizinerin. Trotzdem klang das, was sie sagte, ganz anders als alles, was ich bisher über Krebs zu hören bekam. Aber es klang logisch und sehr wissenschaftlich.
Nach dem Vortrag stellten die Besucher Fragen. Ich sagte, daß ich von weiter herkomme und ihr meinen Fall gern zeigen wollte. Im Anschluß saßen wir zu einer kleinen Nachrunde beisammen. In einem Augenblick, als die meisten gegangen waren und der einzige Fremde am Tisch zur Toilette mußte, fragte ich sie heimlich, ob sie sich meinen Tumor ansehen wolle.
Hier?
Wo sonst.
Unmöglich!
Und anschließend als Patientin annehmen …
Das Sprechzimmer wäre Ärzten in irgendwelchen jemenitischen Flüchtlingslagern komfortabel vorgekommen, aber hier, in Deutschland … ein Waschraum in einem gehobenen Bierlokal? Sie schaute sich den Tumor kurz an und blieb erst mal still. Gott sei dank war kein Betrieb mehr und keiner bemerkte uns. Vorsorglich hatte ich uns die Ausrede eines Notfalls zurechtgelegt. Und ein Notfall war es ja, leider. Ohne diese Ausrede hätte

ich Anita nie dazu gebracht, mit mir gemeinsam diesen Ort aufzusuchen. Das war unter ihrer ärztlichen Würde. Im selben Haus fanden wir ein Zimmer für die Nacht und am nächsten Morgen suchten wir Anitas, also Frau Dr. Mitterers, Restpraxis auf. Es ist ein kleines, hübsch möbliertes Beratungszimmer mit einer Liege mittendrin, wenn einer mal umkippt. Rechtzeitig hatten wir einen kleinen Unfall erfunden, Anita auf die Schnelle ein Attest konstruiert und Helmut die Kita angerufen, daß ich erst Montag wieder kommen könne.

Anita fragte mich, ob ich nicht doch eine Operation vornehmen lassen wolle.

Auf keinen Fall!

Ich weiß aber nicht, ob der Körper die Masse schafft. Der Tumor ist extrem groß. Für den Körper ist das ein Berg. Ich weiß nicht, ob er das abbauen kann. Es wäre so, wie wenn Sie einen Teller mit sechs Kilogramm Nudeln auf einmal essen müßten. Lassen Sie sich's wegmachen, danach behandeln wir auf unsere Weise!

Aber man wird's so nicht wegnehmen.

Da haben Sie recht. Erst nach einer Reihe von Bestrahlungen.

Und einer Chemotherapie, um die Entzündung einzudämmen!

Sie sind gut informiert. Und wenn Sie das beides oder wenigstens eins davon als Zwischenstadium akzeptieren? Das Ding muß weg, der Körper schafft das nicht allein.

Sind Sie sicher?

Nein, nicht sicher.

Und wenn ich die Operation verweigere, sind Sie dann trotzdem bereit, mir Ihr Wissen zukommen zu lassen?

Ja, das bin ich. Aber es liegt in Ihrem Ermessen und erfolgt auf Ihre alleinige Verantwortung.

Wir hielten uns anfangs streng an Anitas Plan. Helmut hatte binnen Wochenfrist den großen Entsafter und den Gemüse-Wildkräuter-Breimixer besorgt. Ich nahm zwar nicht sechs Kilo Nudeln zu mir, aber ein Püree aus einem Kilo Möhren, Brennesseln, Löwenzahn und was wir an eßbaren Wildkräutern hinterm Haus in unserem Garten und auf einigen geschützten Naturwegen fanden, dazu die Essenz von zwei Kilo Broccoli, Weißkohl, Rotkohl, Spitzkohl, Grünkohl, roter Beete, Knoblauch, Äpfeln. Ich fühlte mich nach einigen Tagen der Umgewöhnung gekräftigt und erfrischt und ertrug erstmalig nach langem wieder das Gezappel und Gezänk der Kinder in der Kita. Meine alte Gelassenheit war mir doch etwas abhanden gekommen. Der Druck in der Brust ließ nach, die Stiche nahmen ab, wir beobachteten wie die Detektive, wie sich der Tumor veränderte. Veränderte er sich überhaupt? Schrumpfte er? Oder verteilte er sich nur anders?

Er war auf die Größe einer mittleren Kartoffel angewachsen und die Farbe reichte von feuerrot über bläulich bis grünlich. Täglich fotografierte Helmut den Übeltäter, zweimal die Woche schickte er Anita die Bilder per Email. Anita, anfangs skeptisch, leckte Blut an dem Fall. Ich glaube, sie fing an, selber auf eine Entwicklung zum Besseren zu hoffen, obwohl ihr der Kopf was anderes sagte und ihr Arztverstand beinahe ausschloß, daß mein Körper diese Masse Tumor aus eigener Kraft bewältigen kann.

Immer öfter telefonierten wir. Die Behandlung lief weitgehend über den Äther, und nach wenigen Wochen wa-

ren wir per du und telefonierten täglich. Wie würde ich das bezahlen können? Aber Anita beruhigte mich. Wenn wir wieder Geld übrig hätten, sollten wir einen kleinen Betrag überweisen. Sie hätte mittlerweile ein wissenschaftliches Interesse an dem Fall und außerdem seien wir so etwas wie Freundinnen.
Ich kann nicht beschreiben, wie sehr mich Anitas Verhalten aufbaute. Andererseits, das mußte sie doch belasten. Sie konnte sich nicht zwei Patienten leisten, die täglich einen so großen Anteil ihrer Zeit und ihrer Energie von ihr forderten, und dann auch nichts daran verdienen! Sie hat außerdem noch einen Mann, andere Patienten und vor allem auch: sich selbst! Man muß auch irgendwann an sich selber und die eigenen Bedürfnisse und Grenzen denken!
Apropos eigene Bedürfnisse ... Ich schaffte die strenge Tour irgendwann nicht mehr. Helmut, denkst du, daß ich mir eine kleine normale Mahlzeit hie und da gönnen dürfte? Keine Wurst, kein Fleisch, aber eine Scheibe Bäckervollkornbrot, eine Portion Vollkornnudeln, eine leichte Tomatensoße. Von der Rohkost und den Pellkartoffeln allein knurrt mir der Magen und den ganzen Tag muß ich daran denken, wie gern und deftig wir früher immer aßen. Die Seele braucht schließlich auch zu essen.
Wir haben uns dann eine kleine gemeinsame Mahlzeit in Erinnerung an bessere Zeiten genehmigt, nicht jeden Tag, aber zunächst einfach so und, als ich es vertrug, einmal die Woche, dann zweimal, dann jeden zweiten Tag und dann an vier oder fünf Tagen die Woche regelmäßig. Ich hab Anita anfangs nichts davon gesagt, und später habe ich die Häufigkeit dieser kleinen Ausnah-

men heruntergespielt. Aber ich glaube, sie hat es geahnt. Ich fühle mich ihr gegenüber schuldig, wenn ich bedenke, wieviel Zeit sie mir geopfert hat. Ich hoffe inständig, daß wir den Erfolg der Therapie durch unser Nachgeben nicht ruiniert haben. Es täte mir bitter leid, wenn sie durch die Lauheit ihrer Patienten um den Ertrag ihrer wertvollen Arbeit betrogen würde und das Therapieren am Ende ganz aufgäbe. Aber ich pack's einfach nicht, ich stehe das nicht durch. Unter ständiger Aufsicht in einer abgeschlossenen Klinik würde ich es schaffen, schaffen müssen, aber solche Kliniken gibt es nicht mehr. Anita kannte die Gefahr, von Anfang an. Sie hat das bei unserm ersten Therapiegespräch aufs Tapet gebracht. Ihre großen Vorbilder hatten diese Rohkostkliniken, aber das ist viele Jahre her, mit einem Stab von Mitarbeitern. Die kontrollierten streng, daß die Vorschriften eingehalten wurden. Renitente Patienten wurden entlassen. Ähnlich wie beim Alkoholentzug noch heute. Nicht wie in den abgemilderten Rehakliniken, wo die Patienten die Cafés der Umgebung aufsuchen und ihre Diät unterlaufen.
Es gibt also doch Situationen, in denen man auch als erwachsener Mensch seinen eigenen Willen an der Garderobe abgeben sollte. Anita bedauerte, daß es keine geschlossenen Therapiezentren mehr gibt. Sie kämpft in ihrem Zimmerchen mit der kleinen Sitzecke und der verwaisten Behandlungsliege auf verlorenem Posten. Es sei denn, sie findet heldenhafte Patienten, die das Programm auf eigenen Füßen durchziehen. Ich bin, leider, dafür zu schwach.

… Sonja, ich sehe, wie du dich quälst. Wir kommen mit meiner Rente über den Winter. Du kündigst einfach deinen Job. Niemand kann dich zwingen, gegen deinen Willen zu arbeiten. Du gibst deine Berufstätigkeit auf und bist, ohne Geld- und Sachbezüge vom Staat, bei mir mitversichert.
Früher waren wir Frauen als unbezahlte Kräfte von unsern Ernährern abhängig. Heute sind wir's von unserem Beruf. Die Folgen sehen wir. Kaum eine Mutter betreut ihr Kind noch über das erste Jahr hinaus zu Hause. In der Kindertagesstätte haben wir lange Wartelisten und chronische Personalnot. Ich kündigte, als einzige Möglichkeit, dem Skalpell zu entgehen, ohne Angabe von Gründen. Einzig meiner liebsten Kollegin erzählte ich die Wahrheit. Heidi brach in Tränen aus. Ich bat sie, es den anderen später weiterzuerzählen. Ich hätte den Stand der Dinge nicht länger geheimhalten können. Der Tumor, so groß wie eine Zuchtkartoffel mittlerweile und mit mehreren kleinen Kartoffelablegern drumherum, war aufgeplatzt und verströmte einen widerlichen Aasgeruch. Die letzte Woche in der Kita trug ich dicke Verbände um den Brustkorb herum und flehte zu Gott, daß es nicht zu sehr roch. Es war das reinste Trümmerfeld.

… Wir sind gestern aus Riva zurückgekehrt. Mußten uns mal was gönnen. Mal was anderes sehen und was anderes denken. Auch was anderes essen. Nicht üppig. Leichte italienische Küche, aber halt normal. Helmut kam heute zu mir: Schau mal, was ist das?
So gelassen? Das ist Krebs, Helmut!
Ein kleines Basaliom.
Klein ist gut!

Ich habe mich informiert, eine leichte Form von Hautkrebs.
Was machen wir?
Das ist für Anita ein Pappenstiel.
Wir bekamen gleich einen Termin und fuhren hin. Die Fahrt strengte mich mehr an als bei unserer ersten Begegnung vor einem Jahr. Anita zeigte ihm, wie man mit Kohlblättern, Schöllkraut und Heilerde so eine dunkle Hauterhebung abdeckt, und ermahnte uns eifrig, mit den Diätregeln nach dem Urlaub wieder anzuziehen. Pardon, nicht Diät, Ernährungsweise! Mein Tumor gefiel ihr nicht. Konnte ihr auch nicht gefallen. Mir mißfiel er auch. Ein den halben Brustkorb bedeckendes Trümmerfeld siffender Beulen und Kraterchen in den unnatürlichsten Farben. Ein Vulkan von Entzündungen und faulendem Gewebe mit einem häßlichen Vulkankegel in der Mitte. Dazu hatte ich höllische Dauerschmerzen und häufige Atembeklemmung.
Wenigstens ging Helmuts Hautkrebs zurück. Neben den unerfreulichen Fotos von meiner Brust erreichten Anita von Woche zu Woche erfreulichere Aufnahmen von Helmuts Hautstelle. Unter den Kohlauflagen und dem Einfluß der Ernährungsregeln, die wir gemeinsam einhielten wie seit langem nicht, löste sich die schrundige Erhebung auf und nahm die Haut die alte Form und Farbe wieder an.
Und wenn es kein Hautkrebs war? Ich glaube, daß es Hautkrebs war, und Anita sagte, daß es so aussah, wie sie Basaliome kenne. Nur um letzte wissenschaftliche Sicherheit zu erlangen, nehmen wir keine schmerzhaften Untersuchungen oder chemischen Eingriffe mehr inkauf. Bereinigt ist bereinigt und weg ist weg.

… Gestern habe ich versucht, Anita außerhalb der vereinbarten Stunde zu erreichen. Die Schmerzen, die Schmerzen … Ich hab sie auf dem AB dringend um Rückruf gebeten. Auch heute morgen war sie nicht erreichbar. Ob sie krank ist? Ob sie mir böse ist? Ob sie nicht mehr kann? Ich habe sie im letzten Quartal täglich um die Mittagszeit angerufen. Ich habe sie immer wieder gefragt, ob sie das nicht überlaste. Und immer hat sie beschwichtigt: Ruf mich weiter an, ich weiß, daß du das brauchst und daß es dir hilft. Und ich rief sie weiter täglich an.
Aber heute erreiche ich sie nicht und die Mittagszeit ist erneut vorbei, ohne daß sie sich gemeldet hat.

… Fünf Tage schon ist Anita wie verschollen. Auch auf Helmuts E-Mails meldet sie sich nicht. Ich mache mir ernsthaft Sorgen.

… Endlich ein Anruf. Anitas Nummer im Display. Gott sei gepriesen und gebenedeit. Anita, ich dachte, dir wäre etwas passiert oder du wärst mir gram. Wir waren ernsthaft schon in Trauer.
Ich bin ausgebrannt, liebe Sonja, ich fühle, daß ich an einer Grenze angekommen bin. Ich weiß nicht mehr weiter, ich kann dir nicht mehr helfen, mein Repertoire ist erschöpft, ich muß das offen eingestehen. Bitte gönne mir eine Verschnaufpause. Bis Samstag in acht Tagen. Ich muß bis dahin auftanken, neu recherchieren. Rolf hat an diesem Termin einen Auftritt mit seinem Chor bei euch in der Nähe. Ich gehe nicht mit ins Konzert, er hat damit kein Problem, du weißt, ich interessie-

re mich nicht für Chormusik. Es ist aber eine gute Gelegenheit, vorbeizuschauen und dich mir aus der Nähe nochmal anzusehen.
Am besagten Wochenende besuchte Anita mich zu Hause. Helmut hat lecker italienisch gekocht, Pasta mit einer leichten Basilikum-Tomaten-Soße mit Parmesan und kaltgepreßtem Öl aus biologisch angebauten Oliven. Den Käse ließ ich weg, aber es war ein Fehler, daß es weiße Nudeln gab und Öl von Oliven. Krebskranke dürfen nur, in kleinen Mengen, naturbelassene Getreideprodukte essen und an Fetten nur frisches unerhitztes Leinöl.
Anita, wir wissen, daß ich kein Auszugsmehl und kein erhitztes Fett zu mir nehmen darf, aber Helmut wollte etwas Besonderes für dich kochen und hat in der Freude über deinen Besuch die Zutaten automatisch so zusammengestellt, wie er das vom Italiener kennt. Hat es wenigstens geschmeckt?

... Rolf nennt sich einen Wald-und-Wiesen-Chorleiter und Wald-und-Wiesen-Blaskapellen-Dirigenten, ist aber seiner mickrigen Meinung von sich selbst zutrotz ein gestandener Kerl. Ich habe Schreiben gesehen, die er an den Gesundheitsminister und an die Ärztekammer geschrieben hat, in denen er sich für die Medizinrichtung Anitas einsetzt, und er trumpft darin mit Argumenten auf, die ihm keiner umstößt. Aber seine Hinweise auf die ungerechte Verteilung von Geldern und seine Angriffe auf die Politik im Gesundheitswesen haben ihm nichts gebracht und die unumstößlichen Argumente haben die Damen und Herren in den zuständigen Gremien keineswegs von ihrem hohen Roß gestoßen. Anita zeigt

die Schreiben immer wieder vor, wenn die Diskussion darauf kommt, und ist stolz darauf, wie stark ihr Rolfi sich für sie einsetzt.
Ich will über Helmut nicht lästern, aber daß er mal auf den Putz kloppt, traut ihm niemand zu. Daß er damals beim Gynäkologen meine Handtasche abholte, war schon viel. Aber jetzt hat er sich übertroffen. Er hat die ganzen Praxen in der Umgebung abgeklappert und eine nette Ärztin aufgetrieben, die nach eingehender Vorwarnung bereit war, mich palliativ zu behandeln. Klar, mußte sie ihr Sprüchlein loswerden … ich hätte früher kommen sollen, der Ausbruch meines Krebses hätte verhindert werden können, ich sollte auch jetzt noch einen Versuch mit Strahl und Stahl und einer Chemo versuchen. Fünf zu hundert, daß noch eine Chance bestünde. Die Hoffnung wäre die, daß man nach eingehender Vorbehandlung die Gewächse entfernt und meine linke Seite therapiert. Nein, danke, Frau Doktor.
Sie ließ mich in Ruhe und hat das Thema nicht mehr angeschnitten. Nun kommt sie auf Anruf vorbei und gibt mir Spritzen und Tabletten. Damit kann ich die Schmerzen ertragen. Erstmals nach einer Reihe von Monaten erlebe ich Stunden sogar ganz ohne Schmerz. Ich bin aber mittlerweile so dünn und rapplig auf den Beinen, daß Helmut mich mehr auf die Toilette trägt als stützt.

… Gestern habe ich noch einmal eine halbe Stunde auf der Veranda verbracht. Ich habe versucht, mir eine Zigarette einzuverleiben, aber schon der erste Zug hat mir Widerwillen erzeugt. Damit wird mit dem Rauchen wohl nix mehr. Endlich hast du den Entzug geschafft, altes Haus!

Ich habe Anita von mir aus gesagt, daß ihr Job erfüllt ist. Übererfüllt. Daß sie meine Sterbebegleiterin würde, hätten wir vor einem Jahr nicht gedacht. Jetzt ist es so gekommen. Sie hat mehr als genug getan. Sie hat alles versucht, was eine Ärztin in meinem Fall versuchen konnte. Und zwar eine gute Ärztin. Die beste Ärztin, die es gibt. Und die liebste Freundin, die ich jemals hatte. Ich hatte nicht viele Freunde in meinem Leben. Menschen, die es gut mit mir meinten. Es ist ein Segen, schön und angepaßt auf die Welt zu kommen. Auf diesen Segen mußte Sonja Oppermann verzichten. Häßlich, mit spindeldürren Knochen und einem Gesicht lang wie eine Stecknadel, spürte Sonja schon den Haß ihrer Mutter, einer Trinkerin, auf das mißratene Balg. Das Balg reagierte trotzig und zog die ganze Prügelration von den geliebteren Geschwistern ab. Und die Geschwister dankten's klein Sonja übel. Was hab ich von meiner Mutter Dresche bezogen. Und nachher war ich die einzige von den Geschwistern, die sich um die Alte kümmerte! Sie lebt noch, 85jährig, als zänkische Demente auf einer Pflegestation. Verstand versoffen. Aber die Pumpe läuft, die Leber arbeitet. Ich habe auch ziemlich viel gefeiert. Bis ich dann krank wurde. Aber das Rauchen hab ich lange Zeit nicht lassen können. Bis gestern. Jetzt habe ich auch dieses Laster gepackt. Hat lange gedauert.

Postskriptum
Helmut Oppermann

… Jetzt hab ich mir auch einen kleinen Krebs eingefangen. Sonja regt sich fürchterlich auf. Gegen ihre Großbaustelle an der Brust ist das doch ein Klacks. Ein dickliches braunes Ding auf der Stirn, warzig, häßlich. Als wir aus Riva zurückkamen, ließ ich das gleich abklären. Ich habe Sonja von meinem Besuch beim Hautarzt nichts gesagt und den Vorfall, so gut ich konnte, heruntergespielt. Am nächsten Tag sind wir zu Frau Dr. Mitterer gefahren. Sie sah sich das Ding an. Es ist wahrscheinlich ein Basaliom, sagte sie, möchtest du das abklären lassen?
Ist nicht nötig. Ich vertraue dir. (Ich wollte Sonja auf keinen Fall beunruhigen und verschwieg in ihrem Beisein weiter standhaft, daß ich die Diagnose kannte.)
Nun, Helmut, Angst und Übereilung sind kein guter Ratgeber im Glashaus Krebs.
Was also machen wir?
Anita empfahl das Übliche: die strenge Ernährungstour, die Zügel des ungekochten Veganismus wieder strenger anziehen, daneben Wickel mit Kohlblättern, die ich einritzen, mit dem Nudelholz plattdrücken und auf den Störenfried auflegen mußte, im Wechsel mit Wickeln mit Schöllkrautsaft und Heilerde.
Sie sah sich natürlich auch Sonja an und redete mit ihr anderthalb Stunden. Wir hatten im Urlaub 2.000 Euro ausgegeben, wir nötigten sie, einen Betrag von hundert Euro anzunehmen. Für zwei Beratungen ein Klacks, viel zu wenig, aber selbst das machte ihr Probleme. Sie sagte nicht warum, aber ein Seitenblick auf Sonja ließ den

Grund erraten: Sonja ging es miserabel und Anita sah sich als Versagerin. Dabei hat sie mehr für Sonja erreicht und getan als irgendein anderer Arzt auf der Welt. Der Krebs war einfach zu stark fortgeschritten, da konnte sie nichts mehr machen. Ich sagte, wir hätten eine kleine Erbschaft gemacht. Und wenn wir uns den Urlaub leisten könnten, wäre es das mindeste, ihr wenigstens diesen symbolischen Betrag dazulassen. Sie sagte noch etwas Aufmunterndes. Ich fragte mich schon lange, wann ihr Wortvorrat erschöpft sein würde, wenn sie Sonja Mut einflößte. Sonja merkte auch, daß nichts mehr neues gesagt wurde, wir wußten alle nicht mehr weiter.

Der erfreuliche Verlauf meiner Basaliomerkrankung gab uns neuen Auftrieb. Wir lebten jetzt beide streng nach den Vorschriften, ich legte mir mehrmals am Tag ein Kohlblatt auf das Ding, beträufelte die Stelle mit Schöllkrautsaft, fotografierte den Status und schickte Anita die Fotos per Mail. Nach weniger als Monatsfrist war der Krebs verschwunden, ohne Farbpigmente oder Narben zu hinterlassen. Gerade mal eine Hauttrockenheit infolge der scharfen Substanz in den Kohlblättern blieb zurück, aber auch die hörte bald auf. Meine Stirn ist schuppenfrei und glatt wie zuvor.

Dann hat Anita uns zuhause besucht. Rolf, ihr Mann, dirigierte in der Nähe ein Konzert. Anita massierte Sonja die Schultern und den Rücken. Die Zuwendung tat ihr gut. Massiere mich und sag nichts, ich möchte nichts mehr hören, sagte Sonja. Das waren neue Töne, aber alle wußten, was sie meinte. Wir aßen ein italienisches Nudelgericht, und mir fiel gar nicht auf, daß ich normale Weißmehlpasta genommen hatte, und Weißmehl war in unserer Diät streng verboten. Ich hatte automatisch das Rezept genommen, wie es in der italienischen Küche gebräuchlich ist. Ich denke, daß ich intuitiv die Fasten brach, weil ich dachte, es hat keinen Zweck mehr, Sonja hat den Kampf jetzt verloren.

Sonja hat danach mehrere Tage nicht mit Anita telefoniert, aber dann liefen die Drähte jeden Mittag zwischen Skylla und Charybdis wieder heiß, denn Sonja hatte grausame Schmerzen und war so schwach, daß sie auch mit meiner Hilfe nicht mehr aufstehen konnte. Immer wieder schrie sie laut auf, oftmals auch im Schlaf, wenn es ihr einmal für ein paar Stunden gelang, die Augen zu schließen. Es konnte so nicht weitergehen. Wir durften doch auch Anita nicht Tag für Tag belasten. Was konnte sie aus der Entfernung noch für Sonja tun. Trotzdem traute ich mich nicht, Sonja zu drängen. Ihre Abneigung gegen herkömmliche Medikamente, ihre Abneigung gegenüber den Ärzten der Region, ihre absolute Weigerung, in ein Krankenhaus zu gehen. Anita hat mit Sonja den gesamten Kanon homöopathischer Potenzen und selbstgemachter Pflanzentinkturen gegen die Schmerzen durchprobiert und immer wieder schlief Sonja nach einer neuen Gabe ein paar Stunden entspannter als sonst. An einem Nachmittag schlief sie besonders entspannt. Ich saß neben ihr am Wohnzimmertisch und recherchierte am Computer.

Wonach suchst du? hörte ich plötzlich fragen – und erschrak. Jetzt Mut, Helmut, sagte ich zu mir selbst, jetzt oder nie.

Ich suche nach Möglichkeiten, in der Nähe eine Schmerzbehandlung zu bekommen.

Darum wollte ich dich gerade bitten, Schatz. Ich bin bereit.
Wir haben uns danach nur noch in den Armen gelegen und bitterlich geweint.
Ich hab dann mehrere Praxen abgeklappert und eine neue Ärztin gefunden, die bereit war, Sonja palliativ zu begleiten. Klar, hat sie ihr gesagt, daß sie früher hätte kommen sollen, daß sie dann noch Heilungsperspektiven gehabt hätte. Aber sie hat das Thema nicht weiter angeschnitten und kam vorbei, wenn die Schmerzen besonders schlimm wurden und das Morphium ausgegangen war. Sie hatte die Praxis neu übernommen und ist noch ziemlich unbekannt in der Gegend. Wir sind sehr froh, daß sie uns hilft.

… Anita, vor zwei Stunden ist Sonja in meinen Armen zu Hause sanft eingeschlafen. Sie hat mir aufgetragen, dich sofort anzurufen und dir für alles zu danken, was du für sie und für uns getan hast. Du warst eine großartige Ärztin und menschliche Stütze für sie und, das darf ich hinzufügen, auch für mich. Sonja hat die Schmerzmittel ohne Murren akzeptiert und war die letzten Tage so eingestellt, daß sie keine Schmerzen litt. Es hat so sein sollen.

… Nun liegt Sonjas Beerdigung schon wieder einen Monat zurück, Heidi. Und ich frage mich, ob und wie seltsam vielleicht meine Reaktion auf das Ereignis – Tod meiner Lebenspartnerin – Dir vorkommen mag. Irgendwie ist meine Reaktion bisher stärker geistig als emotional. Schließlich ist jeder Tod für einen denkenden Erwachsenen etwas Selbstverständliches und steckt

in übermäßigem Trauern sehr viel Selbstgefälligkeit und Herabsetzen der Trauer der anderen. Im stillen Winkel denke ich sogar, Sonja wäre besser gestorben, als die großen Schmerzen noch nicht eingesetzt hatten. Am Ende war ihr dann aber eine vergleichsweise gnädige Form des Unvermeidlichen gegönnt dank der Betäubungsmöglichkeiten aus der Apotheke.
Versäumt man grundsätzlich so viel Wichtiges und Erhebendes, wenn man ein paar Jahre vom sogenannten Leben verpaßt, weil man früher stirbt?
Eine Botschaft, die zurückbleibt, liegt darin, daß ich mir kaum noch vorstellen kann, daß irgendetwas an mir, am Leben wichtig sein soll. Erst recht nicht das dumme Streben nach irgendeiner Perfektheit, nach Aufmerksamkeit, Anerkennung, all diesen Eitelkeiten.

... Als Sonja noch lebte, konnte ich kaum wissen, wie gedämpft ich bereits nach den ersten wenigen Tagen auf ihren Wegfall reagiere. Mit jeder Stunde, die sie jetzt früher von mir wegging, blieb ihr eine Stunde sinnlosen Siechtums erspart. In diesem Stadium darf nur noch das Wohl des Patienten gelten, alle Wünsche der Angehörigen, alles Festhaltenwollen muß dahinter verschwinden.

... Eure Blumenspenden hätten Sonja wahnsinnig gefallen, farbenprächtig wie sie waren, aber ihr kanntet Sonja ja. Nun hat sie etwas gemeinsam mit verblühten Blumen. Und mit verbrannten.
Euer Brief, eure Worte, das Motiv der ausgewählten Karte haben mich wahnsinnig gefreut. Auf den Schock der ersten Tage folgten Wochen ziemlicher Gelassenheit, ja seltsamer Gleichgültigkeit. Auch bei der Trauer-

feier, bei der wir uns gesehen haben, war ich erstaunlich kühl. Jetzt scheint das Pendel in Richtung eines Bedauerns auszuschlagen über das, was Sonja gern erlebt hätte, aber nun versäumt. So hat mich vergangene Woche ein unerwartetes Jobangebot erreicht. Ich soll Drucksachen für eine Firma kutschieren. Das ist nicht dieselbe Tätigkeit wie in der Fabrik damals, aber es ist als Nebenjob eines Frührentners okay und bringt mich unter Leute. Das hätte Sonja gefreut, nun kommt es ein paar Tage zu spät.

… Liebe Heidi, heute wäre Sonja 53 geworden. Ich muß in diesen Tagen immer wieder an das Treffen denken, als Deine weit über 90jährige Mutter gestorben war und Du bestialisch darunter littest.

Nun staune ich, wie relativ gelassen ich selber reagiere. Von einzelnen Stunden rede ich nicht. Im stillen Winkel denke ich immer, daß sich das Blatt im letzten Moment doch noch zum Guten gewendet hat und sie eine gnädige Form des Übergangs erleben durfte. Weiteres Leiden blieb ihr erspart, und das zählt allein.

Der Tod des Menschen ist genauso banal wie der Tod einer Mehlmotte. Oder wie es der Akt der Begattung zum Beispiel ist. Man mag mir den Vergleich nachsehen. Aber ich habe es in unserm verwaisten und in der Sommerhitze aus irgendeinem Grund von ganzen Mottenschwärmen heimgesuchten Wohnung zufällig so beobachtet. Angewidert durchaus. Es kann sein, daß der Verwesungsgeruch der Krankheit die Viecher anlockte, ich denke, es riecht immer noch, ich war nur daran gewöhnt, zwangsläufig. Wenn ich wieder zu etwas Geld und Kräften komme, renoviere ich alles. Vielleicht ver-

kaufe ich auch. Bis dahin muß ich die Mehlmotten alle zerquetscht und das Nest gefunden haben.
Wie Du mir glauben wirst, bin ich natürlich nicht erfreut über den Verlust dieser wundervollen Person. Aus einem unerfindlichen Grund hat sie immer gefürchtet, sie würde etwas falsch machen. In rührender Konsequenz hat sie, bis sie nicht mehr konnte, versucht, es selbst noch ihrer dementen Säufermutter recht zu machen. Sie schleppte sich mit bereits verfallender Kraft noch in die Demenzstation, wo ihre Alte saß. Meine Schwiegermutter war eine üble Person und hat Sonja zeitlebens nur drangsaliert. Selbstverständlich lasse ich sie die Rache jetzt spüren, zu der Sonja besser die Kraft hätte aufbringen sollen. Aber aller Welt und ihren schrägen Angehörigen besonders hat sie es recht machen wollen. Wozu? Das ganze Resultat: ein Häufchen Asche, verscharrt in der Erde. Ob man ein sozial guter Mensch oder ein fieser Egoist, ob man ein treusorgender Ehepartner ist oder seine Frau im Stich läßt – es bricht alles zusammen wie ein leichtes Kartenhaus.
Vielleicht erscheine ich kaltherzig. Andere Menschen zeigen sich vom Tod ihres Hundes stärker gerührt. Das kann sein. Aber es kann auch sein, daß das mit Philosophie zu tun hat und dem gebührenden Abstand zu sich selbst. Warum zitieren die Popen bei derartigen Trauerfeiern nie einen ihrer Päpste? Der soll gesagt haben: Giovanni, nimm dich nicht so wichtig!
Ich werde mich jedenfalls der Anatomie zur Verfügung stellen, das kostet kein Geld.

(Sonja Oppermann – geboren 14. August 1959 in Erftstadt, gestorben 10. Juli 2012 in Unkel bei Bonn.)

Fünfter Monolog
Magda Göbel

… Der dicke Schulmeister, Bacculus heißt er, gestern in der Oper, bringt es so hübsch auf den Punkt: Was mach ich jetzt, bitte sagt mir doch, meine Freunde, was mach ich jetzt?

Ja, was mach ich jetzt. Gestern bin ich jedenfalls mit meiner Freundin Dagmar noch ins Theater gegangen. Den Kopf in den Sand stecken und nichts mehr tun, ist auch keine Lösung. In zehn bis zwölf Monaten soll der letzte Vorhang fallen, aber noch gibt die Maschine Gas, der Auspuff ist dicht, der Urinbeutel gut versteckt und sicher verschlossen. Die Beine bewegen sich und mit Rollator kommen mittlerweile noch drei andere Abonnenten ins Theater. Aber auch wenn ich die einzige wäre, was tät's? Ich halte die Fahne der alten Opernkultur noch hoch. Wenn wir Alten nicht mehr in die Oper gehen, wer geht dann noch? Es stirbt sowieso alles aus, was wir noch als Kultur kennenlernten, alles wie wir selber. Und ich stamme aus Brunsbüttel. Meine Vorfahren fuhren zur See. Ein Kapitän verläßt als letzter das Schiff, notfalls mit Rollator.

Aber wir sind auch sonst ziemlich hart gesotten. Wenn ich in zehn bis zwölf Monaten sterben soll, dann sterb ich eben, und wenn ich länger lebe, dann freue ich mich. Auf keinen Fall will ich mich niederlegen, die Hände falten und ergeben auf Godot warten. Das kommt früh genug, das muß ich nicht noch beschleunigen. Aber wenn es soweit ist, dann auf die Zähne beißen und Silentium, versprochen, Magda Göbel!

Einesteils war ich froh, daß die im Krankenhaus den Chemozyklus abgebrochen haben und mich nach Hause schickten. Nicht nur, weil die Haare noch nicht ausgefallen waren, ich brauchte noch keine Perücke zu leihen, wenn ich ins Theater wollte, nein, vor allem, weil speiübel war's mir immer, zum Kotzen übel, todschlecht. Aber für die Doktoren zählt das nicht. Da muß der Patient durch. Aber wenn wie bei mir die Unkrautbeete unter den Herbiziden nicht schrumpfen, sondern größer und größer werden, wenn, mit anderen Worten, das Gift, also die Chemo, nicht wie Gift wirkt, wie sie sollte, sondern wie ein Turbodünger, dann stoppen selbst die hartgesottenen Klinikonkologen ihre Therapie und sagen: Gute Frau, an Ihnen scheitert die Wissenschaft, wir sind mit unserem Latein am Ende. Jetzt kann nur noch der Liebe Gott etwas für Sie tun.
Nachdem der Professor mir die Segnungen der Chemotherapie vor wenigen Wochen so eindrücklich geschildert hatte, war das ja eine hoffnungsfrohe Auskunft. Daß die Chemotherapie gar nicht so segensreich wirkt, sondern ebenso gut das genaue Gegenteil ausrichten kann, steht nun auch für mich fest. Die Rechnung hab ich aber schon bekommen und gleich bei der Kasse eingereicht. Meine Kasse zahlt alles. Ich müßte mein gesamtes Erspartes zusammenkratzen und meine hübsche Wohnung hier in der Seniorenresidenz beleihen, wenn ich das aus eigener Tasche berappen müßte. So bleibt nach meinem Tod vielleicht noch ein Sümmchen für meine Enkelkinder übrig.
Bitte, meine Freunde, so sagt mir doch, was mach ich nun?

Zur Kontrolle soll ich allerdings in regelmäßigen Abständen. Zu meinem ambulanten Onkologen in der Kyffhäuserstraße. Wie das klingt: zu meinem Onkologen. Das klingt wie: mein Schäferhund. Wachhund sollte ich sagen. Scharfer Hund. Losgelassener Kettenhund. Die Herren Onkologen sind immer für eine Schreckensnachricht gut. Alle, die ich bislang kennenzulernen das Vergnügen bekam, waren scharfe Hunde. Sollte man eigentlich humorvoll sehen. Gute Frau, Ihnen kann nur der Liebe Gott noch helfen.

Woher haben die Herren, selten Damen, eigentlich das Wissen, so etwas zu behaupten? Woher wissen sie, daß es nicht noch etwas gibt, was mir helfen könnte? Es kann doch etwas geben, das diesen studierten Herrschaften entgangen ist? Das sie nicht studiert haben, wovon sie nie gehört haben oder wohl gehört, aber einfach ignoriert? Ich kann mich an einen frühkindlichen Besuch bei Verwandten in der Nähe von Köln erinnern. Ich erinnere mich besonders deswegen so gut daran, weil die Fenster dort immer dreckig waren von dem Ruß, der aus den vielen Fabrikschloten aufstieg und sich auf die Wohnungen der Menschen und die Straßen niederließ. Trotzdem hatten sie alle ihre kleinen Gärten dort und das Gemüse und der Salat und das Obst gediehen. War wohl nicht so schlimm für die Pflanzen wie die viele Chemie, die wir heute haben. Unter den Arbeitern im Braunkohleabbau und in der Hüttenverarbeitung waren sehr viele krank und es gab mehr Krebs. Auch der Mann meiner Tante hatte Krebs. Er war der erste Mensch, den ich kennenlernte, von dem ich vollbewußt mitkriegte, daß er Krebs hatte und daß das eine Krankheit war, an der er sterben sollte. Ja, solche Krankheiten gibt es, und für ein vierjähriges Kind ist es erstmal ein Schock, einem Menschen, der bald sterben soll, zu begegnen.

Meine Eltern bereiteten mich auf diese Begegnung vor, den Abschiedsbesuch bei Onkel Bernd, wie sie es nannten. Aber dann mußte ich Onkel Bernd nicht mehr sehen. Ihm ging es, als wir ankamen, so schlecht, daß nur Mama und Vati vorgelassen wurden und Tante Lisa bei mir draußen blieb und ich mit meinen Kusinen spielen durfte.

Aber an das Gespräch, das die drei Erwachsenen, Tante und meine Eltern, anschließend im Wohnzimmer führten, erinnere ich mich Wort für Wort. Es war so drastisch und wunderbar, daß es sich mir auf ewig einprägte.

Drei Häuser weiter, erzählte Tante Lisa, wohnt ein Ehepaar um die sechzig. Der Mann hatte Krebs im letzten Stadium. Ihm kam schon die Scheiße aus dem Maul. Das sagte sie wirklich so: Scheiße aus dem Maul. Im Krankenhaus konnten sie nichts mehr für ihn tun, außer ihm Schmerzmittel geben. Und Pastillen gegen den üblen Geschmack. Da hat seine Frau ihn bei der Hand genommen, gehen konnte er noch, wenigstens bis zum Ausgang, in den Bus gestützt, nach Hause mitgenommen und … aufgepäppelt.

Aber wie hat sie das hingekriegt? fragte meine Mutter.

Mit lauter Zeug aus ihrem Garten. Lauter Frischkost, nix von dem, was er sonst so gerne aß.

Aber wie genau?

Das müßtet ihr die beiden selber fragen.

Aber wäre das denn nichts für Bernd?

Ich habe ihn gefragt, aber er hat abgewunken: Das schaff ich doch niemals.

Aber jetzt schafft er das andere auch nicht. Er kriegt doch keinen Bissen Wurst und keine Scheibe Brot mehr runter, wenn man seine dünnen Beinchen und Ärmchen sieht. Er hätte das Frischzeugs doch wenigstens probieren können.
Er will nicht, was soll ich machen. Wir meinen sowieso, daß das Zufall ist, daß der Nachbar wieder auf die Beine kam. Vielleicht der Schock, als die Scheiße ihm oben herauskam. Unserer Eike ist auch mal so eine Sache passiert. Spontanheilung nennt man das. Sie klagte über Bauchweh. Der Hausarzt kam und stellte eine akute Blinddarmentzündung fest. Die Kleine muß sofort ins Krankenhaus! Eike kroch, kaum hatte sie das schreckliche Wort gehört, flink wie ein Wiesel unter ihr Bettchen. Die Feuerwehr mußte sie unter starkem Zureden und Zerren herausziehen. Ich hielt sie im Arm unterwegs ins Krankenhaus. Als wir dem würdigen Herrn in Weiß gegenübersaßen, war ihr Bauchweh weg. Eike hat ihren Blinddarm heute noch und nie wieder über Bauchweh geklagt.

… Frau Dr. Mitterer, Sie haben in Ihrem Vortrag eindrücklich erläutert, wie der Darm funktioniert, wie er die verschiedenen Baustoffe verarbeitet und welche Konsequenzen sich daraus für unsere Gesundheit ergeben. Sie haben eindrücklich dargelegt, wie wir mit unseren Eßgewohnheiten, aber auch mit unserem Bewegungsverhalten, einen Einfluß auf unseren Gesundheitszustand ausüben. Sie haben in Ihrem Vortrag wenig von vererbten Faktoren, etwa unseren Genen, gesprochen. Sie haben geradezu den Eindruck erweckt, wir allein bestimmten mit unserem Verhalten, unseren Lebensgewohnheiten darüber, ob wir eine schlimme chronische Erkrankung bekommen oder nicht ... Okay, das Down-Syndrom und einige andere von Geburt an bestehende Schäden billigen Sie den Genetikern zu ... Ich verstehe, selbst hier raten Sie zu forschen, welchen Einfluß das Verhalten und der aktuelle Gesundheitszustand der Mutter auf die Entwicklung des werdenden Kindes nimmt ... Meiner langen Frage kurzer Sinn: glauben Sie auch, daß man Krebs mit einem Wechsel der Ernährungsweise günstig beeinflussen und vielleicht sogar heilen kann? Wie Sie sehen, tue ich alles, um meinen eingerosteten alten Körper zu bewegen und komme auf Krücken, aber zu Fuß, die zwei Kilometer zu Ihrem heutigen Vortrag. Aber ich habe Krebs. Die Ärzte geben mir höchstens noch ein Jahr. Glauben Sie, daß ich mein Leben verlängern kann, wenn ich die Sachen, die mir schmecken, denn offensichtlich waren die ja falsch, allesamt weglasse und mich ernähre wie die Rinder in klassischer Zeit auf der Weide? – Wie alt sind Sie, wenn ich fragen darf? – Warum? Ich bin 78. – Dann wächst der Krebs etwas langsamer als in jungen Jahren, aber er geht auch langsamer zurück. Entsprechend länger könnten auch die Resultate auf sich warten lassen. Alt oder jung, ich kann nichts garantieren, aber einen Versuch würde ich an Ihrer Stelle auf jeden Fall, unbedingt, unternehmen. Ich berate eine Patientin, die ist erst fünfzig, also im Alter, wo Krebs noch schneller wächst, wenn die Theorie denn stimmt. Sie hatte vor zwei Jahren ein Melanom, das ist, wie Sie wissen, der schwarze Hautkrebs. Er gilt als sehr gefährlich mit einer schlechten Prognose. Die Patientin kam zu mir, mein Mann hatte sie auf meine Spur gewiesen. Sie übernahm das Konzept und wurde meine erste gültige Krebspatientin. Sie hielt sich, ich muß schon sagen, bilderbuchmäßig konsequent, vorbildlich streng an den Plan. Wir erwarteten die Nachuntersuchung mit Zittern und Zagen. Und machten Freudensprünge, als der Ultraschall zeigte: alles weg. Die Patientin ist heute befundfrei und fühlt sich wohler als lange vor ihrer ersten Krebserkrankung. Nebenher haben unter der neuen Lebensweise weitere Beschwerden aufgehört, aber das würde jetzt zu weit führen.

… Seit gestern bin ich Patientin bei Frau Dr. Mitterer.
Den würzigen Bergkäse, darf ich den zuendeessen?
Genaugenommen nein.
Soll ich ihn Frau Raskopf geben, meiner dicken Nachbarin, und ihrem dicken Mann?
Tun Sie, was Sie für richtig halten.
Wenn er mir schadet, schadet er den beiden auch. Die sind auch nicht die Gesündesten. Und das knusprige Bauernbrot vom Bäcker gegenüber?
Weggeben.
Und die gute Butter und das Frühstücksei mit Himalajasalz?
Tabu.
Alles?
Butter, Eier, Gebackenes, Gebratenes, Gekochtes, Salz, alles der Heilung abträglich. Wenn Sie anfangen, um jedes Nahrungsmittel mit mir zu feilschen, dann brauchen wir nicht weiterzumachen.
Was soll ich dann noch essen?
Sie kennen den Zweck der Aktion. Wir versetzen Ihren Körper auf ein neues Versorgungsniveau. Alle Stoffe,

die er braucht, bekommt er jetzt in großen Massen, alle Stoffe, die ihn an der guten Versorgung hindern, lassen wir weg. Wenn alles planmäßig verläuft, schmeißt Ihr Körper die hinderlichen Stoffe, die er angespeichert hat, raus und Sie können nach und nach genesen.
Geheilt werden?
Das weiß ich nicht. Sie kennen Ihre Diagnose: Peritonealkarzinose.
Krebs im Endstadium.
Das sagen Sie.
Das sagt der Onkologe. Einen Befund mit schulmedizinisch infauster Prognose.
Ich sehe das nicht so fatalistisch.
Frau Doktor, ich bin dabei, ich mache mit.
Am Morgen bin ich schon mit dem Rollator zum Markt getippelt und habe den halben Stand leergekauft mit Möhren, Äpfeln und allerlei Salaten und Kohlköpfen. Den Kohl darf ich mir, ohne Würze und Fett, mit ungesalzenen Pellkartoffeln als einzige warme Speise gönnen. Wie freue ich mich auf das Teelöffelchen Leinöl, das ich über die abgekühlte Kartoffel träufeln darf. Mein Enkel hat im Internet eine Ölmühle ausfindig gemacht, die frisches Leinöl produziert. Das bittere Zeug aus dem Drogeriemarkt werd ich zum Einfetten des Parkettbodens der Putzfrau geben. Das Öl soll nächste Woche ankommen. Leinöl ist sehr empfindlich und verdirbt schnell. Viele der ganz wertvollen Sachen, die ich mir einverleiben soll, verderben schnell. Leider.
Im übrigen knabbere ich schon den halben Tag rohes Grünzeugs wie ein Kaninchen. Soweit mein Gebiß das zuläßt. Ich kaue, bis alles Brei wird. Der Mixer, der mir diese schwere Arbeit abnimmt, ist schon unterwegs. Da

kann ich dann alles hineingeben und die wertvollen Wildkräuter dazu: Brennesseln, Giersch, Löwenzahn und alles mögliche Unkraut mehr. Vieles kriegt man anders gar nicht geschluckt.
Und nächste Woche kommt auch die andere Supermaschine. Da kann ich dann einen halben Kohlkopf auf einmal, ein Kilo Möhren und ein Kilo Äpfel im Konzentrat zu mir nehmen. Der Saft soll eine richtige Vitamin- und Mineralstoffbombe sein. Hausputz für das alte Haus, Generalsanierung ohne Chemie. Naja, ein bißchen Insektenvertilger wird noch drin sein in den Sachen vom Markt, wie die Welt, in der wir leben, nun leider einmal ist. Aber die guten Anteile überwiegen, so daß ich mal darauf vertraue, daß es genauso gut anschlägt wie bei der anderen Patientin von Frau Doktor mit dem anderen gefährlichen Krebs. Wir kennen uns nicht. Sie soll nur ein paar Straßen weiter wohnen. Dank Frau Dr. Mitterers Vermittlung wollen mir die beiden Mädchen meiner Leidensgenossin immer mal wieder von den selbstgesammelten Wildkräutern vorbeibringen. Mit 'nem halben Euro Trinkgeld kann man den Kleinen sicher eine Freude bereiten.

… Ich lebe nun seit vierzehn Tagen plangerecht. Frau Dr. Mitterer kommt ab vergangener Woche jeden Freitag zu mir ins Haus. Für einen normalen Hausbesuch würde sie nicht viel bekommen. Sie ist mit fünfzig Euro einverstanden. Ein Spottpreis, wenn man vergleicht, was eine Untersuchung beim Onkologen, ein Tag im Krankenhaus oder gar eine Chemotherapie kosten. Und Frau Doktor arbeitet mir für jeden Besuch auch noch detaillierte Rechnungen aus, damit ich die fünfzig Euro

von meiner Versicherung zurückbekomme. Die gesetzlichen Kassen erstatten für dieselben Leistungen gar nichts. Gut, es sind überschaubare Beträge. Aber wenn ein Kleinverdiener schon Beträge für die Krankenkasse abdrücken muß, kann es passieren, daß er sich diese Dinge nicht leisten kann und vielleicht wären gerade die Dinge, die er nicht zahlen kann, die wichtigen und die, die ihm helfen würden. Bei vier Besuchen kommen im Monat immerhin 200 Euro zusammen. Aber es ist das Richtige, genau das, was mir hilft. Ich merke schon jetzt, daß ich etwas in meinen Körper investiere, das mich sehr beflügelt und optimistisch stimmt.
Ich hatte zwei luftreiche Tage, um es nicht unvornehmer zu sagen. Ich flatulierte von dem rohen Grünzeug wie ein Weltmeister. Gut, daß ich mein Treffen mit Dagmar verschieben und den ganzen Tag das Fenster auflassen konnte. Im Winter wäre ich in einer Dunstglocke verlorengegangen.
Dann gab sich auch das. Mein Körper nimmt das Rohzeug auf, als wenn er ein Jahrhundert danach gehungert und gegiert hätte. Die Säfte sind ein Lebenselixier, der Wildkräuter-Bananen-Möhren-Brei eine Delikatesse, die zwei Kartöffelchen ein Festschmaus und das wunderbare Leinöl frisch aus der Mühle der reinste Kaviar. Und ich fühle mich besser als die ganzen letzten Jahre nicht, mit einem Wort: gekräftigt und vital.
Wenn Frau Dr. Mitterer kommt, gehen wir genau durch, was sich unter der Woche verändert hat. Für meine Schäden setzt sie neben manuellen Therapien homöopathische Mittel ein. Wir müssen sehen, was sich tut. Durch die Operationen spannt sich einiges im Körper, seit der letzten Chemo habe ich so starke Taubheitsge-

fühle, daß ich manchmal nicht aufzutreten und von hier bis zur Spüle zu gehen wage. Frau Doktor hofft, daß das unter dem Einfluß der neuen Ernährung, aber auch vielleicht der Mittel, noch etwas besser wird. Eine kleine Besserung habe ich auch schon gespürt. Ich mache auch fleißig die Gymnastik, die Frau Doktor mir gezeigt hat. Ich glaube, ich bin eine gute Patientin. Ich glaube, ich schaffe das.

… Anfangs war das mit der Tarifliste schwierig. Ich habe Frau Doktor dann nochmal gefragt, wie das mit der Rückerstattung durch die Kasse ist. Sie hat dann freiwillig angeboten, die Rechnungen nach deren Katalog neu zu konstruieren, und seitdem kriege ich meine Investitionen anstandslos zurück. Das hätte Frau Doktor nicht tun müssen, es ist jedesmal zusätzliche Büroarbeit. Ich hätte es bei dem moderaten Preis angesichts dieser zusätzlichen Mühe auch nicht gelassen, sondern an ihrer Stelle etwas draufgeschlagen. Aber so ist sie nun mal. Ich bin sehr froh, daß das Geld wieder zurückfließt. Noch kann ich rentenmäßig nicht klagen. Aber das Leben wird von Jahr zu Jahr teurer, und jetzt, wo ich offenkundig wieder länger zu leben habe … ?
Ich war noch nicht zur Nachuntersuchung, aber ich fühle es. Wenn ich sagen würde, ich hoffe es, so würde ich untertreiben: ich fühle es deutlich, es ist mir eine Gewißheit, mein Körperfeedback sagt es mir. Der Körper, davon war ich immer überzeugt, kann dich niemals täuschen.

… Heute war ich bei Dr. Bauer, meinem ambulanten Onkologen. Als ich ihm erzählte, was ich mache, fiel er

aus allen Wolken. Aber Herr Doktor, ich bin kein Schüler mehr, Sie können mich doch nicht so anpflaumen. Frau Göbel, bei aller Wertschätzung, Sie können doch nicht auf Hungerkurs gehen. Eine Hungerdiät ist das letzte, was Ihr Körper gebrauchen kann. Sie haben gerade mal Normalgewicht und eine schwere Erkrankung. Aber ich fühle mich belebt, vital, unternehmungslustig, und ich hungere überhaupt nicht, im Gegenteil, ich fühle mich satt. Ich ernähre mich nur anders. Und ob Sie es gutheißen oder nicht, ich vertraue meinem Körper und werde bis auf weiteres mit meiner Hungerdiät, wie Sie es nennen, fortfahren.
Die Werte haben sich immerhin nicht verschlechtert. Das erste Mal seit dem letzten Krebsschub. Das ist ein Erfolg. Bisher gingen die Werte von Mal zu Mal ins schlechtere. Jetzt ist Stop.
Ich habe Frau Dr. Mitterer Rapport gegeben. Sie ist ganz zufrieden. Und bestärkt mich natürlich darin, die, wie Dr. Bauer gespottet hat, Hungerdiät weiterzumachen.
Die Nervenschmerzen und die Unsicherheit in den Beinen sind deutlich geringer geworden. Frau Dr. Mitterer weiß aber noch nicht, ob sie ganz verschwinden. Durch die Chemotherapie würden immer wieder Sachen im Körper dauerhaft beschädigt oder zerstört. Das ist wie mit Pflanzengiften: sie machen nicht nur die unerwünschten Schädlinge und Unkrautpflanzen kaputt, sondern schädigen auch die Nutzpflanzen und darüber auch die Organismen von uns allen, die wir die Nutzpflanzen verspeisen. Wie sagt Frau Dr. Mitterer: es ist ein kapitaler Irrtum der modernen Medizin, anzunehmen, mit Gift könne ein Ökosystem, wie unser Organismus eines ist,

geheilt und gerettet werden. So ein mit modernen Spritzmitteln und Turbodünger behandelter Acker bringt vielleicht ein paar Jahre satten Weizen, aber danach ist das Land kaputt, es kommt kein Weizen mehr nach, der Boden stirbt.
In der Natur stellen oft die Jahre wieder her, was Jahre zerstörten. Aber welche Zeit haben wir Menschen, uns nach einer Chemotherapie rundumzuerneuern? Bis wir die letzten Nebenwirkungen von so einem Totalangriff auf unser Ökosystem abgearbeitet haben, sind wir doch längst tot. Insofern wäre ich schon froh, wenn ich meine Beschwerden bis zur Hälfte los würde. Manchmal habe ich Sorge, daß die Maßnahmen insgesamt zu spät kommen. Es ist schon so vieles kaputtgemacht worden durch die Operationen und die Chemotherapien. Gott sei dank wurde die letzte ja vorzeitig abgebrochen. Wenn ich bis zuende durchgehalten hätte, wäre ich wahrscheinlich jetzt mausetot.
Dagmar und ich überlegen schon länger, ob wir unser Theaterabonnement kündigen sollen. Die Vorstellungen machen keinen Spaß mehr. Seit einem Jahr haben wir wieder einen dieser Intendanten, die glauben, das Rad neu erfinden zu müssen. Du willst Ibsen sehen und kriegst irgendeinen Wirrwarr serviert. Es steht Wildschütz auf der Karte und Komische Oper in drei Akten und geboten kriegst du eine hektische Revue mit allerlei Allotria und ohne Handlung. Und alles so kalt und abweisend. Muß ich dafür meine Zeit und mein Geld opfern? Ibsen oder der Komponist dieser und jener Oper haben sich ihres dabei gedacht, als sie ihre Nora oder ihre Oper schrieben, und da kommt so ein kleiner Gernegroß und weiß alles besser und bringt alles durchein-

ander. Dann haben Dagmar und ich aber beschlossen, wir geben dem neuen Intendanten noch bis Weihnachten eine Chance. Wenn sich bis dahin nichts ändert, kündigen wir zur nächsten Saison.

Wir lieben es auch, ein Sektchen im Foyer zu genießen und nach der Vorstellung fein essen zu gehen. Ich trinke ja jetzt nur noch Quellwasser aus der Glasflasche und esse Salat ohne Ei und ohne Dressing, aber Dagmar sagt nichts. Wie schön wäre es, jemand anderes würde meine Ernährungsrichtung mit mir teilen. Dann wäre vieles einfacher und ich bräuchte die Last, mich meinen Bekannten immer wieder neu zu erklären, nicht allein zu stemmen. Magda, du mußt kräftig essen, Magda, du vergißt zu leben, Magda, man muß genießen im Leben! Am ärgerlichsten finde ich, wenn meine anderen Freundinnen mir sagen, Dagmar, wie gesagt, ist anders: Magda, du verdirbst uns den Spaß, wenn du immer aus der Reihe tanzt, du bist eine richtige Spielverderberin. Gerade so, als wäre ich ihr Vorkoster und hätte ihnen die Speisen und Getränke gefälligst vorzukauen und einzuspeicheln. Eigentlich ekelhaft, wenn man sich diese Enge bildlich vorstellt!

Aber eigentlich bin ich mit meinem Krebs momentan die beweglichste und fitteste Bewohnerin in der Residenz. Frau Raskopf hat den aufgeblähten Schlauch ihres Körpers so vollgepackt, daß er nicht mehr dichthält. Sie muß Pampers tragen und die mehrmals täglich wechseln. Bei ihrem dicken Mann scheinen die Ventile noch zu schließen. Es ist nur eine Frage der Zeit, bis auch ihm das Essen und Trinken aus allen Ritzen schießt. Ich habe auch einen künstlichen Darmausgang und einen Blasenkatheter, aber das hat andere Gründe. Frau Dr.

Mitterer hofft, daß die wieder rückgängig gemacht werden können, wenn der Krebs zurückgeht. Wir hoffen und erwarten es. Aber ich war nie durch eigene Unmäßigkeit undicht oder hatte eine üble Ausdünstung. Hoffe ich jedenfalls. Obwohl, ich hatte vor meiner ersten Krebserkrankung häufig Sodbrennen. Ganz sicher hatte ich dann auch üblen Atem, ich muß das zu meiner Beschämung gestehen. Frau Dr. Mitterer hat mir gesagt, mit therapeutischer Neutralität in therapeutischer Absicht wohlgemerkt, daß mein Atem mit der neuen Kost besser geworden sei und inzwischen neutral wie bei einer Gesunden. Also muß sie etwas gerochen haben, was mir entgangen ist. Einesteils gut, auf der anderen Seite schlecht, daß man sich selber nicht richtig wahrnimmt. Mich hat Mundgeruch bei meinen Mitmenschen immer sehr gestört. Daß ich selber Mundgeruch hatte, empfinde ich nun als peinlichen Makel.
Aber die Zukunft kann besser werden. Auch bei einer im nächsten Jahr Achtzigjährigen, die eine infauste Prognose an der Backe hat.

… Frau Dr. Mitterer, ich glaube, im Namen meiner Mithörer mitzusprechen: ich habe noch nie so eindrücklich vermittelt bekommen, wie die Verdauung funktioniert und welche Bedeutung ein artgerecht versorgter Darm für unsere Gesundheit hat. Ich habe gehört, daß der Dickdarm von Faserstoffen lebt, die nur in Pflanzen enthalten sind. Sie sagten es, unser Darm ist Vegetarier. Damit ist viel zusammengefaßt. Um den Zuhörern zu vermitteln, was die Aussagen, die wir heute hörten, bedeuten, will ich mich kurz vorstellen. Mein Name ist Magda Göbel. Ich bin 79 Jahre alt und wurde vor einem

Jahr zum Sterben nach Hause geschickt: Krebs im Endstadium. Dank der Umstellung auf die grüne Rohkost und dank der begleitenden Beratung von Frau Dr. Mitterer ist der Krebs, das möchte ich Ihnen, liebe Frau Mitterer endlich mitteilen, nicht nur stehengeblieben, sondern weit mehr noch: er ging ein gutes Stück zurück. Ich habe bewußt den Termin bei meinem onkologischen Ambulanzarzt auf heute gelegt und mit dem Bescheid bis nach dem Vortrag gewartet: die Tumore sind geschrumpft, nächste Woche bekomme ich den Katheter entfernt. Die Harnröhre ist wieder frei und läßt freiwillig durch, was hindurch gehört. Mein Onkologe war überrascht. Na, sehen Sie, sagte ich ihm, was meine Hungerdiät, wie Sie immer spotten, bewirkt. Er war ein bißchen baff. Na, Herr Dr. Bauer, eine kleine Entschuldigung ist fällig.
Sie haben recht, Frau Göbel. Wenn Sie mir verzeihen können, möchte ich Abbitte leisten für mein Verhalten beim letzten Gespräch.
Und bitte, Herr Doktor, nennen Sie's nicht mehr Hungerdiät. Ich ernähre mich im Gegenteil üppig. Gehaltvoll wie nur einer.
Das kaufte er mir dann doch nicht ab. Darüber reden wir ein andermal, meinte er und entließ mich mit einem fröhlichen Lachen im Gesicht.
Ich sage es hiermit vor dem ganzen Publikum: Sie sind meine Lebensretterin, Frau Dr. Mitterer. Hier kann jeder in die Untersuchungsergebnisse schauen, der möchte, ich habe sie für uns alle ausdrucken lassen. Ihnen verdanke ich es, daß ich noch lebe und nicht nur einfach lebe, sondern die fitteste demnächst Achtzigjährige in der Seniorenresidenz wieder bin. Ich glaube, wir schaf-

fen das mit vereinten Kräften. Ich danke Ihnen bis an mein Ende, also noch eine hübsche Reihe von Jahren.

Die Leute haben mächtig applaudiert. Aber hauptsächlich für Frau Dr. Mitterer, wie es auch gedacht war.

Die Richtung von Frau Mitterer erfordert viel Mitarbeit vom Patienten. Beim normalen Doktor kriegst du was gemacht oder läßt dir etwas einschmeißen und du denkst, damit ist gut. Ist aber nicht gut. Eine Zeitlang deckt das deine Symptome zu. Wahre Heilung kann nur aus dem Körper kommen. Der repariert sich selbst, so gut er kann. Dazu mußt du ihn aber auch lassen und ihn stärken und aktiv unterstützen, wenn du ihn, vielleicht ohne Absicht und ohne dein Wissen, bisher malträtiert hast. Dr. Bauer hat gemeint, daß sogar der Anus praeter wieder zurückverlegt werden könnte, wenn ich will. Das will ich aber nicht. Die Modelle sind heute so sauber und hautverträglich, es funktioniert bei mir bestens, wie es ist. Ich will einfach keine neue Operation, denn das ist immer eine größere Sache mit dem Darm. Mit dem Harnleiterstent und dem Katheter war das nur ein kleiner Eingriff, das machte ich gern, das ist eine riesige Erleichterung. Mit einer kleinen Lokalanästhesie wurde das Ding herausgezogen und alles läuft wie früher.

Seit einigen Tagen sind die Mißempfindungen in den Beinen und meine Unsicherheit und Schwindelgefühle beim Laufen soweit zurückgegangen, daß ich manchmal kaum noch daran denke. Ich hätte sie gestern sogar ganz vergessen, wenn Frau Mitterer nicht ausdrücklich ihre Abfragerei darauf gerichtet hätte. Sie kommt nur noch vierzehntägig vorbei. Das genügt. Ab und zu telefonieren wir kurz, wenn eine Frage auftaucht.

Dagmar ist ganz glücklich mit meiner Entwicklung. Es täte ihr gut, wenn sie mitmachte bei meiner Diät. Das täte ihr dringend gut und für mich wäre manches einfacher. Denn es fällt schon manchmal schwer, die strenge Linie zu fahren. Zumal wenn es einem immer besser geht und der Onkologe die Verbesserung auch noch bestätigt. Da wird man gerne übermütig. Beim letzten Theaterbesuch habe ich mir erstmalig sogar ein Gläschen genehmigt. Und ich muß sagen, es ist mir gut bekommen. Ich will das nicht wieder einreißen lassen, ich weiß auch noch nicht, ob ich Frau Doktor das sage. Vielleicht muß sie ja auch nicht alles wissen.
Das Theater wird immer schlechter. Moderne Hektik oder was man für modern ausgibt. Langweilig, nichtssagend und ohne Zusammenhang. Dagmar und ich sind nach dem Pausensekt nicht in den Zuschauersaal zurück-, sondern gemütlich nach Hause gegangen. Noch eine Chance, Herr Intendant! Wenn das Theater auch dann nichts Ordentliches bringt, sehen Sie uns nie wieder!

… Jetzt lebe ich ein Jahr streng und es geht mir gut. Frau Dr. Mitterer kommt nur noch einmal im Monat. Als Rückversicherung, ob ich auch alles richtig mache … und um besondere Vorkommnisse abzuklären. Aber es gab keine, toitoitoi.
Ein besonders schönes Erlebnis aber gab es heute. Ich war wieder bei Dr. Bauer zur Nachuntersuchung. Auf den Tag sechzehn Monate nach meiner schlimmen Prognose. Wir haben mittlerweile ein freundschaftliches Verhältnis zueinander. Spätestens seit mein Sohn, der Arzt – der andere ist Jurist bei der EU – mit ihm geredet

und ihn gebeten hat, mich machen zu lassen. Ob mein Sohn viel von meiner Grünkost hält, habe ich mit ihm nie erörtert. Er ist halt Schulmediziner durch und durch. Er will halt einfach, daß es seiner Mutter gut geht und daß sie ihren eigenen Kopf behalten darf, und der war schon immer verdammt dickschädelig und hart.
Aber was Dr. Bauer mir beim Abschied gestand, das hätte ich nun doch nicht erwartet. Meine liebe und hochgeehrte Frau Göbel, und er nahm meine beiden Hände, so – was Sie vor einem Jahr und gegen meinen ausdrücklichen ärztlichen Rat beschlossen und durchgezogen haben, war das einzig Richtige. Es hat Ihr Leben gerettet. Jetzt ließ er meine Hände los und fügte nachdenklich hinzu: Ich glaube, in 15 oder 20 Jahren wird die Chemotherapie nicht mehr zum Standard in der Krebstherapie gehören, die Chemotherapie ist ein Irrweg.
Ich habe manchmal, in der Phase zwischen Wachsein und Einschlafen, Halluzinationen. Ganze Szenen spielen sich vor meinem inneren Auge ab, so nah und real wie das echte Leben. Und ich frage mich, ob ich das nicht geträumt habe. Aber hier steht es schwarz auf weiß: Termin bei Dr. Bauer.
Ich war definitiv zur Kontrolle. Und gleich nachdem ich zuhause zurück war, habe ich Frau Dr. Mitterer angerufen und ihr ausgerichtet, was mein Onkologe gesagt hat. Man möchte solche Aussagen schriftlich haben!

… Dr. Bauer hat mich vor zwei Wochen zur weiteren Untersuchung in die Klinik überwiesen. Im Darm hat sich etwas zusammengeklumpt, was entwirrt werden muß. Frau Dr. Mitterer bat mich eindringlich, nicht gleich das schlimmste anzunehmen, aber Sorgen hatte sie auch. Diese Angst immer, sobald du erst mit dem Krebs Bekanntschaft schlossest. Dann ist alles nur noch Krebs. Kein normaler Husten, kein Stechen im Ohr, ohne daß du denkst, jetzt ist die Lunge dran oder dein Hirn.

Toitoitoi ging alles gut. Von der Operation im vorvergangenen Jahr hatten sich Narben gebildet und den Darm eingeengt. Das konnte relativ leicht entfernt werden, neuer Krebs hatte sich nicht entwickelt. Darüber allein sind wir beide beruhigt, denn das ist die Hauptsache: kein neuer Krebs.

Die Krankenhauskost erfüllt alle Kriterien einer Krankmachkost: Matschgemüse, zerkochte Salzkartoffeln, Fertigsoßen und immer Fleisch dabei, zum Nachtisch knallsüße Milchprodukte. Vom Knatschbrot mit Scheibenkäse wurde mir am ersten Abend richtig schlecht und ich mußte das meiste stehenlassen. Drei Tage hatte ich Diarrhö und war anschließend eine Woche erschöpft. Aber geschmeckt hat es gleichwohl nach so langer Abstinenz verdammt gut. Ich muß es sagen. Anderen Patienten war das Essen viel zu mager. Wenn die wüßten! Sie ließen sich von Angehörigen Süßigkeiten und sonstwas mitbringen und verspeisten das stattdessen. Man darf sich bei dieser Sachlage nicht wundern, daß die Krankenhäuser keine höherwertigen Speisepläne erarbeiten: das gesunde Zeug ginge unangerührt wieder in die Küche zurück.

Frau Dr. Mitterer schwärmt in dem Zusammenhang von den Rohkostkliniken, die es vom Anfang bis in die Mitte des 20. Jahrhunderts und seit kurzem wieder an einem Ort in der Schweiz gab. Hier gehen nur Leute hin, die

bereit sind, streng zu leben und mit den Kräften der Natur zu gesunden.
Trotzdem, das Abendbrot in der Klinik hat verdammt gut geschmeckt und es fällt mir ein bißchen schwer, wieder zurückzuschalten. Aber nur so werde ich mich zu Hause ganz von den Folgen des Eingriffs und, würde Frau Mitterer sagen, der krankmachenden Ernährung erholen.

… Frau Mitterer ist mit dem mündlichen Bescheid der Ärzte im Krankenhaus nicht zufrieden. Sie will es als meine behandelnde Therapeutin genauer wissen. Ich habe ihr also Vollmacht erteilt, meine Befunde zu beschaffen. Vorhin meldete sie überraschend ihren außerplanmäßigen Besuch an. Sie bringt zwei Piccolo besten Winzersektes mit. Das müssen wir feiern, Frau Göbel.
Was, Frau Dr. Mitterer?
Was in dem Befund steht.
Was steht denn in dem Befund?
Hier, das müssen Sie selber lesen.
In dem Gewebe, das in die Pathologie geschickt wurde, wurde keine einzige Krebszelle entdeckt. Aber das war doch aus dem Bereich, wo meine Tumore schlafen?
Eben!
Wenn das stimmt, was der Pathologe schreibt, dann hat sich das Gewebe in gutartige Tumore zurückverwandelt?
Jedenfalls hat sich keine einzige unserer Besorgnisse erfüllt.
Dann waren Sie also auch besorgt?
Sie haben recht, ich war auch besorgt, sehr sogar. Ich habe den Erfolg unserer ganzen Bemühungen schon

davonschwimmen sehen.
Ich auch, Frau Doktor, dann haben wir wahrhaft Grund zu feiern. Prost!
Sie glauben nicht, wie froh ich bin, daß unsere Maßnahmen so angeschlagen haben. Aber die Kollegen Ärzte knüpfe ich mir noch vor. So einen erfreulichen Befund teilt man dem Patienten mit, so einen erfreulichen Befund enthält man dem Patienten nicht vor! Das grenzt an psychische Körperverletzung. Es ist schlechterdings unverzeihlich.

… Ich weiß nicht, wie Frau Mitterer mit ihrer Beschwerde weiterkommen will. Der Pathologe, der den Befund ausgestellt hat, soll in einer der Blaskapellen von ihrem Mann Trompete spielen. Frau Mitterer meint, über den ließe sich etwas anstoßen. Aber was schon? Eine Krähe hackt der anderen kein Auge aus. Oder über die psychoonkologische Gesellschaft. Der Wert der positiven Nachricht beim Prozeß der Heilung. Aber ehrlich, es ist nichts Unrechtes im Sinne des Strafgesetzbuches geschehen.
Mein Sohn ist skeptisch. Krebs verwandelt sich nicht zurück, aus einem gefährlichen Krokodil wird kein frommes Lamm. Wenn es jetzt kein Krebs ist, sagt er, dann war es nie einer. Dann war die Diagnose eben falsch.
Und unser aller Sorgen alle die Jahre und meine strenge Lebensweise waren überflüssig.
Nee, mein guter Sohn, da bist du schief gewickelt, da glaub ich eher Frau Doktor, der ich deine Meinung mitgeteilt habe. Hab du mal meine Beschwerden und meine Rückfälle, wie ich sie hatte, bevor ich auf Frau Mitterer

traf, du würdest nicht daran zweifeln, wie schwer deine Mutter krank war – erkrankt an Krebs. Und sollte die Krankheit nicht so schlimm gewesen sein, wie ich die ganzen Jahre annehmen mußte, wer gibt mir diese Jahre zurück, die Unbefangenheit und Lebensfreude, meinen Körper ohne die verstümmelnden Operationen und ohne die dauerhaften Schäden durch mehrere Chemotherapien! Wer zahlt mir eine Entschädigung für die Phasen gräßlicher Schmerzen und Übelseins, die körperlichen Dauerschäden, die seelischen nicht gezählt, und wer zahlt der Versicherung die sechsstelligen Summen zurück für verschwendete Medikamente und fehlerhafte Therapien? Wer erstattet den Versicherten ihre Beiträge wieder, die ständig erhöht werden müssen, weil immer mehr teure, nutz- und sinnlose Therapien aufgrund von Fehldiagnosen genehmigt und beglichen werden müssen? Müssen? Wer sagt, daß das so bleibt? Sogar Dr. Bauer, der davon lebt, daß er Patienten Chemotherapien empfiehlt, bezweifelt, daß das eine sinnvolle Therapie ist. Sogar Dr. Bauer. Ich schätze mal, der Mann geht auf die 60 zu, er muß seinen Betrieb noch acht oder neun Jahre am Laufen halten. Nicht wie Dr. Mitterer. Die lebt wohl gar nicht vom Therapieren. Oder auf so kleiner Flamme, daß sie nur eine Beratungspraxis im eigenen Haus betreibt und für fünfzig Euro alte Frauen mit Rollator zu Hause besucht.

… Liebe Frau Göbel. Der Pathologe war dank der Voranfrage meines Mannes und der Tatsache gemeinsamer Klinikjahre doppelt entgegenkommend und rief umgehend zurück. Den Verlauf dieses Gespräches möchte ich Ihnen nachstehend mitteilen.

Gedächtnisprotokoll vom 20. Februar 2014 – Telefonat mit Dr. Krahnich, zuständiger Pathologe …

Anita: Es geht um den histologischen Befund Nr. … von Frau Martha Göbel, geboren dann und dann. Dort steht, daß kein Nachweis von Tumorzellen in den Biopsien enthalten ist. Es besteht eine Peritonealkarzinose.
Pathologe: Ich sehe den Befund (und die anderen). Muß mich grade reinlesen. Das steht tatsächlich da. Ja, und da war ein Adenokarzinom mit Streuung ins gesamte Peritoneum. Aber die Biopsien geben natürlich nur das her, was sie sind. Ob sie als Repräsentation für den Gesamteindruck stehen, ist unklar. Die Möglichkeit besteht, daß, je nach dem wo man biopsiert, bestimmte Areale nicht erfaßt werden. Aber es ist schon ungewöhnlich, daß kein Tumorgewebe gefunden wurde.
Anita: Sie haben im Befund auch die Frage gestellt, ob eine Chemotherapie vorher stattfand.
Pathologe: Da fand doch eine statt?
Anita: Frau Göbel hat seit 2008 insgesamt drei Chemotherapien gemacht, mit teilweise partieller Remission, gesamt gesehen aber stetigem Progreß. Die letzte Chemo brach sie im Juni 2012 ab, weil es schlimmer wurde.
Pathologe: Und Sie meinen, der positive Befund ist auf Ihre Therapie hin entstanden?
Anita: Ich möchte es so interpretieren. Die letzte Chemo wurde im Juni 2012 abgebrochen, im August fingen wir mit der Therapie an. Der Onkologe war erst entsetzt, meint aber jetzt, es hätte ihr das Leben gerettet (nach Aussage der Patientin). Auch der Urologe spricht von stetiger Besserung. Die Tumore würden nicht mehr auf

den Harnleiter drücken. Außerdem haben sich Kofaktoren gebessert beziehungsweise sind verschwunden: Arthrose, Polyneuropathie als Nebenwirkung der früheren Chemotherapie, Fibromyalgie – ihr geht es gut.
Pathologe: Aber da eine Chemotherapie stattfand, könnte es sein, daß diese, mit Ihrer Therapie zusammen, eine Besserung hervorgerufen hat?
Anita: Die Chemotherapie hat den Krebs nach kleinen Stagnationen letztendlich zur Streuung gebracht, die Nebenwirkungen wurden so schlimm, daß sie die letzte Chemo abbrechen mußte. Der Sohn der Patientin ist übrigens Radiologe in Bayern. Er meinte jetzt, es wäre gar kein Krebs ...
Pathologe: Aber ich sehe hier doch, daß 2008 die Peritonealkarzinose histologisch gesichert wurde! Ich würde mich sehr freuen, hätte meine Mutter solch einen Befund!
Anita: Der Onkologe ist nicht auf den Befund eingegangen, niemand hat es ihr erzählt. Das finde ich traurig, wenn eine Patientin praktisch eine todbringende Erkrankung hat und ihr niemand diese positive Nachricht überbringt.
Pathologe: Aus unserer Sicht ist das so, daß, wie gesagt, Biopsien nur das hergeben, was sie sind. Das ist schwer, das als gesamt repräsentativ zu werten.
Anita: Mir ist klar, daß die Patientin nachweislich noch große Raumforderungen im Bauch hat. Ich hätte auch einen entsprechenden histologischen Befund erwartet. Ich wurde positiv überrascht. Das heißt aber nicht, daß die Patientin nun krebsfrei ist. Trotzdem hätte man ihr den Befund erklären können. Es hätte sie gefreut.

Pathologe: In den Befunden hier ist wirklich nichts zu sehen. Ihre Patientin kann gerne die besagten Befunde bei mir anfordern.

… Der Sturm hat sich gelegt. Das Ungeheuer von Lochness hat sich zurückgezogen. Der Krebs hat sich schlafengelegt. Sogar die Gelenkbeschwerden, die ich unerwähnt ließ, weil sie mit meinem Krebs nichts zu tun hatten, bleiben aus, wenn ich meine tägliche Gymnastik nur mache. Das Schwindeln beim Laufen tritt nur noch selten auf und sogar die hartnäckigen Mißempfindungen, die ich seit der Chemotherapie habe, spüre ich oft mehrere Tage hintereinander kaum. Frau Dr. Mitterer hat mich verdammt gut wieder hingekriegt dank meiner guten Mitarbeit. Auf die bin ich stolz und das erzähle ich auch immer wieder im Kreis meiner Freundinnen und Bekannten.
Aber ich habe doch verdammte Lust, wieder etwas üppiger zu essen. Das muß erlaubt sein, daß ich mir hin und wieder eine Ausnahme gönne … ein bißchen was schlemme … Wenn der Krebs wieder aufmuckt, gibt's eben einen auf den Deez und ich ziehe die Zügel wieder an, gnadenlos, konsequent. Ich weiß ja dann sofort, woher es kommt. Aber erst kommen ja wohl die anderen Beschwerden zurück. Somit habe ich immer noch ein wenig Spielraum. Ich verstehe jetzt soviel von dem System, daß ich die Warnzeichen erkenne. Wenn meine Knochenbeschwerden wieder dolle werden und der Schwindel wieder ständig da ist, weiß ich: jetzt mußt du wieder Kuhfutter zu dir nehmen, Magda, sonst gibt es Haue vom Lieben Gott.

… Gestern habe ich richtig geschlemmt. Nach dem Theater, aber das kündigen wir jetzt definitiv, sind Dagmar und ich zum Chinesen gegangen. Und da habe ich mir erstmalig wieder gebratene Ente gegönnt. Ich wollte es wissen. Nun, bis zum Mittag lag ich flach. Ich hatte wahnsinnigen Druck im Bauch, der Anus praeter lief über und ich packte es nicht mehr bis zum Klo. Ich mußte mich übergeben und dachte zeitweilig, jetzt mußt du sterben. Jetzt geht es mir wieder etwas besser, aber auf den Beinen halte ich mich noch immer schlecht. Das Essen kann nicht verdorben gewesen sein, denn Dagmar aß das gleiche und Dagmar erbrach nicht. Es ist erstaunlich, wie sensibel der Körper auf alles reagiert, was ihm nicht bekommt. Jedenfalls wenn man mal auf die strenge Linie gekommen ist. Man wird nicht robuster, sondern empfindlicher. Seismografisch, möchte ich das ein bißchen gelehrtendeutsch einmal nennen.

… Ich weiß nicht, wie lange ich Frau Dr. Mitterer noch konsultieren möchte. Mir geht es wieder etwas schlechter, seit ich die Fasten immer häufiger breche, um bei der Bibel zu bleiben. Ich spüre, daß sie erfahren möchte, wieviel Scheiben Käse und geräucherten Lachs ich mir in der Woche gönne. Von gebratener Ente lasse ich zwar wieder ab, sehr verständlich, aber eine Scheibe Käse und gelegentlich etwas Räucherlachs verkraftet mein Körper in der Tat. Man kann Frau Dr. Mitterer nichts vormachen, sie weiß genau, woran sie mit mir ist. Aber ich will nicht examiniert und kontrolliert werden wie ein Kind. Hast du deine Zähne schon geputzt? Hast du dich vor dem Zubettgehen ordentlich gewaschen? Standardfrage jeden Morgen im Krankenhaus: Hatten

Sie Stuhlgang, Frau Göbel? Wie war Ihr Stuhlgang beschaffen? Beschreiben Sie Farbe und Konsistenz! Hast du beim Zähneputzen auf die Zwischenräume geachtet und mit der Bürste das Zahnfleisch massiert? Machst du das auch richtig? Ich möchte das nicht mehr und ich werde Frau Dr. Mitterer bitten, daß sie die allmonatlichen Routinebesuche reduziert. Es reicht, wenn sie auf Bestellung kommt.

… In einem Monat werde ich achtzig. Da habe ich viel vor. Wenn ich keinen Anlaß, den Achtzigsten zu feiern habe, wer hat ihn dann! Meine Verpflichtungen habe ich auf vier Termine in vier der besten Speiselokale der Stadt binnen einer Woche verteilt. Es wird anstrengend werden, aber bestimmt auch schön. Ich freue mich riesig darauf. Und Freuen muß auch sein, Freuen hält gesund.
Essen ist mehr als die Aufnahme von Kalorien und Treibstoff. Essen ist Kultur. Der Mensch hat alle seine Sinne zu Empfängern von bedeutenden Kulturgütern und Zivilisationserrungenschaften gemacht: die Ohren für die Musik, die Augen für das Theater, die Kostüme, die Dekorationen, die Zunge für alles, was gut schmeckt. Mit gutem Essen zeigen wir uns und anderen, daß wir die Gesellschaft lieber Menschen schätzen und uns ihre Nähe etwas kosten lassen. Unsere ganze Gastfreundschaft läuft über den Gaumen. Unsere Wertschätzung drücken wir aus, indem wir unsere Gäste mit Köstlichkeiten bewirten und verwöhnen, beziehungsweise, wenn wir das nicht selber leisten und ein Restaurant bemühen, unsere Gäste verwöhnen lassen. Es hat sich eine ganze Wissenschaft um die beste Zubereitung der Speisen entwickelt. Sogar die Tiere fackeln nicht, sobald sie

zwischen schmackhaft zubereiteten und rohen Speisen zu wählen haben: sie stürzen sich auf die schmackhaften.

Wir können doch nicht unsere ganze Kultur über Bord schmeißen und die liebgewonnenen Sitten jahrhundertealter Geselligkeit ignorieren. Auch wenn das einen Preis kostet. Aber nichts ist umsonst. Wir zahlen für alles, was wir uns gönnen. Für jeden Tag, den wir leben, zahlen wir mit demselben Quantum Zeit, das uns kürzer vom Sterben trennt. Wir zahlen, wenn wir zu dolle über die Stränge schlagen, mit unserer Gesundheit.

Ich will wissen, wieviel Normalität ich meinem Körper noch zumuten darf. Wenn mein Körper boykottiert, weiß ich ja, wie ich ihn wieder flottmache für die nächste Regatta. Und wenn er auch nur halb oder dreiviertel so flott wieder wird, wie er die vergangenen zwölf, vierzehn Monate mir gedient hat, dann muß ich auch noch zufrieden sein. Ich bitt Sie, 80 Jahre! Die haben schon gesündere Menschen als ich noch bin nicht erreicht, und eigentlich müßte ich längst dieser Welt abhanden sein.

… Ich habe mich selber in die Mündigkeit entlassen und die Verbindung zu Frau Dr. Mitterer unterbrochen. Ich bin ihr unendlich dankbar für die Jahre, die mir dank ihrer wertvollen Lehren geschenkt worden sind. Aber es darf keine Abhängigkeit daraus werden, und auch wenn ich für die Zipperlein, die mich seit den Festlichkeiten zu meinem Achtzigsten wieder etwas verstärkt befallen, den einen oder anderen Arzt oder Apotheker befrage, und auch wenn das den Methoden und Überzeugungen von Anita Mitterer widerspricht, so will ich frei darüber entscheiden und mir keine Belehrungen von welcher

Seite auch immer gefallen lassen. Frau Dr. Mitterer hat mir natürlich keine Standpauke gehalten, wie sie manche Ärzte ihren Patienten gegenüber zu halten pflegen, gerade so, als ginge man noch zur Schule. Aber sie hat schon durchblicken lassen, wie sehr sie mein nachlassender Eifer, meine erschlaffende Disziplin enttäuschten und daß sie ihrerseits mehr und mehr am Sinn unserer monatlichen Konsultationstreffen zweifelte.
Nun habe ich ihr selber freundlich, aber bestimmt gesagt, daß ich fortan alleine weiterwirtschaften will. Es beginnt ein neues Kapitel.
Die Feiern habe ich gut überstanden und auch das bessere Essen gut vertragen. Jetzt fühle ich mich etwas schlapp und hab auch wieder ein paar Beschwerden. Aber solange der Krebs selber nicht wieder aus seinem Schlaf erwacht, sehe ich nicht ein, warum ich mich weiter so einschränken soll.
Ich habe Frau Dr. Mitterer angedeutet, daß ich mich ziemlich schlapp und energielos fühle und daß ich das auf die fast zwei Jahre Fasten zurückführe.
Wer hat Ihnen das eingeredet?
Alle.
Kann es nicht sein, daß Sie im Gegenteil sich energielos fühlen, gerade weil Sie wieder all die belastenden Dinge zu sich nehmen?
Frau Doktor, ich will jetzt selbst darüber entscheiden, wann ich Diät halte und wann ich lebe wie ein normal genießender Mensch. Bitte nehmen Sie das so an! Sollten die Beschwerden und auch der große Tiger in seiner Höhle aufmucken, den wir beide so erfolgreich abgeschmettert haben, darf ich dann trotzdem wieder anklopfen und Sie um Ihre Beratung ersuchen?

Bitte, Frau Göbel, Sie sind ein erwachsener Mensch. Wenn etwas Gravierendes vorfällt, stehe ich selbstverständlich wieder zu Ihrer Verfügung.
Sie deutete dann freilich an, daß sie dann eventuell das Therapieren aufgegeben hätte und nicht mehr erreichbar sei. Warum das jetzt, weiß ich auch nicht. Aber wenn es so ist, dann wird sie ihre Gründe haben.

… Heute stand eine Jugendliebe Dagmars in der Zeitung: 71 Jahre. Nach langer schwerer Krankheit plötzlich und unerwartet verstorben. Unerwartet ist gut. Überfällig und längst erwartet wäre korrekt. Aber bei den Toten wird immer geschummelt. Alle waren im Leben die besten Menschen und auch die solidesten und der Tod erreichte sie immer viel zu früh.
Das Gegenteil ist der Fall. Wir gehen erst einander und dann gehen wir, wenn wir hinfällig geworden sind, dem armen geschundenen Pflegepersonal in den Altenheimen und Demenzstationen ganz gräßlich auf den Keks, und wenn wir unter der Erde sind, atmen alle heimlich auf und sind darüber erleichtert, daß sie einer schweren Bürde enthoben sind. Ich habe viele alte Menschen gekannt, die ihrer Umwelt so was zur Last geworden sind, aber nur wenige, die ich als Bereicherung empfand. Nur bei wenigen bedauerte ich ihr Ableben zutiefst. Das waren aber immer Menschen, die bis zum letzten Tag offen und neugierig dem Leben begegneten und bereit waren, immer neu dazuzulernen und ihre Ansichten zu ändern. Diese Menschen waren selten. Viele waren vielmehr stur und fordernd. Ich hoffe, daß ich nicht so bin und daß ich meinen Freunden und meinen Kindern und Enkelkindern in angenehmer Erinnerung bleiben werde.

Dagmars Jugendliebe war ein notorischer Stelzbock. Schon als junger Mann, wo die anderen meist in romantischer Liebe der einen Liebe nacheifern. Nicht so er. Er hatte immer mehrere Eisen im Feuer. Sonst hätte er Dagmar vielleicht geheiratet. Und er zeigte zunehmend einen Hang zu zwielichtigen Milieus. Er ließ alles in seine Wohnung, was ihm schöne Augen machte und mit 'nem hübschen Hintern wackelte, manchmal mehrere junge Damen auf einmal.

Sein letztes Rendezvous verlief anders als alle früheren. Als er auf die Toilette mußte, stand da plötzlich ein junger Typ mit einer Brechstange und schlug sie ihm über den Deez. Er lag danach mehrere Monate im Koma. Daß er überhaupt wieder aufwachte und mehr schlecht als recht ein paar gestammelte Worte wieder zustandekriegte, grenzte an Wunder. Es kam zu einer Gerichtsverhandlung. Dagmar schleppte mich mit hin. Die jungen Frauen sagten, er hätte sie bedrängt, daraufhin hätte die eine von ihnen den jungen Mann, der unten auf sie wartete, heraufgelassen und angefleht, sie zu verteidigen. Es sei keineswegs so, daß er eine Brechstange bei sich geführt hätte. Er hätte mit den bloßen Fäusten zugeschlagen in einem Moment, als der Geschädigte nicht damit rechnete, und nur dafür gesorgt, daß derselbe von ihnen abließ.

Die Verhandlung endete mit einer kleinen Bewährungsstrafe für den jungen Mann, aber Dagmars Bekannter kam nie wieder auf die Füße. In einem Pflegeheim verdämmerte er nun schon das vierte Jahr in Folge. Da stellt sich doch die Frage: muß man um jeden Preis am Leben gehalten werden? Hat man nicht auch die verdammte Pflicht, das Feld zu räumen, wenn das Leben anderen und demjenigen selber zur Last wird? Oder bloß ihm selber weniger Freuden verursacht als seinen Mitmenschen Lasten?

Ich weiß, dies sind heikle Gedanken. Aber ich bin nicht 80 Jahre geworden, um zu unterdrücken, was ich denke. Wenn ich die Traueranzeigen in der Zeitung morgens aufschlage, denke ich jedesmal: die anderen, die wissen, mit welcher Diagnose du vor über zwei Jahren aus dem Krankenhaus entlassen wurdest, die warten jetzt täglich, daß dein Name dort abgedruckt erscheint und du lebst immer noch und liest gerade Anzeigen! Darf ich meinen Söhnen und meinen Enkeln weiter Beschäftigung geben, wo sie, vor allem mein Sohn der Arzt, sich auf mein Ableben bereits eingestellt hatten? Und nun enttäuscht sind, daß ich ihnen einen Strich durch ihre Kalkulationen mache?

Meinen Enkelkindern unterstelle ich das nicht. Aber bei meinem Arztsohn habe ich manchmal das Gefühl, er ist über mein Überleben enttäuscht. Nach dem Motto: Mutter, du bist nach medizinischem Maßstab alt. Du kamst mit der denkbar schlechtesten Prognose nach Hause. Warum also machst du dich nicht vom Acker!

… Dr. Bauer ist immer noch ganz zufrieden mit mir. Der Krebs verhält sich nach wie vor friedlich. Dr. Bauer hält das Nachlassen meines Allgemeinbefindens für altersgemäß und ganz normal. Aber wenn ich mal wieder einen grünen Rohkosttag einlege, dann merke ich, wie mein Körper danach verlangt. Ich bin nun mal nicht gesund, wenn der Dr. Bauer auch meint, ich wäre für eine Achtzigjährige normalgut drauf oder sogar immer noch ein wenig besser. Ich werde niemals irgendjemandem gegenüber, dem ich nichts Böses tat, zu Kreuze kriechen, das wird niemand von Magda Göbel erwarten, aber ... natürlich hatte Frau Mitterer recht und haben diejenigen unrecht, die mir einzureden versuchten, meine Schwäche rühre daher, daß ich zwei Jahre fast nur, wie Dr. Bauer nicht mehr spottet, Hungerdiät zu mir nahm. Ich werde jetzt wieder die Essenszügel anziehen und disziplinierter leben. Schließlich will ich noch ein paar Jährchen machen und denen eine lange Nase drehen, die täglich meinen Namen auf dieser Seite in der Zeitung aufgeführt erwarten. Da kennt ihr Magda Göbel schlecht!

Sechster Monolog
Tonia Schuster

… Also,Tonia, was wolltest du mir sagen?
Ich wollte unsere Probe nicht unterbrechen.
Ich kann Kritik ertragen.
Um Kritik geht es nicht.
Um was geht es denn?
Nun setz dich mal in den Sessel. Also: mein Krebs ist wiedergekommen.
Das weiß ich.
Woher weißt du es? Deine Frauen vom Verein waren voll davon. So sehr, daß ich das Lied nicht richtig einstudieren konnte.
Und, was sagst du?
Ich weiß nur eines: sprich mit Anita. Ihr habt euch erst einmal gesehen, ich weiß. Anita hat es nicht mit der Musik. Oder hast du einen besseren Vorschlag?
Ich weiß momentan gar nichts.
Was denken andere darüber?
Meine Mutter sagte: Der Sohn von Robert Kennedy hat auch ein Bein verloren wegen Krebs und lebt noch.
Eine verlockende Aussicht. Und sonst?
Die Vorsitzende unsers Fördervereins, ich weiß nicht, ob du sie kennst.
Oberflächlich vom Sehen. Eine freundliche Person.
Ja, eine reizende Frau. Ärztin im Krankenhaus. Sie rät mir dringend, nach Mannheim in die Spezialklinik zu gehen.
Und dann?
Dann werde ich vermutlich an einer Studie teilnehmen.
Willst du das?

Bleibt mir etwas anderes übrig, Rolf, wenn ich in einem Jahr noch leben will?
Sieht es denn so übel aus?
Ich hatte vor 15 Monaten doch dieses Melanom. Vor einigen Wochen hat sich in der Nähe der Operationsnarbe wieder ein großer schwarzer Flecken ausgebildet mit einem dicken Knubbel darunter. Höchste Alarmstufe, beziehungsweise Clarke-Level 4, wie das fachmedizinisch heißt. Wenn nicht sofort was geschieht, wird der Krebs bald überall sein und ich in Riesenschritten dem Grab zu eilen. Ich habe das Ding vor einer Woche entfernen lassen. Nachuntersuchung heute: der Knubbel ist schon wieder da. Der Krebs wächst und wuchert so schnell, daß man mit dem Schneiden schon nicht mehr nachkommt. Er läßt sich anscheinend nicht mehr eindämmen, die Lawine rollt. Tonia Schuster, wie sie dir gegenübersitzt und nicht weiter weiß, ist angezählt.
Anita ist vor einiger Zeit auf Forschungen gestoßen. Sie meint, diese Forschungen vermitteln ein ganz anderes Bild von Krebs, seinen Ursachen und seiner Therapie. Ich führe euch, wenn du möchtest, gern zusammen und sie kann dir dann erklären, wie sie den Fall beurteilt und was ihr eventuell machen könnt. Es ist noch alles ziemlich neu für sie, aber was sie darüber berichtet, klingt schon sehr logisch.

… Ich habe Liss davon erzählt. Sie hält sich raus. Aber das bin ich gewohnt. Warum sind wir überhaupt noch zusammen? Ich bringe seit Jahren als einzige Geld bei, schaffe wie ein Packkamel, weil sie ihr Erwerbsleben nicht auf die Reihe kriegt, und sie weiß nichts besseres als mich anzuraunzen: Mach doch, was du willst.

Jetzt hätte ich doch bitter nötig, daß sie mich in den Arm nähme.
Aber vielleicht wird man als Krebskranker unberührbar. Mit zwei Dellen im Muskel und demnächst noch anderen Makeln wird man grauenerregend, dazu unbeholfen, pflegebedürftig. Man wird vom Tode gezeichnet, und den Tod will niemand sehen. Den Tod erträgt man nicht in seiner Nähe, dem Tod weicht man aus.
Liss ist mir irgendwie von Gott geschickt. Als Prüfung und Aufgabe. Immer wenn wir Streit haben, knallt sie mir vor die Visage, daß sie mich nicht aus Liebe geheiratet hat.
Warum dann?
I don't know.
Pardon, für die Leser dieser Zeilen muß ich das übersetzen. Sie sagt: sie weiß nicht, warum sie mit mir und den zwei Kindern zusammengezogen ist. Das wird sie aber nicht abhalten, mich zu verlassen, wenn ich nicht mehr funktioniere und für das Einkommen sorge. Schließlich sei sie nicht schuld, wenn ihre Erfindungen nicht anerkannt würden und kein Geld abwürfen. Ich hätte schließlich versprochen, mich für sie einzusetzen.
Da hat sie recht. Aber ich setze mich für sie ein, stündlich täte ich es, wenn sich stündlich Gelegenheit dafür böte. Aber die Fachwelt will von ihren genialen Denkschritten nichts wissen. Liss hat eine Weltformel gefunden. Wie man Gott und Darwins Evolutionsgedanken auf einen Nenner bringt. Es ist so kompliziert, was sie schreibt, daß ich es nicht wiederholen kann. Aber es ist grandios, einfach genial. Die meisten Forscher verstehen perfekt geschriebenes Englisch, auch wenn sie es nicht gut sprechen, oder haben ihre Übersetzer. Ich habe

mit etlichen Professoren Kontakt aufgenommen, einigen amerikanischen auch. Liss kann das nicht. Sie hat eine regelrechte Kontaktbarriere. Wenn sie einmal loslegt, hört sie nicht mehr auf. Aber das ist genauso abträglich wie ihr gewöhnliches Schweigen. Liss kennt kein Maß. Ich muß ihr das Kontakteknüpfen abnehmen, das sehe ich voll ein und das ist mir eine ständige Verpflichtung, auch im Rahmen der besseren Versorgung unserer Patchworkfamilie. Aber keine Uni hat Interesse angemeldet. Eine einzige war bereit, sich das Buch anzusehen. Wenn wir das Rückporto beilegen würden. Hab ich natürlich gemacht. Nach einem Jahr lag das Werk mit einer höflichen Absage, daß es nicht in ihre Forschung hineingehöre, wieder bei uns im Briefkasten. Liss hat mir die Schuld gegeben und einen Monat nicht mehr mit mir geredet. Liss ist eine Prüfung für mich.

Genau wie der Krebs. Mein Gott, was hast du mit mir vor, daß du mir diese Prüfungen schickst? Aber ich habe alle bisher gepackt, die du mir schicktest. Hat Liss uns bisher verlassen? Ist sie zu anderen Frauen gegangen? Oder zu einem Mann? Nicht einmal das. Obwohl sie mich schon lange nicht mehr umarmt und geliebt hat. Eine geheime Kraft hält sie zurück. Meine Stärke, die Stärke, die du, mein Gott, mir verleihst. Soll ich den Grad meiner Stärke erfahren? … die Grenze? … Wenn ich bis an meine Grenze gefordert werden muß, dann werde ich auch das annehmen als mein Schicksal. Dein Ratschluß, mein Gott, ist unerschöpflich, und du wirst mir nicht mehr zumuten, als du mir Kraft gibst, zu ertragen.

… Ich habe Anita getroffen. Ich habe sie intuitiv geduzt. Wir hatten uns bei jenem Chorkonzert kennengelernt, bei dem Rolf das Ensemble vom Kulturhaus und eine seiner Dorfkapellen dirigierte. Und weil Rolf und ich Kollegen sind und sich Kollegen in der Branche duzen, hatte ich sie mitgeduzt. Ich wußte nicht, daß Rolfs Frau Ärztin ist und mit unserer Art Musik nicht viel anfangen kann.

Aber ich konnte mit ihrer Art und ihrem Wissen eine Menge anfangen! Es ist fantastisch, was sie mir über das Entstehen und die Funktion von Krebs erklärte. Sie ist ganz Naturwissenschaftlerin. Sie hält sogar die Krebstherapie, wie ich sie bisher kannte, für Esoterik und die ganzen modernen Erklärungen in den Medien zur Zeit für Okkultismus. Es wäre ganz einfach mit dem Krebs. Der Körper wird nicht mehr genügend versorgt, er leidet an irgendwelchen Stoffen Mangel, man kann sich das vorstellen wie Atemnot oder Sauerstoffnot. Wenn die Lungenbläschen keine saubere Luft mehr bekommen oder zuviele Zellen verstopft sind oder abgestorben sind, versuchen die restlichen Zellen sich aufzublähen, um doch noch genügend Sauerstoff anzuziehen. Der Körper braucht den nun mal. Ich hab das jetzt nicht gut erklärt. Ich wollte sagen, Krebs ist ein Notprogramm des Körpers, wenn die Vitalstoffe, die er braucht, nicht mehr in seinen Feingefäßen und dann bei der Zelle ankommen.

Da hat sich Material in den Feingefäßen angesammelt, das den Durchgang zu den Zellen verstopft. Oder es befinden sich Bestandteile im Blut, irgendetwas Chemisches, irgendwelche fremden Faktoren, die die Reaktio-

nen beeinträchtigen, unterbinden oder in die falsche Richtung lenken.
Mir hat nach meiner ersten Krebserkrankung niemand gesagt, daß es mir schadet, wenn ich weiter hin und wieder meine Currywurst esse und meine Cola trinke. Und auch die viele Hühnersuppe, die ich so liebe. Fast täglich habe ich Hühnersuppe gelöffelt, auch noch nach meinem ersten Krebs, und in der Woche mindestens ein Huhn gegessen. Und immer war ich schlapp. Keiner hat mir erklärt, wie totes Tier vom Körper verstoffwechselt wird und welche Abbauprodukte das hinterläßt. Oder der Industriezucker. Nein, das hatte ich nach meinem ersten Krebs schon reduziert, das hatte ich schon gehört, daß das nicht gut sei. Aber daß totes Tier und immer nur Gebratenes und Gekochtes dem Körper ebenso sehr und zudem sehr anhaltend zusetzt, hörte ich zum ersten Mal. Danke, Anita, du gibst mir neue Hoffnung.
Ich hab sofort diese hochwertige Saftmaschine da bestellt. Da muß Lissis Fotoausrüstung eben ausnahmsweise warten. Soviel Rücksicht auf meine Krankheit muß sein. Und wenn sie wirklich meutern sollte, dann werde ich die Trennung doch noch wollen. Aber sie wird nicht meutern. Ich weiß es. Und ich bin auch gleich in unser Gärtchen gegangen. Hinterm Haus, recht geschützt, haben wir einen ziemlich verwilderten Winkel. Keiner von den Mietern im Haus nutzt ihn. Daß er so verwildert ist, kommt mir sehr entgegen. Ich habe gleich ein großes Bündel Brennesseln gerupft und mit dem Handschuh in Stachelrichtung gekämmt. So kann man sie essen oder mit dem Küchenmixer mundgerecht zerkleinern. Auch Giersch kann ich ganz gut unterscheiden. Davon wächst in unserem Gartenwinkel auch. Der

schmeckt ganz toll, den kann ich kauen, solange der Vorrat reicht. Anita nimmt mich demnächst auf eine ihrer Kräutertouren mit, da zeigt sie mir, was ich noch alles verzehren kann. Im Grunde sogar Gras. Alles was Kühen und Pferden bekommt. Wir kriegen es nur nicht geschluckt. Wenn wir es zusammen mit Möhren, Äpfeln, einer Banane vielleicht und natürlich Wasser zu einem Brei vermischen, ist es aber genießbar. Ich freue mich darauf, es mit der Maschine, die nächsten Montag eintrifft, auszuprobieren.

… In der Versammlung vom Förderverein sind wir kaum dazu gekommen, über unser Chorprojekt zu sprechen. Der Kassenwart, der seinem Hauptberuf als Steuerberater alle Ehre macht, konnte sich und mir die Frage nicht verkneifen, ob ich im Sommer, wenn das Projekt laufen soll, überhaupt noch zur Verfügung stehe. Wenn man Krebs hat, ist plötzlich alles anders. Ich sagte, daß ich dies auf jeden Fall plane und berichtete darüber, daß ich angefangen habe mit der Ernährungstherapie. Jetzt trat unsere Vorsitzende ins Mittel. Als Ärztin müsse sie mir dringend abraten, mich auf Experimente einzulassen. Meine einzige Chance, im Sommer noch für das Projekt verfügbar zu sein, bestehe in der Behandlung durch die Fachleute in Mannheim, sie nannte den anderen die Fachklinik, ich wüßte davon. Nach einer erneuten Operation würde ich dort in eine Studie kommen. Die Krebsmedikamente würden immer besser. Mit der verbesserten Chemotherapie hätte ich die größten Chancen, des Krebses Herr zu werden, anders bei dieser Art von Krebs, ihrer Ansicht nach, aber auf keinen Fall. Ich bat um Bedenkzeit und darum, die Entscheidung über

das weitere Prozedere im Hinblick auf den geplanten Musical-Workshop und die geplante Aufführung im Sommer in vierzehn Tagen neu zu verhandeln.
Der Krebs macht eben alles anders.

… Anita stellt mir ohne Bevormundungsversuche frei, was ich tue, sagt mir aber, daß sie mich nicht begleiten will, sollte ich nach Mannheim fahren wollen, um mir dort eine weitere Meinung einzuholen. Dort würde mich nichts anderes erwarten als bei den Onkologen hier: neue Operationen und eine erste Chemotherapie. Da für mein Melanom keine überzeugende Chemo bekannt sei, könne dies nur eine neue Mixtur im Experimentierstadium sein. So etwas nenne man Studie und es bedeute, der Patient wird zum Versuchstier mit offenem Ausgang. Meistens ist der Ausgang, weiß Anita, aber nicht offen, sondern bedeutet Komplikationen und Tod. Anita hat mir das geradeheraus gesagt und es entspricht auch den Erfahrungsberichten, die ich von Angehörigen verstorbener Chemopatienten kenne. Sie sagt mir nichts neues. Wenn der Druck aus unserem Förderverein und von meiner Mutter nicht wäre. Der Sohn von Robert Kennedy hat auch ein Bein verloren und lebt, das ist ihre Haltung. Mann, bin ich von lauter kaltherzigen Menschen umgeben!
Ich darf nicht ungerecht werden. Unsere Fördervereinsvorsitzende ist eine durch und durch freundliche Person. Sie meint es aufrichtig gut, wenn sie mich zu Mannheim drängt. Den Pfennigfuchser von Kassenwart darf ich vergessen, das ging nicht persönlich gegen mich. Er hat schließlich die Aufgabe übernommen, auf die Finanzen des Vereins zu achten. Auch Liss verhält sich auffallend

friedlich und hilft mir sogar ein bißchen im Haushalt. Durch die viele Saftpresserei und Obstschnippelei und Wildpflanzensammelei und Gemüsezerkleinerei kriege ich meine Hausarbeiten nicht mehr gebacken. Nur daß die ganzen Faserstoffe aus der Saftbereitung in den Kompost sollen, findet Liss Verschwendung. Klar hat sie recht, aber soviel Gemüse, wie ich auf diese Art verdichtet meinem Körper zuführe, könnten wir unbearbeitet nicht in der dreifachen Zeit mit der gesamten Familie bewältigen und nur so bekommt mein Körper die reinsten Vitalstoffbomben, die er so dringend braucht. O ja, mein Körper giert danach. Ich hätte das nicht geahnt. Zwei Tage habe ich gefurzt wie ein Weltmeister und öfter Magendruck gespürt. Aber seitdem? Fantastisch!
Nun, das ist vielleicht mehr Wunsch als Faktum, wenn ich fantastisch sage. Aber eine innere Stimme, mein Bauchgefühl, gibt mir ein, daß es richtig ist, was ich tue.

… Vorhin hatten wir das verschobene Treffen, um über das Sommerprojekt zu entscheiden. Unser Kassenwart wiederholte seine Frage: Denken Sie, gesund genug zu bleiben, um das Projekt durchzustehen?
Ich bejahte.
Haben Sie den Rat unserer Vorsitzenden befolgt und die Behandlung in der Spezialklinik angefangen?
Das habe ich nicht. Ich habe das getan, was ich beim letztenmal schilderte. Und ich fühle mich auf einem guten Weg und werde, sollte das so anhalten, die Klinik in Mannheim auch nicht konsultativ kontaktieren. Das wird dann überflüssig sein.
Weil Sie tot sein werden!
Die Wette gilt.

Da schaltete sich unsere Vorsitzende in das Gespräch, das ins sehr Häßliche zu entgleiten drohte: Das halte ich für eine kühne Entscheidung, Frau Schuster, aber Sie müssen wissen, was Sie tun und ich wünsche Ihnen, und ich weiß mich da im Bunde mit allen Anwesenden, auch unserem gestrengen Kassenwart, ich wünsch Ihnen, daß Sich Ihre Hoffnungen erfüllen.
Die Beisitzerin, die auch aktiv bei mir im Ensemble spielt und bei mir Gesangsstunden nimmt, hatte die ganze Zeit kein Wort gesagt. Nach der Sitzung, bei der mir eine letzte Gnadenfrist von vier Wochen gewährt wurde und wir die Entscheidung erneut vertagten ... Silvia kam nach der Sitzung zu mir und entschuldigte sich für ihre Feigheit und für das beschämende Verhalten des Vorstands. Sie sagte, ich sähe so unbestreitbar frisch und gesund aus, daß ein Blinder erkennen müsse, daß meine Therapie die richtige Entscheidung war. Danke, Silvia, aber bei der nächsten Sitzung sagst du das unserer Vorsitzenden und dem gestrengen Kassenwart ins Gesicht.

… Ironie des Schicksals. Fast wäre es zum Lachen, wenn es nicht so traurig wäre. Jetzt hat unser Kassenwart die schlechte Karte gezogen. Er fehlte bei der anberaumten entscheidenden Sitzung: Krebs! Ich wüßte, was ich an seiner Stelle täte. Aber das wird er nicht hören wollen. Nur um recht zu behalten. Wir Menschen gehen lieber in den Tod, als daß wir eingestehen, daß wir ein halbes Leben lang in der Finsternis des Irrtums verbrachten. Wir lieben unsere Vorurteile und Irrtümer mehr als das Leben. Nicht wer irrt, ist tot, sondern derjenige ist es, der nicht bis zum letzten Tag seines Erdendaseins bereit ist, zu lernen und sich zu revidieren. Über

einen bekehrten Sünder herrscht mehr Freude bei Gott als über 99 Gerechte. Das meint der Satz. Wenn meine Therapie oder meine Selbsttherapie unter Anleitung einer großartigen Ärztin sich als Irrtum herausstellen sollte und die Standardmedizin dann die besseren Chancen versprechen sollte, dann werde ich genauso wieder umschwenken und mich der Schulmedizin verschreiben wie heute der naturmedizinischen Alternative. Und Anita wird die letzte sein, die mir das verstellt.
Aber ich spüre, das wird nicht so kommen. Ich fühle mich wie seit Jahren nicht mehr. Ich muß Jahre hinter meine erste Krebserkrankung zurückblicken, bis ich Zeiten entdecke, in denen ich mich körperlich und auch energetisch so gut fühlte wie jetzt, wenige Wochen nach Beginn meiner Umstellung. Ich merke es daran, daß sich Kleinigkeiten, die ich nie mit meinem Krebs in Verbindung brachte, wie nebenbei gegeben haben. Meine Schmerzen in den Fingergelenken, die kleinen Gichtknötchen sind wie weggeblasen. Und wenn ich in den Spiegel schaue, blickt mir eine straffe Frau mit blühendem Teint entgegen. Ich war doch ziemlich schwammig und körperlich träge geworden. Muß ich schon sagen. Allen meinen Freunden fällt es auf. Und wenn ich aus dem Nähkästchen plaudern darf, Liss wirft jetzt wieder von Zeit zu Zeit ein interessiertes Auge auf mein Äußeres. Wenn mich nicht alles täuscht, fängt sie an, mich wieder attraktiv zu finden.
Unser Kassenwart ist gleich ins Krankenhaus gekommen und aufgeschnitten worden. Ich werde ihn besuchen, sobald er ansprechbar ist und das nicht ausdrücklich verbietet. Gefangene besuchen, Kranke pflegen, Nackte kleiden, du kennst das. Hilft schon ganz schön

bei der Entscheidung peinlicher Alltagssituationen, wenn man ein gewisses religiöses Fundament im Leben hat. Anita ist zum Beispiel gar nicht christlich. Schade für sie. Sie könnte sich manche Sache dadurch versüßen und würde ein bißchen höher von sich denken. Aber sie ist trotzdem ein Engel. Ich mußte das lernen, daß manche Menschen Engel sind, ohne es zu wissen und ohne selbst an Engel zu glauben. Ins Weltbild meiner strengen Eltern paßt das gar nicht, aber das ist mir mittlerweile nicht mehr wichtig. Jeder muß seinen eigenen Umgang mit der Religion entwickeln.

Ohne Kassenwart mußten wir uns erneut vertagen. Ob ich in Mannheim gewesen wäre. Nein. Jetzt stand Silvia zu ihrem Versprechen und ergriff für mich Partei. Sehen Sie nicht, wie unsere liebe Tonia von Sitzung zu Sitzung gesünder aussieht und vor Energie strotzt? Ich schlage vor, wir vertagen uns bis nach ihrer Kontrolluntersuchung. Wie mir Tonia mitteilte, ist die in vierzehn Tagen. Und bis dahin ist auch unser Kassenwart wieder aus dem Krankenhaus entlassen oder wir haben einen Stellvertreter oder eine Stellvertreterin gefunden. Ich erkläre mich übrigens bereit, den Posten zu übernehmen, falls es nötig wird und falls sich niemand anderer dafür meldet. Selbstverständlich nur als Interimslösung. Bis Edmund wieder bei Kräften ist.

Unsere Vorsitzende lächelte angesäuert. Bei aller Freundlichkeit kann sie, glaube ich, den versteckten Angriff auf ihre medizinische Überzeugung, übrigens auch eine Religion, fällt mir ein, nur schwer verknusen. Aber ich glaube, oder zumindest: ich hoffe es, daß ihre Freude darüber, wenn es mir besser geht, ihren Ärger darüber überwindet, daß ich ihrem ärztlichen Rat zuwiderhandle.

… Ich werde vorerst unseren Kassenwart nicht im Krankenhaus besuchen. Ich weiß nicht, ob er es möchte. Aber Silvia war bei ihm. Er trägt einen Verband um den ganzen Kopf, wie die Schwerverletzten im Zweiten Weltkrieg, und sieht ganz furchtbar aus. Man hat ihm ein fingerhutgroßes Gewächs aus dem Kopf geschnitten. Jetzt hat man ihm eine Metallplatte in den Schädel gesetzt mit Markierungen drauf für die Strahlentherapie. Da kriegt er halb Hiroshima verpaßt, konzentriert auf ein kleines Hirnareal, das bei der Operation nicht bereinigt werden konnte. Übel, übel. Ihm geht es hundeelend, er ist kein Mensch mehr, aber ich halte mich raus. Er hat von einer Alternative gehört, genug jedenfalls, um sich dafür zu interessieren. Wenn er oder seine Frau mich fragt, wo es eine gute Adresse gibt, dann berichte ich gern, aber wenn ich nichts höre, kann ich auch nichts machen.

… Ich habe gestern etwas gemacht, was Anita sicher nicht gutheißen wird. Ich habe eine Frau in Belgien aufgesucht, die pendelt. Sie hat mich kurz in Augenschein genommen und dann ihr Pendel über mein Bein gehalten. Und sie hat nur einen Satz gesagt: Dein Krebs ist weg.

Ich habe Gott in der letzten Zeit täglich auf Knien gedankt, wie gut ich mich wieder fühle und wie er mich geleitet hat. Aber weg, nach zehn Wochen Lebensumstellung weg, das erscheint mir zu schön, um wahr zu sein. Aber ich rufe Anita trotzdem gleich an, egal was sie von Pendlerinnen hält. Sie bammelt ja auch vor meiner Nachuntersuchung morgen. Zwar hängt ihr Leben nicht davon ab, wie es ausgeht, wie bei mir, aber der Ertrag, der Wert, der Sinn und die Wahrheit ihrer ganzen Arbeit steht und fällt mit dem Resultat. Ich bin die erste Patientin, die konsequent nach ihrer Methode vorgeht. Und wenn das ein Erfolg wird, gibt es ihrer Arbeit wundervolle Impulse und bringt vielleicht viele Krebskranke dazu, sich auf diese heute so wenig bekannte Methode einzulassen.

… Frau Schuster, das kann gar nicht sein, schauen Sie hier, hier war vor drei Monaten dieser große Schatten, der sich nach der Operation neu gebildet hatte. Der Schatten ist verschwunden, der Schatten ist weg. Wie kann so etwas sein, was haben Sie nur gemacht?
Ich habe unter Anleitung einer ausgeschiedenen Krankenhausärztin eine Ernährungsumstellung nach Dr. Max Gerson durchgeführt.
So, so, Dr. … ?
Max Gerson.
Interessant. Jedenfalls (mein Hausarzt steht auf) sind Sie ohne Befund und das freut mich riesig. Sie können das zur Sicherheit von meinen Kollegen im Krankenhaus gegenprüfen lassen, aber ich glaube, das ist nicht nötig. Sie sagen auch selbst, daß Sie sich wohlfühlen wie ein Fisch im klaren Wasser.
So ist es, Herr Doktor.
Anita war überglücklich, als sie die Freudennachricht am Telefon vernahm. Ich freue mich auch für sie. Fast noch mehr als für mich selbst, wenn das geht. So wie sie sich noch mehr für mich darüber freut als für sich. Wie

ich meine Mutter kenne, hätte diese eine schlechte Nachricht lieber. Damit sie recht behält in ihrer Ablehnung meines selbstgewählten Weges. Sie kann mir bis heute nicht verzeihen, daß ich mit einer Frau zusammenlebe, und nun schlage ich auch noch den Weg der gerechten Medizin aus und begebe mich in die Obhut einer Abtrünnigen, die kritisch über alle Autoritäten denkt. Wenn ein Christ sterben soll, dann hat er sein Schicksal anzunehmen und voller Demut zu gehorchen und die Werkzeuge zu akzeptieren, die von Gott ausersehen sind, ihn ins Grab zu führen. Aber wenn, meine liebe Mutter, ich vom Schicksal gar nicht ausersehen bin, schon bald zu sterben oder an dieser Krankheit zu sterben, sondern wenn ich gegenteilig vielmehr auserwählt bin, eine Alternative vorzuleben, nämlich Heilung von meinem Krebs zu erlangen; wenn ich auserwählt sein sollte, ich wage von mir so hoch kaum zu denken, anderen neue Hoffnungen und Chancen zu erschließen, nehme ich dann nicht auch einen wertvollen Auftrag vom Schöpfer wahr?
Du denkst nur an dein eigenes Wohl, Tonia, du bist schon immer in gotteslästerlicher Weise selbstherrlich aus der Reihe getanzt, dein Vater und ich beten dafür, daß du zur Einkehr kommst, ehe der Zorn des Schöpfers dich trifft.
Nein, auf diese Redensarten habe ich heute keine Lust. Ich sehe meine Eltern turnusmäßig am Sonntag beim Gottesdienst. Da werde ich beiläufig erwähnen, daß ich genesen bin.
Manchmal denke ich, meine Mutter liebt mich nicht und es gehört zu meiner Prüfung dazu, dennoch das Vierte Gebot zu achten: Du sollst Vater und Mutter ehren, auf

daß es dir wohlergehe auf Erden. Und ebenso ist ein Partner, eine Partnerin mir geschickt, die mich erklärtermaßen nicht liebt, und ich halte strikt an ihr und der Ehe mit ihr fest. In der letzten Zeit spüre ich, wie ihr Interesse wieder einschläft. Sie ist so muffelig wie zuvor. Zunehmend läßt sie die Spüle wieder stehen, die sie in den Wochen vor und nach der zweiten OP und bevor Anita den gordischen Knoten löste, bereitwillig mir abnahm. Nach dem Muster: Du bist doch wieder okay jetzt, also kannst du den Haushalt auch wieder alleine schmeißen. Gott sei dank sind unsere Kinder netter als ihre Mammi Liss und räumen von sich aus weg oder ein, was sie können.

… Aber Silvia hab ich informiert gleich nach der Stunde. Wie immer unterrichtete ich, aber dann bat ich sie, noch einen Moment zu bleiben. Ich habe eine Nachricht für dich, aber keine schlechte. Setz dich bitte, ich sag's dir lieber, wenn wir uns wie echte Freundinnen auf Augenhöhe dabei ansehen können. Also, mein Krebs ist verschwunden, ratzeputze. Die Frau in den Ardennen, zu der du mich gelotst hast, hatte richtig gependelt. Mein Hausarzt und auch die Onkologen im Krankenhaus bestätigen: Der Befund von der letzten Nachuntersuchung hat sich in Luft aufgelöst, ist verschwunden, ist vollkommen weg. Die Spezialisten in der Klinik fragten, wo ich in der Zwischenzeit gewesen wäre und welche Chemotherapie ich gemacht hätte, und ich antwortete: keine Chemotherapie, und ich war die ganze Zeit hier und ging wie üblich meinen Aufgaben nach. Das hat sie etwas verblüfft. Aber außer meinem Hausarzt,

der nach dem Namen der Gerson-Therapie fragte, hat sich keiner weiter nach meinem Vorgehen erkundigt.
Morgen besuchen wir gemeinsam unseren Kassenwart im Krankenhaus. Silvia meint, wir müßten ihm unbedingt meine Nachrichten mitteilen, das könnte ihn vielleicht zum Umdenken bewegen und Hoffnung geben.

… Wir haben bei der Frau von unserem Kassenwart angerufen. Zwischen 17 und 19 Uhr sollen wir ihn besuchen, das sei die beste Zeit, da sei er mit der Bestrahlung und den Anwendungen durch und ansprechbar. Als wir ankamen, saß unsere Vorsitzende bei ihm. Sie wollte sich verabschieden, als sie uns sah, blieb dann aber doch im Hintergrund noch stehen. Silvia preschte gleich vor und berichtete ihm von meinem erfreulichen Verlauf. Ich hätte ja nicht gleich davon erzählt, ich vermute auch, daß Silvia auch nur deswegen damit so loslegte, weil sie unserer Vorsitzenden eins auswischen wollte. Ich beobachtete unsere Frau Doktor von der Seite. Sie hörte Silvia säuerlich lächelnd zu, gab aber keinen Kommentar.
Ist das wahr, wandte unser Kassenwart sich an uns.
Buchstabe für Buchstabe wahr! So als wäre Silvia am vergangenen Mittwoch dabeigewesen.
Dann wandte sich unser Kassenwart an unsere Fördervereinsvorsitzende: Marlies, sagte er (die beiden sind schon lange per du), sorge dafür, daß der Sommerworkshop in die Gänge kommt. Meine Stimme hat sie. Tonia wird die Sache meistern. Und er gab mir einen unerwartet warmen Händedruck. Dann wandte er sich zur Seite und wir ließen ihn.

… Beim Abschlußkonzert unseres großen Sommerworkshops saß Edmund in der ersten Reihe, einen Hut über seinem Kahlkopf mit den ausgefallenen Haaren und der Kennzeichnung für den Strahlenapparat, totenbleich, ein Häufchen Elend. Er hat mir bis heute nicht das Du angeboten, als einziger in dem Führungsteam vom Verein neben der Frau Vorsitzenden natürlich. Zwar bin ich nicht im Förderverein selber, sondern nur Ideengeberin, Koordinatorin, ausführendes Organ, aber mit dem Leiter vom Chor duzt er sich. Ich habe bei schwer an Krebs erkrankten Menschen oft beobachtet, daß sie einen ohne Absprache plötzlich duzten, wenn sie einen länger kannten. So als würden alle Barrieren der gesellschaftlichen Konvention als unwesentlich und überkommen wegfallen und nur die wesentlichen Dinge übrigbleiben. Aber Edmund hat mir gegenüber die Konvention nicht aufgehoben. Auch Marlies hat mir das Du nie angeboten und ich tituliere sie mit Frau Doktor.
Zum Abschluß hat sie die erfolgreiche Aufführung gelobt und meine Arbeit als Regisseurin und Auftrittscoach hervorgehoben. Dann hat sie sich bei Edmund bedankt, der sich trotz seiner schweren Erkrankung für die Finanzierung des Projekts eingesetzt habe, und ihm im Namen aller Anwesenden baldige Genesung gewünscht. Edmund war so wacklig auf den Beinen, daß er sich nur mit Hilfe seiner Frau und eines stützenden Nachbarn zum Verneigen erheben konnte. Ich merke, daß Marlies mit meinem Weg bis heute hadert und die Frage zwischen uns in der Luft hängt: Wann holst du endlich den Rat der Mannheimer Klinik ein, wann begibst du dich in die Obhut kompetenter Onkologen, wann trittst du endlich auf unsere Seite, auf die Seite der

Wahrheit und des rechten medizinischen Glaubens? Solange du das nicht tust, bist du keine von uns und wir können keine Freundschaft halten.
Im Herbst wollen Anita und ich erstmalig ein Tagesseminar durchführen. Ich habe sie dazu animiert. Wir haben einen gewissen Marcus Schwarz gewinnen können. Er hatte vor fünf Jahren Krebs, stieg nach der OP eines ganzen Lungenflügels aus der Schulmedizin aus, ernährt sich seitdem ausschließlich grün und wurde befundfrei. Ähnlich wie ich, nur mit dem Unterschied, sein Krebs hatte schon ein gefährlicheres Stadium erreicht als ich mit meinem Rezidiv. Er wird einen großen Vortrag halten und den wunderbaren Wildkräuterbreimixer vorstellen, den er entwickelt hat. Marcus ist in mehreren Fernsehsendungen aufgetreten und wurde von den Ärzten regelmäßig dort abgekanzelt.
Was ihm einfiele, mit seinem Fall an die Öffentlichkeit zu treten. Woher wisse er denn, daß seine Heilung kein Zufall ist. (Er hatte seine Heilung auf ähnlichem Weg erreicht, wie ihn Anita vermittelt.)
Dagegen gäbe es doch nichts einzuwenden.
Und ob es dagegen etwas einzuwenden gibt!
Darf man seine eigenen Erfahrungen nicht mehr beim Namen nennen? Darf man nicht mehr nach Alternativen umblicken, sobald man das Todesurteil Krebs an der Backe hat? Ist man ab Zeitpunkt der Diagnose kein freier Bürger mehr? Muß man wie die Soldaten in den großen Kriegen der Vergangenheit den Heerführern wie ein Leibeigener folgen? Fahnenflucht wird mit der sofortigen Erschießung geahndet. Defätismus ist das schlimmste Verbrechen. Stirb fahnentreu oder komm verstümmelt durch, aber bleibe gefälligst deinem Eid

zum Kadavergehorsam treu und ergib dich ohne eigenen Willen in das Schicksal, das der Führer befiehlt.
Ich weiß nicht genau, welches mein Schicksal ist, aber auch Mannheim und die Spezialisten dort wissen es nicht und keiner kann mich zwingen, dem Folge zu leisten, was sie mir als Schicksal vermitteln. Die Krebsdiagnose ist eine Kriegserklärung. Ab jetzt gilt der Ausnahmezustand. Es herrschen Ausnahmegesetze. Dort ist die Front, die Krebsfront. Gehorche oder sei ein toter Soldat. Wenn du gehorchst, kommst du, wenn das Schicksal es gut mit dir meint, noch einmal durch, wenn du den Befehl verweigerst, wirst du von hinten erschossen. Es wird korrekt gestorben oder auf der Flucht vor dem Feind. Weglaufen gilt nicht. Wo bleibt dein gutes Beispiel! Was, wenn andere dir nacheifern und ebenso wie du die Fahne verlassen! Anstiftung zur Flucht, Verrat an Volk und Vaterland. Wenn du Krebs hast, gibt es kein Entrinnen aus der tödlichen Einbahnstraße.
Außerdem wird Anita ihren hervorragenden Darmvortrag und den Vortrag über die Zusammenhänge zwischen Ernährung und Gesundheit halten. Der geht weit über das hinaus, was die Leute so wissen und hat nichts mehr zu tun mit den Regeln der Allgemeinen Gesellschaft für Ernährung und den üblichen Tips der Ernährungsberater. Anitas Kenntnisse sind weit grundlegender und durch und durch logisch. Aus den beiden Stunden, in denen sie das für mich persönlich erklärte, habe ich mehr für meine Gesundheit gelernt als in meinem ganzen Leben sonst. Ich muß das so sagen. Es klingt übertrieben, ist aber die reine Wahrheit. Ich habe dieses und jenes ausprobiert, aber es waren alles halbgare Kon-

zepte, fragmentarische Schlußfolgerungen, die dahinterstanden, nichts half über Ansätze hier und da hinaus.
Alle gängigen Ernährungstherapien – oder die, sorry, blödsinnigen teuren Tests zur Bestimmung von Nahrungsmittelallergien – behandeln einzelne Pflanzen, Fleischsorten, Käsesorten und sogar Teesorten wie pharmazeutische Produkte. Fein säuberlich geordnet nach Wirkungen und Nebenwirkungen. Wenn du Krebs hast, dann trinke viel grünen Tee. Oder iß mehr Möhren. Oder schlucke pulverisierte Aprikosenkerne. Aber es geht in Wahrheit nicht um Medikamente und Medikamentenersatz, um eine Chemo light sozusagen. Es geht vielmehr darum, daß du mit einer breitangelegten Umstellung deiner gesamten Ernährung auf unverfälschte grüne Kost deinen Körper mit lebenswichtigen Stoffen überflutest, an denen er Mangel hatte oder die er, durch störende Faktoren behindert, nicht in dem Maße aufnehmen konnte, wie ein gesunder Organismus es braucht.
Edmund wird sicher nicht kommen. Eher seine Frau. Aber die wahrscheinlich auch nicht. Aber egal, es ist meine Christenpflicht, ihm einen Flyer mit der Einladung zu Anitas Seminar zu schicken. Es geht ihm verdammt schlecht und vielleicht, hoffentlich noch zur rechten Zeit, dämmert ihm, daß er die Alternative mit der Gerson-Therapie versuchen sollte.

… Ich habe Monika, eine Schülerin von mir, die nur einmal im Monat kommt und auch bei meinen Projekten nicht mitwirkt, gebeten, ein paar Flyer in ihrer Praxis auszulegen. Sie ist kassenärztlich zugelassene Psychotherapeutin und hat viel Betrieb. Ihre beste Freundin ist schwer krebsleidend und hat ihre dritte Chemotherapie

gerade abbrechen müssen. Monika hat aber abgelehnt. Damit habe sie nichts zu tun, das sei Sache der Betroffenen selber. Nicht einmal für ihre Freundin nahm sie einen Flyer mit. Obwohl der doch wirklich lebensrettend werden könnte. Aber Überzeugung ist Überzeugung. Der Glaube des Menschen ist sein Himmelreich. Wem sag ich das als Gläubige an ein Paradies. Zumal wenn man als Psychotherapeutin mit Kassenzulassung von der Allgemeinheit bezahlt wird. Da muß man die Politik der Krankenkassen auch mittragen, und die heißt: für Krebs lassen wir nur die eine wahre Lehre, die eine unfehlbare Therapierichtung gelten, die anderen bekämpfen wir.
Ich bin darüber wütend. Es erfüllt den Tatbestand unterlassener Hilfeleistung, ungeachtet Monika korrekt handelt im Sinne des common-sense, aber ich kenne ihre Freundin nicht und weiß auch offiziell nichts von dem Fall, ich kann also gar nichts weiter unternehmen.
Die Gegenpartei ist mit dem Streuen von Falschinformationen unterdessen nicht zimperlich. Anita zeigte mir, was der Krebsratgeber schreibt. Das ist das blaue Heftchen, das in den Krankenhäusern überall ausliegt. Verantwortet wird es von der Deutschen Krebsgesellschaft. Es heißt: *Ernährung bei Krebs. Antworten, Hilfen, Perspektiven*. Dort steht, in der Ausgabe von Dezember 2011 auf Seite 30 unter der Überschrift *Beispiele so genannter teilweise gefährlicher Krebsdiäten* über Gerson-Therapie: *Besonderheiten: roher Kalbslebersaft, Nährstoffe*. Nichts weiter.
Wie hört sich das an? Ekelhafter Saft aus zerquetschten Lebern unschuldiger Kälber, ekelhafter und abstoßender als der unter Kindern allzeitbeliebte Lebertran, außerdem Großpackungen von Nahrungsergänzungsmitteln

mit, in Klammern, künstlichen Vitaminen und beigefügten Mineralstoffen und natürlich pulverisiert. Eines trifft zu: in seiner Anfangsphase als Krebsarzt, speziell bei kachektischen, also ausgemergelten, dem Tode nahen Patienten experimentierte Max Gerson mit Kalbslebersaft wegen der Mineralstoffe und Depots an B-Vitaminen im jungen Kalbsorgan. Heute empfiehlt kein Gerson-Therapeut mehr frischen Kalbslebersaft. Es wäre auch chemisch nicht mehr vertretbar, denn die Rinder sind heute von Geburt an schon mit Medikamenten und Hormonen belastet. Was Gerson noch nicht kannte, Anita aber aus anderen Quellen kennt, sind Wildkräuter und Wildgemüse. Ich nehme keinen Lebersaft zu mir und nichts aus irgendwelchen Packungen, sondern ausschließlich Pflanzen frisch vom Wochenmarkt und aus der freien Natur. An Gewärmtem habe ich nur Pellkartoffeln auf dem Speiseplan, nach dem Abkühlen übergossen mit einem Teelöffel köstlichen Leinöls aus einer ausgesuchten mittelständischen Ölmühle.
Dann mache ich auch noch nach dem Aufstehen und, wenn es sich zeitlich ergibt, noch einmal tagsüber einen Kaffeeeinlauf. Gerson wandte den an zur Linderung von Krämpfen und Schmerzen, wovon ich toitoitoi nicht betroffen bin, aber vor allem um der Leber zu helfen, Lasten abzubauen und schonend abzuleiten. Er hatte in seiner Anfangsphase als Krebsarzt Patienten, bei denen sich soviel an Lasten und auch an Tumorgewebe unter der Ernährungsumstellung löste, daß die Leber regelrecht kollabierte. Einige Patienten starben ihm weg. Nachdem er das mit dem Kaffee gefunden hatte, passierte das nicht wieder.

Übrigens weist er in seiner Statistik aus: 30 Prozent der Patienten, die seine Therapie konsequent durchführten, wurden von ihrem Krebs vollständig geheilt, bei 40 Prozent gab es eine anhaltende Verbesserung und langfristiges Überleben mit dem Krebs. Der Krebs begleitete diese zweite Gruppe sozusagen als ein schlafendes Raubtier, das sicher verwahrt im Keller lag und sich nicht rührte. Bei 30 Prozent seiner Patienten trat keine Veränderung und Verbesserung der Lebenserwartung ein.
Da ich schon nach einer Woche spürte, wie etwas Befreiendes mit meinem Körper geschah und bereits nach elf Wochen kein Befund mehr in meinem Körper erkennbar war, nehme ich an, daß ich zur Gruppe der 70 Prozent Gerson-Patienten gehöre, die den Krebs überwunden haben, ja, wenn ich so kühn sein darf, sogar zu den 30 Prozent besonders Glücklichen, die den Krebs ganz aus ihrem Leben verbannen konnten.
Obwohl … ich weiß nicht, ob das geht: den Krebs aus deinem Leben verbannen. Wenn du einmal diesen schauerlichen Satz hörtest: Ich muß Ihnen eine bedeutende Mitteilung machen: Sie haben Krebs. Oder die andere Hiobsbotschaft: Ihr Krebs ist wiedergekommen und es ist eine gefährliche, schnell wuchernde Form. Wenn du das jemals einen Menschen im weißen Kittel dir auf den Kopf zu sagen hörtest, prägt das dein Denken lange Zeit, ob du möchtest oder nicht. Bei allem Gottvertrauen laufen meine Hirnwindungen da nicht anders, aber ich hoffe, auch das zu bewältigen und eines Tages im Kreis meiner Enkelkinder als alte Frau den Alptraum meiner frühen Jahre vergessen zu haben.

… Mittlerweile bin ich so weit, daß ich mich auf die Kontrolluntersuchungen freue. Was hatte ich anfangs immer einen Bammel, wenn ich zum Arzt ging in der Sorge, er könne einen neuen Befund feststellen. Inzwischen weiß ich: wenn ich mich gut fühle, ist der Befund auch gut. Ich möchte sogar soweit gehen, daß keiner todkrank ist, wenn er sich überhaupt nicht angeschlagen fühlt, selbst wenn der Befund ihn zum Kranken stempelt. Der Körper spielt schon mal verrückt und es gibt Phänomene unter der Sonne, die kann nur der Schöpfer erklären. Anita sagt, es wird viel zu früh in ein Krankheitsgeschehen eingegriffen. Es würden viele Menschen noch leben, wenn die Ärzte nicht gleich interveniert hätten. Nichts wäre da besser gewesen als viel oder alles. Ich bin fest davon überzeugt, daß Anita recht hat und daß man dem Körper Zeit lassen muß, einen Konflikt auszutragen. Klar, gibt es Ausnahmen: wenn du einen Unfall erleidest oder einen Schlaganfall zum Beispiel, da hilft die Notfallmedizin und die ist eine großartige Errungenschaft der Moderne.
Nach dem Seminar, das gut lief und Anita eine neue Patientin zuführte – leider behielten wir kaum Geld für uns übrig –, fuhr ich mit den Kindern zu meiner Schwester nach Norddeutschland. Ich hatte nach dem Sommerworkshop und dem Tagesseminar, auf dem ich meine Krankengeschichte erzählte und auch zeigte, was ich mir an Köstlichkeiten noch gönnen kann, einen kleinen Tapetenwechsel nötig. Liss blieb zuhause, um an einer neuen Vorlage für den nächsten Sommerworkshop zu arbeiten. Meine Schwester war noch nicht im Bilde darüber, wie ich inzwischen lebe, und empfing uns mit meiner geliebten Hühnersuppe. Ich hatte meine Breima-

schine und den Entsafter dabei und alle möglichen Gefäße, worin ich das über den Tag, bei der Arbeit, auf den Workshops und eben auch auf längeren Autofahrten wie jetzt verzehrfrisch halte. Aber ich hatte alles verkonsumiert und war hungrig wie ein Rudel Wölfe. Ich konnte der Suppe nicht widerstehen – und spürte es gleich am Abend. Mir wurde richtiggehend übel und ich war nahe daran, mich zu übergeben, was mich sicher erleichtert hätte. Dazu zwickte und zwackte es am ganzen Körper und wie auf ein geheimes Kommando bildeten sich in der Folgewoche die kleinen Knötchen meiner Arthritis wieder aus mit einem juckenden Brennen und Druckschmerz in den Fingern. Das alles geschah in weniger als acht Tagen und zeigte an, wie sensibel mein Organismus reagiert und auch, wie sehr ich mir die ganzen Jahre geschadet haben muß mit meinen geliebten Speisen. Den Rest des Urlaubs erlaubte ich mir keine Ausnahme mehr und die Beschwerden klangen auch wieder ab.

Donnerwetter, das hatte ich nicht gedacht. Obwohl Gerson in seinen Büchern davon schreibt und auch Anita mir einmal von so etwas berichtete. Immerhin stehe ich schnell wieder auf und mein Körper wird mit den Angriffen fertig.

Übrigens scheint er angeblich harmloses Hühnereiweiß und angeblich unbedenkliche Fettbestandteile warmgemachter Speisen weit weniger zu verkraften als die ach so gefährlichen Erreger aus der Luft. Ich hatte in den zehn Monaten, die ich mittlerweile auf grüne Rohkost setze, auch nicht eine einzige Erkältung. Ob da ein Zusammenhang besteht oder ob es Zufall ist?

Das Hühnersuppenvorkommnis hatte für meine Werte vierzehn Tage später keine Folgen mehr, toitoitoi. Ich ging auch schon frohen Mutes hin. Liss hat meinen Sinneswandel mittlerweile bemerkt. Jedenfalls, auch sie war fröhlicher als sonst und zeigte mir voller Zufriedenheit, was sie in der Zwischenzeit geschrieben hatte. Sie nahm nicht nur die Kinder nach langem wieder wahr, wenn ich das so sagen darf, ohne ihr zu nahe zu treten, das heißt, fragte, was sie im Urlaub getrieben hätten und ob es am Meer schön gewesen sei. Sie schloß, als die Kinder im Bett waren und ich zu erzählen begann, mir überraschend den Mund, brachte mich in horizontale Position, küßte mich heftig und vollzog, was ich … als unwiderruflich vergangen abgeschrieben hatte. Ich glaube, ich würde Liss noch lieben, wenn sie mich wie einen Putzlappen behandeln und mit den Füßen treten würde. Sie ist für mich der Inbegriff der schönen Frau und des schönen Menschen überhaupt, dazu ein großes Genie. Und dann das! Der Vorgeschmack auf das Paradies! Herr Gott, ich danke dir, daß du mir diesen großartigen Moment – diesen großartigen Menschen – geschenkt hast!

Liss hat in unserer Abwesenheit auch eine Idee entwickelt, wie sie die Meische aus der Säftezubereitung sinnvoll in die Essensbereitung einarbeiten kann. Sie hat es ausprobiert und sich Grünzeugschnitzel damit gebacken. Sie will jetzt auch rein pflanzlich essen, auch den armen Tieren zuliebe, und wenn ich mich nicht täusche, hat das dann auch dazu beigetragen, daß sie augenfällig friedlicher und freundlicher auftritt. Aber gestern hat sie die Kinder wieder angepflaumt. Und mir hat sie am Abend eröffnet, sie wolle ein halbes Jahr nach Bangla-

desch, um den Buddhismus zu widerlegen. Sie habe dort Kontakt zu einem buddhistischen Gelehrten, den wolle sie treffen.
Dann hatte ich noch ein paar andere unangenehme Neuigkeiten zu verdauen. Unser Kassenwart mußte wieder in die Klinik. Zu einer kleinen Nachbestrahlung, heißt es. Das verheißt nichts Gutes. Wenn der Krebs nach einer grundlegenden großen Behandlung gleich wieder aufflammt, bedeutet das das schlimmste. Warum hat der sture Kerl kein Einsehen und probiert endlich Gerson aus! Vielleicht läßt seine Frau sich überzeugen?
Also, ich rief seine Frau an. Sie kommentierte mich nicht, brach aber nach einer Minute schon ab mit dem Hinweis, daß sie auf den Bus müsse, um ihren Mann im Krankenhaus zu besuchen. Sie muß aber erst Marlies angerufen haben, denn die rief ihrerseits mich an und machte mir wüste Vorwürfe, was mir einfiele, mich in die persönlichen Angelegenheiten Fremder zu mischen. Wie könne ich außerdem behaupten, ich wäre durch meine Grünkosterei vom Krebs geheilt. Wüßte ich überhaupt mit Sicherheit, ob der Knubbel nach meiner zweiten OP Krebs gewesen sei oder nicht etwas anderes? Außerdem würden manche Melanome von selbst verschwinden. Ich solle mich nicht aufspielen und aufhören, andere Leute zu beunruhigen.
Nun, ich war ziemlich bedient. Mir vorschreiben, ich solle mir gefälligst Gewebe herausstechen lassen, nur um für sie abzuklären, woraus das besteht, ist ein bißchen zuviel verlangt. Ich bin doch kein wandelndes Versuchslabor, das ihren Zwecken zu dienen hat, ich bin vielmehr ein Mensch, ein Gottesgeschöpf, das intakt bleiben möchte. Ich werde niemals wieder zu reinen

Wissenszwecken einen Eingriff oder eine Untersuchung mit mir vornehmen lassen, die mir schaden könnte. Also keine Mammographie, kein Abstrich und keine Stanzbiopsie. Es sei denn, ich spüre, daß wieder etwas in meinem Körper aus dem Lot geriet.
Aber es trifft zu, ich habe den Knubbel nicht anstechen lassen. Wir hatten nur den Tag für Tag tastbaren Rückgang als Beweis und die Bilder aus einer Röntgenuntersuchung und den Ultraschall, den der Arzt alle drei Monate macht. Ich vermute, daß Marlies, als die Vorsitzende unseres Fördervereins, jetzt möglicherweise gegen mich arbeitet. Es wäre eine Katastrophe für Liss und für unsere Ehe, wenn ihr neues Libretto abgelehnt würde. Aber ich werde auch diese Prüfung bestehen, Herr Gott im Himmel du.

… Die schwersten Hürden werden einem manchmal gar nicht von Feinden, sondern von Freunden oder solchen, die du dafür gehalten hast, in den Weg geschmissen. Oder noch dafür hältst? Ich weiß nicht, wen ich für Freunde halten soll oder nicht oder nicht mehr, die Enttäuschung ist noch zu frisch.
Tonia, du weißt, ich bin dir freundschaftlich zugewandt und trage gern das meine dazu bei, daß es dir gut geht und du Erfolg hast mit deiner Arbeit. Aber heute muß ich dir einen Beschluß übermitteln, den zu übermitteln mir einerseits schwerfällt, den ich andererseits aber bereitwillig übernehme, denn ich denke, er ist richtig, er ist überfällig und er tut not. Der geschäftsführende Vorstand vom Kulturhaus als Kooperationspartner deiner Sommerworkshops hat dich vor einer Woche um die Vorlage des neuen Librettos gebeten. Das hat dich viel-

leicht eh überrascht. Bei deinem letzten Sommerprojekt hat man noch darauf vertraut, daß du die richtige Wahl triffst und gegen dein Stück sicher nichts einzuwenden wäre. Die Geschäftsführung kam während der Proben aber zu einem anderen Eindruck und sah mit immer heftiger werdendem Magengrimmen der Aufführung entgegen. Je mehr Details zu Inhalt und Probenverlauf nach oben drangen, desto stärker wuchs der Entscheidungsdruck. Immer wieder saßen Personen unter den Zaungästen bei den Proben, die Bericht erstatteten. Man war mit der konservativen Pädagogik im Umgang mit den Jugendlichen nicht einverstanden und mit der religiösen Botschaft auch nicht.
Welche Pädagogik, welche Botschaften?
Der Reihe nach. Am Anfang jedes Probentages machte deine Partnerin Liss eine geschlagene Stunde mit den Gruppen, die ja freiwillig aus den kooperierenden Schulen zusammengekommen waren, um zu tanzen, Texte aufzusagen und zu singen, Atemübungen, Mantraübungen und Meditationen. Sie garnierte diese Andachten mit Kommentaren betreffs Chakren, Lichtdurchflutung und der befreienden Wirkung des Singens. Nicht allen Jugendlichen gefiel das und einige schwatzten immer häufiger. Sanktionen? Jussuf 20 Liegestützen, Hanno 15, Friedrich 20, Jürgen 10! Auf der Stelle! Vor versammelter Mannschaft! Die Atmosphäre des Zwangs und die merkwürdige Esoterik hat den Vorstand sehr gestört. Die Probendisziplin war nachhaltig beeinträchtigt. Du weißt, ich habe dich mehrmals darauf hingewiesen. Du hast meine Kritik deiner Frau zuliebe weggewischt, aber im Kulturhaus kam euer Stil wirklich schlecht an.

Und das Stück selber? Kinder kommen in unterschiedliche Notsituationen: familiär, gesundheitlich, beim Spielen, in der Schule. Und immer dann, wenn sie nicht weiterwissen, singen sie eine optimistische Melodie, und diese Melodie soll göttlich sein und signalisiert ihnen: du hast Kraft, Kraft aus einer anderen Sphäre, die macht dich stark. Sie singen diese Melodie, und beim nächsten Zusammentreffen mit der Familie ist der Vater wie ausgewechselt, die Mitschüler am nächsten Morgen in der Schule heißen dich mit Applaus willkommen und witzeln nicht mehr über deine fette Figur. In deiner schweren Krankheit tröstet dich der Gedanke an das Paradies und plötzlich kommen ganz viele tolle Helfer, die dich begleiten. Und am Schluß darf das kranke Kind die geheimnisvolle Melodie nochmal mitsingen, und die Kräfte aus der anderen Sphäre springen auf das Kind über und es wird gesund.
Der Kulturhausvorstand wäre über der Uneinigkeit, wie man weiter verfahren sollte, fast auseinandergebrochen. Das Kulturhaus definiert sich als Einrichtung, die der Freiheit verpflichtet ist und keiner getarnten Religion. Das neue Libretto aber setzt die alte Linie fort. Da sagt der Vorstand Stop. Du bekommst die nächsten Tage einen offiziellen Bescheid darüber, daß die Fortsetzung deines Projekts im nächsten Jahr gecancelt ist. Eine eidesstattliche Erklärung, daß der zugemailte Text Eigentum deiner Partnerin bleibt und an niemandem weitergeleitet wird, wird beigefügt.
Ich wußte gar nicht, daß soviel Wut in Rolf angestaut war. Er war doch immer so freundlich zu mir. Hat mir, wenn man will, sogar das Leben gerettet, als er mich mit seinem Engel von Frau zusammenbrachte. Ich mag auch

jetzt nicht annehmen, daß es gegen mich als Person gerichtet ist. Vielmehr hat er, wie er glaubt, die Sache im Auge und nichts als das. Leider nur ist diese Sache samt der damit verbundenen Denkauffassung mit meiner Person verbunden. Und mit Liss, meiner Verbindung zu ihr, dem Erhalt unserer Ehe. Ich muß ihrem Werk zum Durchbruch verhelfen, sonst verläßt sie mich und ich liebe sie doch so.
Ich weiß nicht, wie ich Liss die Hiobsbotschaft beibringen soll. Fast ist gut, daß sie gerade in Bangladesch herumturnt. Das kostet auch nochmal Geld, das wir eigentlich nicht haben und das hätte wieder hereinkommen sollen durch den Workshop. Dann werde ich noch einen Unterrichtstag mehr im Kulturhaus übernehmen. Mein Klavierspiel ist wirklich mehr als mager, aber für die musikalische Früherziehung reicht's wohl, dafür werden noch Lehrkräfte gesucht. Herr Gott, laß mich auch diese Prüfung heil bestehen!

… Frau Schuster, ich rufe Sie in einer Sache an, meinen Mann betreffend. Edmund kommt aus dem Krankenhaus gar nicht mehr raus. Jetzt soll er zum drittenmal Strahlen bekommen und auch noch eine Chemo. Das wird doch nichts mehr mit ihm. Was halten Sie davon, wenn er, wie heißt der Arzt noch, Gerson-Therapie betreibt? Er ist so geschwächt, daß ich ihm die Umstände damit wohl ganz abnehmen muß, aber ich übernehme das doch gern. Entscheiden muß freilich er, aber ich glaube, er ist jetzt dazu bereit. Ihr Weg und Ihr Erfolg hat ihn sehr beeindruckt.
Nun sind Edmund, der mir inzwischen auch das Du angeboten hat, und Elvira, obwohl sie keinen Krebs hat,

gemeinsam dabei, sich von Saft aus der Spezialpresse und frischen Wildkräuter-Obst-Gemüse-Smoothies aus dem Breimixer zu ernähren. Edmund blüht wieder auf. Zu zweit fällt das Konsequentsein leichter, als wenn man permanent auf Widerstände und auf die berühmten Versuchungen stößt. Ich weiß nicht, ob er noch einmal geheilt werden kann bei seiner Art des Tumors und vor allem den Folgen seiner bisherigen Horrorbehandlungen. Aber ich freue mich, daß er die Kurve genommen hat und sich besser fühlt. Und auch, daß Anita ihn als Patienten zur Beratung angenommen hat.
Zunehmend klagt sie darüber, daß sie es überdrüssig sei, lernunwilligen Patienten immer wieder dieselben Predigten zu halten und was dafür zurückbekommt? Schereien vonseiten der Schulmedizin und Gegenwind von den Krankenkassen, die ihre Arbeit nicht honorieren.

… Ich bin nun sechs Jahre befundfrei und gehe nur noch einmal im Jahr zur Kontrolle. Liss hat sich nicht von mir getrennt, aber sie hat mir heftige Vorwürfe gemacht, als sie aus Bangladesch zurückkam und von ihrer Abfuhr erfuhr. Aber sie hat sich danach nur ein paar Tage schweigend in ihr Studio zurückgezogen und über die Begegnung mit dem buddhistischen Guru nachgedacht. Was ich noch nicht wußte, nach der Schmollphase aber überraschend aufgeräumt von Liss erfuhr, war, daß sie die Renovierung ihres Elternhauses übernehmen sollte. Ihre Geschwister wollten ihr dafür ihre Anteile an dem Haus abtreten, so daß wir nach dem Tod der Eltern irgendwann alleinige Erben würden. Wenn das kein Zeichen guten buddhistischen Karmas war! Liss hat von

ihrem Plan, den Buddhismus zu widerlegen, auch nichts mehr gesagt, das war ihr jetzt nicht mehr wichtig.
Liss zog nach Preston und ich folgte mit den Mädchen nach. Seitdem leben wir im Parterre ihres Elternhauses inmitten eines paradiesischen Gartens, aus dem ich mich mit Wildkräutern und Gemüse versorgen kann, soviel ich will. Mein Schwiegervater ist leider an Krebs verstorben, unzugänglich für die Gerson-Therapie, obwohl ich mich als lebendes Gegenbeispiel für deren angebliche Gefährlichkeit leibhaftig anbot.
Dafür habe ich für Edmund eine Art Patenschaft, eine Krebspatenschaft, übernehmen dürfen. Er hat seine Standardtherapien abgebrochen, seine gute Frau faßte ihn sozusagen am Handgelenk und entführte ihn eigenhändig aus den Klauen der Onkologie, die ihn nutzlos mit Stahl und Strahl konfrontierte. Die Schäden davon hat er nicht alle überwinden können, als da wären Sprachstörungen, motorische Störungen, Mißempfindungen in den Extremitäten. Aber seine Tumore hörten auf zu wuchern, zogen sich etwas zusammen und er lebt in freundlichem Einvernehmen mit ihnen einigermaßen angstfrei und zufrieden. Und auch seine Frau, die viel zu dick war und Diabetikerin, macht bis heute die Rohkost mit. Sie erfreut den alten Stelzbock, so sagt er und lacht dabei, wieder mit ihrer jugendlich schlanken Figur von früher und ist ihren Diabetes los.
Vor einem Monat verbrachten sie vierzehn Tage in einem Strandhotel nahe Preston und waren beinahe täglich bei uns zu Besuch. Sie erwanderten die Gegend soweit als möglich und genossen die Meeresbrise und den schönen Blick. Marlies ist vom Vorsitz des Förderver-

eins zurückgetreten, daraufhin löste sich der Förderverein auf.
Ich habe hier inzwischen mehr Schüler als in Deutschland. Ich unterrichte sie überwiegend hier im Haus. Sie stammen zum großen Teil aus unserer Gemeinde. Ich habe mich als Nachfolgerin unseres Pfarrers beworben. Die Gemeinde liebt mich. Die Landeskirche wäre mit einer geschiedenen Pfarrerin, die mit einer Frau verpartnert ist und zusammenlebt, grundsätzlich einverstanden. Liss will übrigens ihr damaliges Theologiestudium nicht wieder aufnehmen. Zu tief noch wühlen die Erinnerungen sie auf, wie meine damalige Landeskirche mich kaltstellte, als wir zum Standesamt gingen. Eher stiftet sie eine eigene Religion.
Die Gemeinde hat viele Mitglieder und genießt ein hohes Ansehen. Das erleichtert vieles. Ich habe keine Querelen mehr wie in meiner Kulturhauszeit, an die ich wie an einen schlimmen Traum zurückdenke. Anita und auch ihr geschätzter Ehemann Rolf haben ja leider wenig für Religion übrig, das finde ich schade an sich und schade für sie selber. Dennoch ist und bleibt sie mein Engel. Der Engel, den Gott mir schickte, um mich einen besonderen Weg gehen zu lassen und meinen Krebs zu überwinden. Und Rolf, der in der Auseinandersetzung beim Kulturhaus gegen mich gearbeitet hat, war der Engelshelfer.
Wer weiß, wozu mir Gott verhelfen möchte, indem er mein Schicksal so eng an dasjenige von Liss kettet. Mit einer normalen Liebesbeziehung oder sogenannten glücklichen Ehe hat unser Verhältnis wenig, um es nicht krasser zu sagen, gemeinsam. Obwohl ich sie nach wie vor wahnsinnig liebe und begehre. Aber vielleicht ist

die alleinige Tatsache, daß sie mich nicht verläßt und, seit sie sich jetzt handwerklich hier betätigen und bestätigen kann, auch wieder zum Unterhalt der Familie beiträgt, vielleicht ist allein die Tatsache ihrer Treue zu mir und den Töchtern aus unser beider Männerbeziehungen der Höchstbegriff der Liebe, der ihr möglich ist, und vielleicht besteht mein Auftrag von Gott darin, dieses Höchstmaß an Treue und an Liebe in ihr wachzurufen und zu erhalten.

Wir sind jetzt beide Anfang fünfzig, und ich habe jetzt wieder, wie alles ausschaut, ein normallanges, vielleicht sogar ein sehr langes Leben vor mir. Und Liss, die nach ihrer Kostumstellung auch wieder vor Gesundheit strotzt, schlank und straff und noch attraktiver als je zuvor, eine richtige Schönheit, für mich jedenfalls, Liss wird vielleicht gemeinsam mit mir alt. Und wenn wir dann 75 oder 80 Jahre sind, haben sich die Wogen geglättet und wir blicken weise zurück und sagen: es war gut so, daß wir damals durchgehalten haben.

Letztes Kapitel
Supervision

Die Geschichte von uns Menschen ist einerseits eine Geschichte des Fortschritts. Aber sie ist ebenso sehr auch eine Geschichte der Irrtümer und der Fehler. Schließt man ein Loch, klafft auf der anderen Seite ein Riß in diesem riesigen Faß. Ein Sanier– und Reparaturbetrieb ohne Ende. Oder ein anderes Bild: ein rasender Zug. Greifen Sie einem rasenden Zug in die Speichen? Können Sie das überhaupt? Was käme dabei heraus, wenn Sie versuchten, einem rasenden Zug in die Speichen zu greifen?

In unserem Bemühen um die richtige Art zu leben entstehen immer neue Fehler. Sie entstehen nach der Abschaffung alter Zustände oder sie entwickeln sich aus den Zuständen selbst. Sie entstehen aus gewachsenen Veränderungen, Revolten, Revolutionen oder sie entstehen umgekehrt daraus, daß eine Revolte, ein Generalstreik unterbleibt. Die Fehlhaltungen, die unsere Zeit und Gesellschaft schwer beeinträchtigen, sind das Resultat von Nichtwissen, Falschwissen und fehlerhaften Theorien und das Resultat der Machenschaften einzelner. Ihrem rasenden Zug in die Speichen greifen wollen, grenzte an Wahnsinn; ihn langsam aber kontinuierlich auszubremsen, bleibt immerhin eine vage Hoffnung. Und wir müssen ihn ausbremsen. Sonst entgleist er uns oder rast mit Karacho gegen die Wand.

Immerhin wird es erlaubt sein, einige Hauptirrtümer der heutigen Wissenschaften zu benennen.

Da stehen weit oben Irrtümer der allopathischen Medizin oder auch Schulmedizin oder Hochschulmedizin oder einfach Medizin genannt. Die Erfolge in der Unfallchirurgie, Herzchirurgie, Mikrochirurgie, in der Entwicklung hochkomplexer Instrumente zur besseren Abbildung innerer Befunde habe ich unmittelbar verfolgen können und nenne sie immens, ohne allerdings ihre Zuverlässigkeit überschätzen und ihre Mängel unterschätzen zu wollen. Im Umgang mit inneren Folgekrankheiten eines gestörten Stoffwechsels, mit einer ernsthaften Prophylaxe, mit der Chemie des Körpers, mit den inneren Zusammenhängen steht unsere Medizin aber in einem erschreckenden Ausmaß auf Kriegsfuß. Die konservativen meiner Kollegen, und das sind fast alle, verfahren im Prinzip kaum besser als die Bader vor einigen Jahrhunderten. Die ließen geschwächte Patienten in guter Absicht oder aus reiner Verlegenheit zur Ader und verpaßten ihnen damit oft den Rest. Die Aderlässe der Moderne haben andere Namen. Ich denke an den ganzen Schnickschnack im Zusammenhang mit angeblich unheilbaren Krankheiten, Krankheiten undefinierter Herkunft, Krankheiten zweifelhaft definierter Herkunft. Ich denke aber auch an Krebs. Fraglos, ein Tumor, der einen Organismus so einschränkt, daß er nicht mehr funktioniert, erfordert Intervention – als chirurgische, sozusagen unfallchirurgische Sofortmaßnahme. Die bei Krebserkrankungen aber vielfach gehandhabten großzügigen Verstümmelungen und Chemotherapien sind einfach unverantwortlich und haben dazu geführt, daß ich meinen Job bei der Klinik kündigte und der Kliniken-und-Pharmakonzerne-Lobby, ihren Handlangern im Kreis meiner ehemaligen Kollegen und in den öffentlichen Medien mit ihrer teils ahnungslosen, teils unter Druck gesetzten Journaille entschlossen entgegentrete.

In den Anfangsmonaten nach meinem Ausstieg nahm ich jede sich bietende Gelegenheit wahr, mich bei Diskussionen im kleinen Kreis, im größeren Kreis, offiziell und privat einzubringen.

Ich erinnere mich an die Veranstaltung einer promovierten Apothekerin und Ausbilderin Pharmazeutisch-Technischer Angestellter, einer Frau Dr. Schöpping. Höflich, ruhig und ohne Emotion trug sie ihr langes Referat vor. Die Aussagen waren jedoch keineswegs so unanfechtbar, wie es ihr Vortragston vermittelte und mit Erfolg bei den Zuhörern wohl auch glauben machte.

Wie fast alle Referenten der Gegenfraktion benutzte sie ein rhetorisches Verfahren, das ich schon als dreist empfinde. Ohne rot zu werden, setzte sie Argumente ein, bei denen Otto Normalhörer nicht merkt, daß sie mit demselben Recht genauso gut gegen die Schulmedizin und Pharmazie richtbar sind.

So nannte sie auf meinen Einwand hin ernährungstherapeutische Erfolge bei Krebs gelegentliche Einzelfälle. Woher, frage ich Sie, wußte sie das? Sie hatte von meinen Bezugsquellen auf Nachfrage hin allenfalls einmal gehört. Woher bezog sie ihre Grundlagenkenntnisse? Kannte sie konkrete Fälle und vor allem konkrete Fälle, in denen die von mir vertretenen Maßnahmen eine Verschlechterung des Leidens bewirkten und keine Verbesserung?

Fakt ist: die Zahl der von meinen Kollegen in Weiß so gern pauschal und, man entschuldige mir den Ausdruck, denunziatorisch als Spontanremissionen abgewimmelten Krebsfälle ist heute nicht eruierbar und somit weder als hoch noch als niedrig einstufbar.

Ich brachte meine Melanom-Patientin ins Spiel. Ihre Wucherung war infolge anderer als schulmedizinischer Maßnahmen verschwunden. Frau Dr. Schöpping war auch hier nicht verlegen und wandte ein, es könne auch sein, daß dieses Melanom kein richtiges Melanom und die Diagnose einfach falsch gewesen sei.

Wenn ich so etwas höre, bin ich einfach erschlagen. Natürlich ist es immer denkbar, daß eine Diagnose einen übersehenen Fehler enthält. Das weiß ich und darum lehne ich mich nicht weiter aus dem Fenster, als mein wissenschaftliches Gewissen erlaubt. Und darum schlug ich auch nicht gleich zurück, wie ich es hätte in dem Moment tun müssen. In der vorgetragenen Form beinhaltete Schöppings Argument nicht nur einen Generalangriff auf die meist sehr sorgfältige Arbeit meiner Kollegen Pathologen und die Qualität ihrer hochmodernen Diagnoseinstrumente, die von den Schöppings doch so angepriesen werden, sondern sie rief damit die gleichlautenden Argumente der Medizinskeptiker auf den Plan.

Demnach wäre einmal der Frage nachzuforschen, ob die wirklich schweren Fälle von Krebs nicht nur diejenigen Patienten betreffen, die infolge ihrer Erkrankung so oder so sterben. Und ob längerfristig überlebende oder geheilte Patienten ihren Krebs dagegen nicht infolge, sondern trotz ihrer Chemotherapien überwinden, d.h. ungeachtet ihrer temporären Krebserkrankung von so robuster Grundverfassung sind, daß sie den zusätzlichen Angriff auf ihren Organismus auch noch überstehen. In anderen Worten: die eine Chemoptherapie längerfristig überstehenden Patienten sind nur die, die keinen richtigen Krebs haben, sondern diejenigen mit Befunden wie

meine seit sechs Jahren geheilte 52jährige onkologische Therapieverweigerin. Ihr als sehr gefährlich eingestuftes rezidivierendes Melanom kann nach Schöpping also gar kein richtiges Melanom gewesen sein.
Leider hatte ich mein Gegenargument nicht spontan parat. Der Schock über Schöppings geballte Dreistigkeiten ließ mich erstarren. Während sie unwidersprochen die ernährungstherapeutische Option mit dem Hinweis auf einen möglichen Diagnosefehler abtun durfte, hätte mir mein identisches Gegenargument vermutlich einen Aufschrei der Empörung eingetragen oder Zweifel, ob ich noch sauber im Kopfe ticke. Ich muß wohl kaum auf die vielen charakteristischen Gesprächsrunden in den öffentlich-rechtlichen Rundfunkanstalten hinweisen, wo sich erschreckend zeigt, wie tief die Selbstpropaganda der medizinischen Gegenfraktion in den Köpfen Wurzeln schlug. Typisch, was die Schöpping dann auch noch sagte: Wenn die naturmedizinische Option so gute Perspektiven böte, wie Sie behaupten, würde dies von selber ein Umschwenken im durchschnittlichen Patientenverhalten bewirken.
Aber das ist reine Demagogie, Frau Dr. Schöpping. Sie übergehen dabei geflissentlich die Umstände, unter denen Otto Normalpatient hierzulande hirngewaschen wird. Schon die Vorabendwerbung wimmelt von Produkten Ihrer Branche. Den Eltern kleiner Kinder wird von früh an Angst gemacht vor einem natürlichen Umgang mit der Natur und den üblichen Krankheiten. Wir haben demnächst einen impftechnischen Überwachungsstaat mit einem aufgenötigten medizinischen Verhaltenszwang.

Eine Verbindung zwischen Ernährungstherapie und unserer Medizin wäre das Beste – die gute Frau fügte das hinzu, weil sie mir eine nette Geste auf den Nachhauseweg mitgeben und endlich ungestört in ihrem Vortrag fortfahren wollte. Ich hielt den Mund. Es hätte eine Endlosschleife gegeben.
Aber für die Leser dieser Seiten muß es ergänzt werden, denn es ist wichtig: gönnerhafte Einladungen an die Naturmedizin, Maßnahmen supplementär zu begleiten, ignorieren, daß die Maßnahmen selber eine Ernährungstherapie nutzlos machen. Nur ein absoluter Stop von Chemo- oder Strahlentherapien kann den Boden dafür schaffen, daß Ernährungstherapie greift. Versuche, ihren Nutzen infragezustellen, indem auf geringe Effekte verwiesen wird, wo sie ergänzend eingesetzt wird, gehören somit ebenfalls in den Bereich reiner Demagogie.
Der Vortrag, den ich da zwei Stunden wie einen eiskalten Schauer über mich ergehen ließ, war eine getarnte Werbeveranstaltung. Wir sollten die hohen Erwartungen und kommerziellen Wunschträume der Pharmariesen als wissenschaftliche Tatsachen akzeptieren und als Solidargemeinschaft die Kosten im voraus gutgläubig abnicken, Kosten, die mittlerweile jeden einzelnen von uns vom Klein- bis gehobenen Mittelverdiener mit aberwitzigen Beträgen belasten. Und während die meisten Leute im Saal tatsächlich willig nicken und im Anschluß vom Fortschritt der modernen Forschung schwadronieren, bleibt die Wahrheit auf der Strecke. So sind wir wohl in Deutschland. Während wir naiv in Grundsatzdiskussionen verharren, rennen uns die Folgen elementarer Beschlüsse in Brüssel und Berlin davon, und wir haben wieder einmal geschlafen.

Zur perfiden Ausgestaltung unseres Gesundheitswesens und zur Zwangsalimentierung gigantischer Lobbyinteressen mit dieser Kopfsteuer – sie firmiert unter anderem als freiwillige gesetzliche Krankenversicherung für Kleinselbständige – hätte ich viel zu sagen, aber das nimmt mir dankenswerterweise Rolf ab. Diese Kopfsteuer spielte eine große Rolle bei meiner Entscheidung, nun auch das freie Therapieren einzustellen.

Der das Denken bis hinein in die Politik und die Gesetzgebung hinein bestimmende Irrtum besteht in einer naturfernen Auffassung vom Leben und vom Organismus. An der Stelle, an der ein Tumorgeschehen eintritt, so wird angenommen, liege eine Entartung infolge genetischer Fehlinformation der Zelle und des Organs vor. Abspaltungen des Zentralgeschehens könnten nun, hochgefährlichen Ansteckungsherden ähnlich, sich loslösen, durch den Körper marschieren und weitere Körperregionen infiltrieren. Der Krebs ist ein lokaler Bösewicht und Mörder, der isoliert und gerichtet werden muß.

Weil man nach seiner Liquidierung aber nicht genau weiß, wo er im Haus bereits seine Spuren hinterließ, wird nun das ganze Haus ausgeräuchert und mit den aggressivsten Vernichtungsmitteln desinfiziert. Dabei gehen auch alle Blumen und Mikroben, die das Haus bevölkerten, kaputt. Es wird gehofft – seitens der irregeleiteten Patienten geradezu unterstellt –, daß die Organismen, die das Haus zu einem lebendigen Haus machten, anschließend von selber wieder regenerieren.

Was aber doch nur angeht, frage ich Sie, was nur angeht, wenn die zugesetzten Reinigungsstoffe ihr Zerstörungswerk nur unvollständig leisteten. Also nur dann,

wenn neben einem Teil der guten Samen auch einige schädliche Samen unbeschadet überlebten. Nur wenn auch schädliche Samen unbeschadet überleben, kann es die guten Samen geben. Die Reinigungsmittel sind keine Polizeitruppe mit einem gut arbeitenden Gehirn und genauer Unterscheidungskraft in bezug auf gute und schlechte Samen. Wer anderes behauptet, lügt. Aber in fünf Jahren spätestens glaubt jeder zweite Kollege, daß die intelligente Krebspolizei das schon richtig macht.
Wenn das, was ich in meinen Jahren als Ärztin im Krankenhaus, dann in den wenigen Jahren meiner privaten Praxis und was ich immer wieder im persönlichen Umfeld beobachte, wenn das *auch* eine Statistik ist, dann sieht die Bilanz für die grausame, das Leben schwerst belastende, oft verkürzende, die Aussicht auf einen Daseinsrest in Qualität fast immer zerstörende chemotherapeutische Behandlung desaströs aus.
Wir hatten ein paar Leukämien auf der Station, die vor Jahren vermutlich gestorben wären. Sie kamen zum Teil wieder auf die Beine. In meinen früheren Jahren galt Leukämie als absolut unheilbar. Wir hatten aber auch keine Kenntnisse der Erfahrungsberichte von Bircher-Benner, Gerson und anderen. Die waren damals bei uns nicht zugänglich. Solange ich therapierte, als Ärztin im Krankenhaus und die wenigen Jahre danach in meiner privaten Praxis, begegnete mir kein einziger Fall, der nach Bircher-Benner oder Gerson behandelt worden wäre. In meine private Praxis setzte kein einziger Fall von Leukämie einen Fuß, der dies hätte versuchen wollen. Genauer gesagt, kein einziger meiner Patienten litt an einer Leukämie. Allerdings hatte ich bis vor kurzem einen Cousin mit Hämochromatose, einer Eisen-Stoff-

wechselstörung. Ich sagte ihm, als er mir seine Laborbefunde zusandte, auf den Kopf zu, daß er durch anhaltenden Fleisch- und Alkoholkonsum seine Leber geschädigt hatte. Er gab es zu, obwohl ich es nicht aus persönlicher Quelle wußte, denn wir hatten uns ewig nicht gesehen. Er berichtete, daß er das inzwischen eingeschränkt habe. Sein Schwiegersohn, ein Arzt, habe ihm erklärt, daß seine Verwertungsstörung oft in eine Leukämie übergehe, dagegen wüßte er, der Arzt, kein Mittel. Ich erklärte Eckhard eindrücklich die Folgen seiner vierzehntäglichen Bluttransfusionen: Sie werden den Zustand deiner Leber nicht verbessern, sondern greifen sie weiter an. Nur eine radikale Ernährungsumstellung kann die Leber wieder aufbauen und befähigen, normal zu arbeiten.

Er hörte aufmerksam zu. Einige Stunden später rief er wieder an. Ich schickte ihm meine Ernährungsliste. Er winkte ab. Damit könne er an keiner Geselligkeit mehr teilnehmen, und das sei für ihn untragbar.

Da war seine Leukämie schon im Gange. Die Zahl der Transfusionen nahm zu. Vier Tage vor seinem siebzigsten Geburtstag verabschiedete Eckhard sich in einer anrührenden Mail von mir. Er danke für mein Engagement. Seine Werte seien dramatisch abgestürzt. Lebenserwartung maximal sechs Wochen.

Er feierte noch seinen Geburtstag im Kreis seiner großen Familie. Zwei Tage später erlag er seinem Leiden, Wochen vor der Prognose.

Auch der Politiker Niederhagen ist kein Beispiel für den Nutzen der heutigen Leukämiebehandlung. Er fühlte sich gut, als er anläßlich einer Knöchel-Verletzung mit Leukämie diagnostiziert wurde. Sofort schoß man aus

allen Rohren mit den schärfsten Zytostatika und Immunsuppressiva und dem Zaubermittel einer Stammzellentransplantation. Als der arme Kerl bei einer Talkshow über seine Erkrankung sprach und vom Segen der Früherkennung und den ungeahnten Aussichten langen neuen Lebens, ein Häufchen aufgedunsenen Elends saß er da, da trennten ihn gerade ein paar Tage vom Sterbelager. Ich habe die überlebenden Leukämiefälle aus dem Krankenhaus nach meinem Weggang von dort nicht weiter verfolgt. Ich weiß auch nicht, wie ich die Fälle kindlicher Leukämie, die gut ausgingen, aus medizinischer Sicht bewerten muß. Einige behaupten, diese Blutbildungsstörung trete oft periodisch auf und könne von selber wieder verschwinden. Glücklich, wer so etwas hat und nichts davon erfährt. Seine Überlebensprognose möchte, statistisch betrachtet, die bessere sein.
Aber wenn ich so etwas laut sage, dann muß ich genau darauf achten, wo ich es sage.
Zensur gehört der Vergangenheit an, wohl wahr. Dennoch spiegelt das, was aus den Wissenschaften eine breite Öffentlichkeit erreicht und spiegeln unsere Medien ein tendenziöses, einseitiges Bild der Wirklichkeit. Dieses Bild taugt wenig mehr dazu als die alte kirchliche Zensur, aus einem geistergläubigen einen aufgeklärten Staatsbürger zu machen. Zensur findet anders statt als vor 150, 200 oder 250 Jahren unter Metternich oder Friedrich II. Heute landet niemand mehr im Gefängnis, weil er einen Witz über die amtierende Regierung losläßt oder wird körperlich gefoltert, weil er an der Krebstheorie der Onkologen zweifelt. Was früher die Scheibengestalt der Erde und die Annahme von der Erde als statuarischem Mittelpunkt des Kosmos waren, das sind

heute plakative Schlußfolgerungen aus Darwins Theorie einer blinden Evolution. Was früher die Allwissenheit der Kirche war, ist heute die Autorität der Schulmedizin, was früher der Exorzismus, heute die Chemotherapie, Impfungen und Desinfektionsmaßnahmen. Wer früher Folter und Scheiterhaufen riskierte, riskiert heute Lächerlichkeit und Übergangenwerden.
Wer allerdings die Volljährigkeitsgrenze noch nicht überschritten hat und mit einem Krebs erwischt wird, für den ist es gar nicht mehr spaßig. Dann rettet ihn unter Umständen kein elterlicher Wille mehr vor den drakonischen und, wie ich zu betonen nicht müde werde, häufig todbringenden Maßnahmen der Medizin. Dies ist ein barbarisches Relikt aus barbarischen Zeiten, im modernen Klinikalltag barbarisch festgeschrieben.
An der Medizin meiner Kollegen darf ich nicht kratzen, jedenfalls nicht unter meinem richtigen Namen, sonst habe ich womöglich bald eine Klage wegen fahrlässiger Beratung und Mißbrauchs meines ärztlichen Namens und meiner hippokratischen Autorität am Hals. Das ist das Perverse: wenn ich einen Jugendlichen gegen den Willen seiner Eltern per Gesetz zwinge, eine Chemotherapie zu ertragen, handle ich meinem ärztlichen Auftrag gemäß. Wenn er mir unter der Infusionsnadel wegstirbt, war es der Krebs, der ihn tötete. Rate ich ihm indessen eine Ernährungstherapie an und von Nadel, Punktion und Verstümmelung ab, begehe ich nach dem Buchstaben des Gesetzes eine grobe Unterlassungstat. Überlebt der Jugendliche und wird er gesund, bleibe ich trotzdem wegen unterlassener ärztlicher Hilfeleistung strafbar. Stirbt er, war es indessen nie die Schwere seiner Leukämieerkrankung, sondern immer ich, die ihn in persona

tötete, indem ich ihm die unglaublich brutalen medizinischen Standardtherapien vorenthielt.

Also kann ich mich nicht offen äußern, sondern nur anonym, unter dem Pseudonym Dr. med. Anita Mitterer, im Rahmen literarisch getarnter Tatsachenberichte. Das nimmt meinem Standpunkt einen großen Teil seines Gewichtes, während Prof. Dr. Sowieso seine Gegenposition jederzeit unter voller Nennung seines echten Namens und Titels in jedem Fachblatt äußern darf.

Das Desaster dieser Vorzensur – und ich muß sie beachten, sonst riskiere ich unter Umständen die Freiheit – besteht darin, daß jeder Unfug in den besten Medien zur besten Sendezeit wiederholt werden darf, die Gegenposition aber kein Forum erhält. Ich werde dadurch permanent um den Ertrag und den Erfolg meiner Arbeit gebracht.

Medizin ist ein lukratives Feld. Und entsprechend walten Interessen und Manipulation. Alle Fachorgane sind von einer erschreckenden Selbstzensur durchdrungen, alle Fragestellungen sind vorformatiert und die Antworten stehen von vornherein fest – im Sinne derer, die profitieren.

Ich kannte viele Patienten, die während einer Chemotherapie verstarben. Wiederkehrender Krebs ist ein Hilfeschrei des Körpers, sich endlich mit seinen Nöten zu befassen, auf ihn einzugehen. Tumorzellen sind Zellen in Not und keine bösen Fremdkörper. Sie schalten auf Ausnahmemodus, auf Notprogramm, um irgendwie zu überleben. Und wenn das Überleben den übrigen Organismus ruiniert. Krebs ist immer eine Allgemeinerkrankung, eine Erkrankung des Gesamtsystems, und der Tumor ist ihr Symptom, nicht ihr Herd oder Zentrum. Es

ist falsch und naturfern, sich bei Krebs auf ein lokales Einzelgeschehen zu fokussieren, wie meine Kollegen Onkologen das betreiben.
Die meisten vorzeitigen Erkrankungen sind Zivilisationskrankheiten. Gleiche Ursache kann zu unterschiedlichen Resultaten führen. Warum ein Diabetiker Typ II ein Gefäßleiden bekommt, ein anderer im selben Alter aber einen Darmkrebs entwickelt, bleibt eine akademische Frage. Sie war für meinen Umgang mit Fällen in der Praxis nie wichtig. Durch Eigeninitiative und Maßnahmen in der Lebensführung kann sowohl das eine wie das andere, die leichtere Vorerkrankung wie die Endstufe oft wieder rückgeführt werden. Es ist egal, welche Krankheit ich loswerde, Hauptsache, ich werde die Krankheit los und werde wieder gesund.
Mir wurde in diesen leidigen Diskussionen immer der Neunzigjährige entgegengehalten, der viel Fleisch und keine Rohkost ißt und trotzdem noch rüstig seine Zigarre schmaucht und seinen Rotwein trinkt. Oder die dicke Fünfundachtzigjährige, die nach meiner Theorie längst krank sein müßte und trotzdem immer noch vergnügt ihren Braten und zwei Stunden später ihre Sahnetorte vertilgt. Es gibt diese Fälle. Ebenso wie es andere gibt, die schon mit dreißig ihren Krebs oder mit vierzig ihren Diabetes oder ihren Hochdruck haben. Ich vergleiche das mit verkehrswidrigem Fahren im Straßenverkehr. Viele fahren so, daß sie sich und den Verkehr gefährden. Einige kollidieren, kaum haben sie die Fahrerlaubnis in der Tasche, und sind auf der Stelle tot. Andere streifen nur hier und da die Leitplanke und kommen mit ein paar Schrammen davon. Wieder andere fahren wie von gnädiger Hand gelenkt nur dann auf der Gegenfahr-

bahn, wenn niemand entgegenkommt und geraten nie in brenzlige Situationen, obwohl sie permanent die Kontrolle verlieren und nicht bei sich sind.
Ein liebenswerter älterer Herr nahm mich einmal mit, als ich mit einem Motorschaden am Straßenrand lag. Er unterhielt sich angeregt mit mir und war ständig unkonzentriert, er fuhr langsam, wenn alles um ihn herum raste, und drückte aufs Gaspedal, wenn die Straße sich verengte und in die Kurve ging. Ich schwitzte Blut und Wasser, doch wir kamen heil zuhause an und er lächelte vergnügt und unbefangen.
Es hängt von vielen Dingen ab, ob ich im Straßenverkehr für mein verkehrswidriges Verhalten büßen muß oder nicht. Und gerate ich in einen Unfall, an welcher Stelle ich einen Schaden erleide, ob dieser Schaden klein bleibt oder gegenteils das ganze Gefährt erfaßt.
Genauso hängt es von vielen Zufällen ab, ob, wann, an welcher Stelle und wie schwer ich die Folgen meiner ungesunden Lebensweise bezahle.
Ich sage es noch einmal in medizinischer Sprache: Bakterien, Viren, Metastasten, die Gene, schön und gut, aber Angreifer, große und kleine, wirken das ganze Leben auf unseren Organismus ein. Solange wir gesund sind, werden wir damit fertig. Erst wenn die Karosserie einen Schaden hat, dringt der Rost in sie ein.
Ich bin also sehr gleichgültig gegenüber unseren natürlichen Angreifern.
Wie, gleichgültig? Du läßt dich nicht einschüchtern und zum willig verführbaren Objekt übergeordneter Interessen machen? Wie, die Regeln verachten, die dir Werbung, Herkommen, Gesellschaft, Medien als den wahren Lebensstil verbindlich nahelegen? Du wirst es erle-

ben! Spätestens dann, wenn du an den liebgewonnenen Gewohnheiten deiner kranken Mitmenschen scheiterst.
Und das tat ich. An den Lebensgewohnheiten meiner Patienten scheitern, und an ihrer Angst, die sie wie eine Dressingsoße zum großen Mischmasch ihrer Lebensgewohnheiten mitserviert bekommen. Wäre beides nicht so stark, müßten unsere Pharmagiganten kleine Brötchen backen, einige müßten schließen, viele Dienstkräfte im Pflegepersonal großer Kliniken und Arztpraxen würden arbeitslos, die millionenteuren Geräte refinanzierten sich nie.
Mit der Angst einerseits, den Verlockungen unserer denaturierten Suchtmittelkultur andererseits machen tonangebende Industriezweige ihr Geschäft. Politik, Pharmakonzerne, Lebensmittelkonzerne, viele meiner medizinischen Kollegen und die Medien geben sich für den Aktienkurs die Türklinke in die Hand. Es wird Fünfzigjährigen eingetrichtert, die Einnahme von Betablockern infolge eines alterstypischen Blutdruckanstiegs sei normal. Ab einem bestimmten Alter werden Vorsorgeuntersuchungen in immer kürzeren Abständen empfohlen. Das Brustzentrum, das mein Krankenhaus eingerichtet hatte mit großen Steuersubventionen, schreibt unbekannte Frauen an, sie möchten bitte dann und dann zur Mammographie antreten, die sei wichtig und würde von den Krankenkassen bezahlt.
Als Dirigent von Laienensembles trifft mein Mann regelmäßig auf Vereine mit Anteilen der massiv Übergewichtigen bei 100 Prozent. Den Anteil der Gicht–, Rheuma–, Arthrose–, Venen–, Zucker–, Herz– und Krebserkrankten unter ihnen werden wir nicht erfahren, es dürften etliche sein und von einigen Sängern und

Blasinstrumentespielern weiß er es. Vor der gemeinsamen Probe und noch einmal vor dem Zubettgehen und vor jedem Auftritt nehmen sie diese chemischen Prothesen ein, ohne die kein chronisch Angeschlagener heute zu überleben glaubt. Tja, er weiß es nicht besser. Keiner sagt es ihm. Oder wenn's ihm einer sagt, glaubt er's nicht. So tief sitzt das in den Köpfen fest. Und wenn er's glaubt, dann streckt er meistens die Waffen, ehe er den Versuch unternimmt: das kann ich nicht, dann kann ich an keiner Geselligkeit mehr teilnehmen, dann verliere ich meine Lebensqualität.
Irgendwann werden wir alle reif zum Tode. Fragt sich nur, wann. Und wenn die Lebenskurve dann einknickt, fragt es sich weiter, wie die Schlußrunde verläuft: früh einsetzend und qualvoll verlängert oder etwas später oder sehr viel später in der natürlichen Sattheit des Lebens. Im Kreis seiner Vereine ist mein Mann einer von einer knappen Handvoll, das keine Medikamente einwirft, und beinahe der einzige, der tierisches Eiweiß meidet, Alkohol links liegenläßt und selbst bei Wind und Wetter mit dem Fahrrad kommt.
Die Konzerne haben Studien entwickelt und gleich selbst die Regeln aufgestellt, sie eigenhändig zu überwachen und zu bewerten. Sie haben die Herrschaft über die Institutionen an sich gerissen, die darüber wachen, daß nur zählt, was sich an einer Probandenzahl von mehreren tausend Personen nach den selbstaufgestellten Regeln bestätigt. Sie haben damit jede Erfahrung wertlos gemacht, die eine kleine Therapeutin in ihrer kleinen Praxis an einer beschränkten Anzahl von Patienten sammeln kann. Da kann man leicht behaupten, die kurierten Fälle, die hier vorkommen, seien vereinzelte Sonderfälle

unter der Kategorie Glück, auch Spontanheilung und Spontanremission genannt. Es ist bei dieser Regellage ein leichtes, den Zusammenhang zwischen Lebensführung und Genesung weiter ungestraft zu bagatellisieren. Unmöglich wird es einem Statistiker ohne institutionelle Unterstützung je gelingen, die studienrelevante Anzahl von zwei- bis dreitausend Fällen an sogenannten Spontanheilungen ausfindig zu machen, denn die gibt es über die Fläche verteilt ohne Angliederung an ein Oberzentrum. So ein Statistiker könnte allenfalls mit einem weltweiten Aufruf und der weltweiten Unterstützung durch die Medien an sein Material herankommen. Die Pharmaindustrie, die unsere anerkannten Studien so großzügig sponsert, wird aber den Teufel tun, eine Breitenerhebung mitzutragen, bei der ihre eigenen Produkte alt aussehen.

An einem gesunden Leben verdient kein Konzern. Da verdient nur der mittelständische Bauernbetrieb vor Ort, der es noch ehrlich meint und ausgezeichnete Ware auf den städtischen Wochenmarkt bringt. Da verdient in Maßen der beratende Therapeut, der im langwierigen Studium sein Wissen mehr autodidaktisch als unter systematischer Anleitung erwirbt. Denn er braucht Geduld, kombinatorischen Sachverstand und einiges Finderglück, um an die kostbaren Bücher zu gelangen, die sich in den Programmen kleiner idealistischer Spezialverlage verstecken. In einem Fall waren Aussagen eines der markantesten Forscherkollegen absichtlich falsch übersetzt worden. Der ursprüngliche Herausgeber hatte offenbar ein Interesse daran, die bereitgestellten Erkenntnisse zu entwerten. Erst vor einigen Jahren kam Licht in diese mißliche Affäre: „Das vorliegende Buch ist bis

dato in sieben Sprachen erhältlich. Die erste Übersetzung ins Deutsche wurde von einer Ärztin durchgeführt. Sie übersetzte den Inhalt nicht wahrhaftig, ließ Stellen aus, mit denen sie nicht einverstanden war und brachte eigene Ideen mit ein. Sie hinterließ damit ein deutsches Buch, das sich weit vom brillanten Original entfernt hatte. Seltsamerweise wurde das Buch später erneut übersetzt. Diesmal von einem professionellen Übersetzer, der aber mit der Gerson–Therapie nicht vertraut war. Auch er übersetzte den Inhalt nicht akkurat in allen Details, teilweise, weil er die von Gerson verwendeten Fachbegriffe nicht verstand. Zum Beispiel wurde der Begriff 'Aufflackern' – eine Heilreaktion infolge der Ausscheidung toxischer Substanzen – fälschlicherweise mit 'Rückfall' übersetzt.
Aus den oben genannten Gründen hat sich der Arzt Wolfgang Gerz nach gründlichem Studium der Gerson–Therapie entschieden, dieses historische Werk von immenser medizinischer Bedeutung in einer wahrheitsgemäßen und gewissenhaften Übersetzung neu herauszubringen." (Geleitwort zur deutschen Ausgabe von Charlotte Gerson in: *Dr. Max Gerson: Eine Krebstherapie. 50 Fälle*. Wörthsee 2010.)
Die Machenschaften großer Industrieverbände, die ihr Geschäft gefährdet sehen, reichen in Deutschland hoffentlich noch nicht so weit, Abweichler physisch zu bedrohen, mit Prozeßlawinen zu überrollen, zu demontieren und gegebenenfalls zu ermorden. Obwohl ich manchmal in Alpträumen mich wälze, Rolf mich dann weckt und ich ihm erzähle, ich wäre im Traum Bauer gewesen und in die Mühlen des weltweit agierenden Monsantokonzerns mit seinem infamen Patentkartell auf

Saatgut geraten. Aber Boykott, Fälschung, Zurückhalten und Diffamieren stimmiger Informationen sind auch bei uns keine Ausnahme. Immerhin, es gibt sie mittlerweile: stimmig aufklärende Medienbeiträge. Neulich lief da ein toller Dokumentarfilm: *Die Vitaminfalle*.
Noch weht uns der Wind aber ins Gesicht und ich bin es leid, gegen die Betonwand in den Köpfen der Menschen anzurennen. Welche Widerstände springen einem wie die Köpfe der Hydra bei nahezu jedem Fall, den man in den Griff bekommen möchte, neu entgegen!

Im vergangenen März erhielt Rolf einen Anruf von einer ehemaligen Kollegin, die er früher oft am Klavier begleitet hatte. Sie habe aber keinen Auftrag an ihn, sondern wolle mich sprechen: Ich habe gehört, deine Frau behandelt Krebs, ich habe Krebs und es geht mir schrecklich. Ich soll morgen die letzte Chemotherapie nehmen, aber ich nehme sie nicht. Ich liege nur noch apathisch da. Ich habe Schmerzen über Schmerzen. Ich werde sterben, wenn ich sie nehme. Anita ist meine letzte Hoffnung.
Der Ehemann brachte sie. Ich wies sie in die Methode ein und behandelte sie manuell zur Linderung der Schmerzen. Der Mann saß daneben. Die beiden versprachen zu folgen und es fügte sich alles bestens. Die Frau blühte auf. Nach zwei Wochen sah man das Paar beim Sammeln der Wildkräuter, die der Mann mit dem Obst und dem Gemüse zu den begehrten Frischsäften preßte. Die Frau wurde so mobil, daß sie wieder rausgehen konnte. Die Schmerzen schrumpften auf ein erträgliches Maß. Da sagte ihr der ambulante Onkologe: Ernährung

trägt zur Behandlung des Krebses nichts bei. Ihre Maßnahmen nützen nichts. Essen Sie, was Ihnen schmeckt! Und sie hörte auf ihn. Obwohl die Säfte doch das einzige waren, was ihr half. Aber es ging ihr nicht schnell genug mit den Säften. Vor allem ihrem Mann ging es nicht schnell genug. Als ich das ganze Ausmaß des Betrugs entdeckte, hing ich in einer abgelegenen Kleinstadt am Ende Europas. Da saß ich fest. In der Falle. Eine Woche lang. Kein Flieger ging zurück, ich mußte warten. Mit der Bahn hätte ich drei Tage gebraucht, mutterseelenallein, durch Regionen, in denen ich kein Wort der Sprache verstand. Ich war wieder einmal zu schnell mit einer Patientin vertraut geworden. Ich hatte wieder einmal zu viel von mir erzählt. Als eine materielle Person, die sie war, hatte sie rasch heraus, daß Rolf und ich in bescheidenen Verhältnissen leben. Und ich liebe das Meer. Die Aussicht, billig ein paar Tage an der Ägäis zu verbringen, mußte eine Person wie mich verlocken! Immer öfter, wenn sie zur Behandlung kam, schwärmte sie mir von ihrer Ferienpension vor. Die hatte sie von ihren Ersparnissen gekauft. Ich und Rolf wären herzlich eingeladen, kostenlos in dieser Pension zu wohnen. Nur den Flug müßten wir bezahlen. Ich sagte nie zu, von Rolfs Abneigung gegen das Reisen wissend, und weil wir grundsätzlich das Fliegen meiden. Bis heute erledigen wir alles, was wir können, zu Fuß oder mit dem Rad.
Vor ihrem Abflug suchte die Patientin eine Spezialklinik auf und unterzog sich dort einer Hyperthermie. Bei der Hyperthermie wird der Körper unter Aufsicht in Fieber versetzt. Während man natürliches Fieber unterdrückt, glaubt man, mit künstlichem Fieber Wunder zu

bewirken. Ich riet von der Therapie heftig ab, denn sie ändert nichts an den Ursachen und belastet den geschwächten Organismus zusätzlich. Nur was den Körper stimuliert, eigene Kräfte freizusetzen, heilt. Alles andere ist nutzlos. Ich sagte das der Patientin offen, aber sie wußte es wieder besser. Es ging ihr alles wieder viel zu langsam. Nach der Hyperthermie war sie auf den Tod krank und jeder Fortschritt, den sie unter den Säften machte, hinfällig. Schnell, schnell sollte es gehen und alles im Komfortmodus. Sind die Patienten verrückt geworden? Oder haben sie sich damit abgefunden, daß der Krebs sie nicht mehr lange leben läßt, zweifeln sie an jeder Alternative und tun alles, den Gedanken daran zu delegieren – an eine mächtige Institution, wie es die Schulmedizin mittlerweile darstellt, diesen neuzeitlichen Ersatz der katholischen Kirche mit ihrem allwissenden Vater an der Spitze. Der neue Heilige Vater heißt Doppelblindstudie, die neuen Kardinäle sind die Professoren in Weiß.

Ich begreife einen emeritierten Kollegen. Er glaubte nicht an die Möglichkeiten der Naturmedizin. Er sah Krebs als ein Todesurteil an. Jetzt, so meinte er, komme es darauf an, den Patienten zu beschäftigen. Unterhaltungsprogramme lenken ab. Selbst die schrecklichsten. Er sagte das ohne Zynismus. Er wußte es nicht anders.

Kaum war das Ehepaar in seinem Feriendomizil gelandet, beim Zustand der Frau übrigens ein Unding, noch zu reisen, da rief die Patientin an: Anita, du hattest recht, die Hyperthermie war eine Katastrophe. Hätte ich nur auf dich gehört! Ich dachte, ich sterbe. Aber die Ärzte sagten, da mußt du durch und ich hatte es doch zugesagt. Ich halte es vor Schmerzen nicht mehr aus.

Bitte, bitte, wenn du es irgendwie ermöglichen kannst, besuch uns ein paar Tage, eine Woche. Schwimme im Meer, und zwischendurch betreust du mich.
Und ich flog hin, ich Idiotin! Das macht kein Therapeut, wenn er noch für den Dreck unter den Nägeln Verstand hat! Ich bin für diesen Job zu mitfühlend, zu nachgiebig, zu weich. Ich zahle drauf, wo andere, ohne zu nützen, teures Geld verdienen. Alles, was ich an Therapiehonoraren vorher bekommen hatte, ging für die Flugkosten drauf. Ja, kostenlos wohnen durfte ich, die reine Entspannung, die Reise diente ja ausschließlich meinem Vergnügen …
Vor Ort tischte der Mann in Massen Käse und Wurst auf, die Patientin nippte zu jeder Mahlzeit den stark gesalzenen Joghurt, den sie dort unten lieben. Ich wollte losbrüllen: Was bildet ihr euch ein! Laßt mich herfliegen und sagt mir ins Gesicht, daß meine Beratung nichts taugt! Meine Leistung ist hiermit beendet, bringt mich auf der Stelle zum Flughafen!
Aber ich machte die Faust im Sack. Ich wußte, wer und wo ich war: verloren im Niemandsland, bewaffnet einzig mit der Rückflugkarte und der Flieger ging erst in einer Woche. Ich behandelte die Patientin, die ein Häuflein Elend war, das einen aus strahlenden Augen voller Vertrauen anflehte. Du bist die beste Therapeutin, Anita, und ich vertraue dir grenzenlos. Unwahrer konnte jemand kaum eine Situation beschreiben. Aber dieses Häuflein Elend sagte es mit so bezwingender Unschuld, daß ich machtlos blieb. Ich versuchte ihr mit manuellen Therapien und Wasseranwendungen eine gewisse Linderung zu verschaffen und wies das Ehepaar für die Zeit nach meiner Abreise an, wie man das macht.

Rolf sprang im Dreieck, als ich ihn anrief. Das ist doch so, als komme jemand zu meiner Kollegin: Du bist die beste Gesangslehrerin, die einzige, der ich vertraue, aber bitte erzähle mir nichts von Atemtechnik und Stimmführung!

Wenn ich das Meer nicht gehabt hätte, ich weiß nicht, wie ich diese Tage durchgestanden hätte. Eine einzige Schlappe und Herabwürdigung meines Berufes!

Vergangene Nacht träumte ich, die Verstorbene und ihr Mann hätten meine Praxis geplündert und zerschlagen, um sich an Rolf zu rächen. Rolf muß vor Jahren etwas Kritisches zum Gesang dieser Kollegin geäußert haben. Wenn ich sie behandelte, wurde sie nicht müde, von ihren Erfolgen im Operngesang zu erzählen. Sie hatte nichts als ihren Gesang im Kopf. Und sie wußte noch genau, bei welcher Gelegenheit sich Rolf abfällig über ihr Singen geäußert hatte. Später hätten sie wieder zusammengearbeitet und er wäre auch wieder zur Vernunft gekommen.

Ich fragte Rolf nach dem Vorfall … Nichts, eine Bagatelle. Ich lobte sie nicht so ausdrücklich, wie sie es erwartete, das war alles … Überhaupt fällt mir immer wieder auf, wie begrenzt Musiker um ihre Stimme, ihr Instrument kreisen und um das bißchen Publikumserfolg, das sie ergattern. Ich bin Gott sei dank unmusikalisch und fein heraus. Dennoch mußte ich die eintönigen Tiraden dieser Patientin eine Woche lang ertragen. Sie konnte nicht verstehen, daß irgendein Mensch auf der Welt Musik nicht als das Höchste aller Dinge betrachtet.

Enttäuschung bleibt auch als Nachgeschmack, wenn ich an meine älteste Krebspatientin zurückdenke, Magda

Göbel. Immerhin rief ihr Sohn, ein Aschaffenburger Klinikarzt, ihren ambulanten Onkologen an und bat ihn, seine Mutter in Ruhe zu lassen. Ich denke, er sagte das nicht, weil er an den Segen der Rohkosttherapie glaubte, sondern er rechnete im Gegenteil mit einem baldigen Ableben der Mutter. Da sollte man ihr doch wenigstens ihren verschrobenen Willen lassen. Als sich nach zwei Jahren herausstellte, daß ein ehemals befallener Bereich im Bauch von Magda Göbel keine krebstypischen Zellen mehr enthielt, zweifelte der Sohn Frau Göbels die Ursprungsdiagnose an. Daß Krebszellenfreiheit auf eine Rohkosttherapie zurückgehen kann, will in die Köpfe meiner Medizinerkollegen nicht hinein.

Die Bevölkerung macht allen denaturierten Unsinn leider mit. Denaturierte Ernährung, weil ja so herzhaft, wird verteidigt und mit Einnahme von angeblich gesunden Nahrungsergänzungsmitteln kompensiert. Die Leute konsumieren Brot aus Auszugsmehl und schlucken nach dem Essen Kapseln, denen die dem Mehl entzogenen Stoffe in konservierter Form einverleibt worden sind. Was keiner weiß: in denaturierter Trennung werden die Nahrungsmittel vom Körper nicht so aufgenommen, wie der liebe Gott das anscheinend mit gutem Grund in seiner Weisheit veranstaltet hat. Zahl und Zusammenwirken der Nährstoffe in naturbelassener Kost sind niemandem ganz bekannt.

Im Rahmen ihrer Feierlichkeiten zum achtzigsten Geburtstag fiel Magda Göbel mehr und mehr in ihre alten Ernährungsgewohnheiten zurück: Gourmet, Geselligkeit, Gourmet. Es ging ihr wieder schlechter. Das sei die Folge ihres monatelangen Fastens und Hungerns, redete

man ihr von allen möglichen Seiten ein. Sie hat sich kurz danach höflich aus meiner Therapie abgemeldet.
Rolf versuchte mich zu trösten: Es zeugt von einem gesunden Selbstbewußtsein der alten Dame. Dieses Selbstbewußtsein kann auch einen Faktor bilden für ihre guten Anlagen zur Genesung. Es hat ihr geholfen, sich gegen die Mahnungen ihres ambulanten Onkologen zu behaupten. Zu ihrem Vorteil. Jetzt wendet sich der Wind, zu ihrem Nachteil, aber das geht dich nichts mehr an. Ich möchte auch nicht ständig gesagt bekommen, du putzt deine Zähne falsch, du mußt sie so putzen, ich zeig's dir. Auch wenn ich meine Zähne vielleicht falsch putze. Aber ich bin ein erwachsener Mensch, ich möchte derartige Einmischungen nicht.
Und ich als Ärztin, erwarte ich nicht zuviel Einfluß, zuviel Macht über das Leben anderer Menschen, wenn ich mich in ihre Gewohnheiten einmische und ihnen Vorschriften mache? Treibt mich in Wahrheit denn etwas anderes als der Drang, perfekt zu erscheinen und vollkommene Resultate zu erzielen? Bei den Patienten, die mitarbeiten und Änderungen, Besserungen zeigen, erfaßt mich der Eifer des Fährtenlesers und wißbegierigen Forschers. Und bei Menschen, die nichts ändern wollen und jammern, fühle ich mitleidlose Abwehr.
Rolf hat irgendwo recht, aber ich kann mich schlecht mit meiner Rolle als biografische Fußnote abfinden. Auch wenn Frau Göbel mich in ihrer Anfangseuphorie öffentlich als ihre Lebensretterin bezeichnete und Tonia Schuster mich auch noch in Westengland, wo sie jetzt lebt, als ihren Engel oder *angel* tituliert. Man ist und bleibt, auch als engagierte Ärztin und Therapeutin, Dienstleister und sonst nichts. Dem Kunden steht es frei

oder sollte es freistehen, was in unserem Gesundheitswesen ja schon gar nicht mehr der Fall ist, den Dienstleister und die Art der Dienstleistung selbst zu wählen und das Maß der in Anspruch genommenen Dienste selber zu bestimmen. Wenn ich aber nur als Dienstleister tätig sein muß, dann will ich auch von meinen Diensten tüchtig leben können. Das kann ich aber nicht. Ich bringe es nicht übers Herz, die Summen zu verlangen, die es egal werden lassen, ob meine Beratung nützt oder nicht. Ob ich, sozusagen, perfekt bin oder versage. Ich meine jetzt nicht erfolgreich in jenem kurzzeitigen symptomatischen Sinne, ich meine langfristige tiefgreifende Erfolge so wie bei Frau Krüger bis zur ihrer traurigen Entscheidung für die Operation und Magda Göbel in den beiden Jahren, die sie streng nach Dr. Max Gerson, Dr. Max Bircher-Benner und den Erkenntnissen wildkräuterkundiger Rohkostforscher lebte. Ich lebe eigentlich mehr für diese Forscherehre als für das Geld. Ich kann einfach nicht mehr Geld nehmen. Ich bringe das nicht fertig. Womöglich von den Nachfahren eines Verstorbenen, den ich unnötig gequält oder falsch behandelt habe, Honorar und Unkosten verlangen, wie es im Medizinsystem gang und gäbe ist! Obwohl es andererseits nicht anders geht. Die Kosten laufen weiter. Die Krankenkasse, in der ich, zynisch so genannt, freiwillig gesetzlich versichert bin, verlangt eiskalt Monat für Monat ihren Tarif. Der ist viel zu hoch, aber die Kassen lassen nicht mit sich handeln. Rolf führt da schon seit Jahren erfolglos einen Kampf. Ich bin bei meiner Einstellung nie auf hohe Summen gekommen. Ein Witz gegen mein damaliges Einkommen als Klinikärztin! Und ich habe mit den Patienten gelitten. Ihre Kämpfe gegen die Damen und

Herren Kollegen von der Gegenfraktion mit ausgestanden. Ich habe für ihre nebenrangigen Probleme beim Umstellen auf ungewürzte Rohkost viel zu viel einfühlendes Verständnis gezeigt. Ich weiß es, lieber Rolf, ich habe mich nicht geschäftskonform verhalten, ich muß das, falls ich wieder therapieren sollte, anders machen.
Trotz des Widerstands, den ich überall spüre, sobald ich den gesellschaftlichen Konsens in Sachen Medizin verlasse, kann ich mich nicht anders geben. Selbstredend konnte ich auch nicht im Krankenhaus länger arbeiten. Ich sah, wie die Patienten litten. Daß manche Krebspatienten kränker rausgingen, als sie reingekommen waren. Oder mit dem Schein einer Besserung, der nicht lange vorhalten würde. Wie sie meistens bald schon wiederkamen und nach einem dritten, spätestens vierten Aufenthalt den Weg ins Hospiz beschritten oder zuvor schon in der Aufbahrungskapelle landeten.
Ich hatte einen netten Kollegen, ich nenne seinen Namen nicht, er ist noch im Dienst, mit dem konnte ich reden. Ich sagte ihm: Ich sehe doch, was mit den Krebspatienten geschieht, die durch unsere Hände gehen. Das kann doch nicht alles, das kann doch nicht die Lösung sein. Ich habe manchmal das Gefühl, wir befördern die Patienten mit unseren Methoden nicht ins Leben, sondern in den Tod.
Weißt du, Anita, ich sehe das so: wir stehen oft vor der Wahl zwischen Cholera und Pest, nur mit dem Unterschied, wir wissen nicht, wo gibt es die Cholera, wo die Pest. Oft ist es Pest und wir hatten gehofft, es wäre die etwas weniger aussichtslose Cholera.
Richard, ich komme mir vor wie eine Mörderin.

Wenn du dir wie eine Mörderin vorkommst und nicht mehr wie eine Person, die unter dem hippokratischen Eid für die Menschen Gutes tut, dann mußt du wohl oder übel aussteigen, Anita.
Ich nahm mir Zeit, so der Klinikbetrieb das zuließ, mit dem einen oder anderen Patienten außer der Visitenzeit persönlich zu sprechen. Einige fragten mich: Wie würden Sie, Frau Dr., an meiner Stelle entscheiden? Da hatte ich einen kleinen Spielraum, meine wahre Meinung zu sagen.
Wie meinen Sie das, was ich als Ärztin rate oder was ich raten würde, wenn ich meinen weißen Kittel ablege und als Mensch entscheide?
Als Mensch.
Es gibt die Option, daß Sie diese Therapie abbrechen und Ihr Heil in einer Umstellung Ihrer Lebensweise suchen.
Würden Sie das an meiner Stelle machen?
Vielleicht. Mehr traute ich mich noch nicht.
Wenn ich das möchte, muß ich mich also auf eigene Verantwortung selbst entlassen und meine Frau bitten, mich in der Frühe abzuholen und neu zu verpflegen. Woher weiß sie, wie sie das machen soll?
… Fast fünfzig Jahre mußte ich werden, um an Quellen darüber zu kommen. 25 Jahre mußte ich Kranke behandeln, ohne die wahren Ursachen der Krankheiten zu kennen … Wenn Ihre Frau möchte, nenne ich ihr diese Quellen.
Versprochen, Frau Dr.?
Ehrenwort, wenn Sie mir im Gegenzug versprechen, daß Sie vom Inhalt unseres vertraulichen Gespräches nichts verraten.

Ehrenwort.
Die Leute waren oder sind Bauern und hatten einen großen Garten. Der Mann entließ sich tatsächlich am nächsten Morgen selbst. Er wurde der erste außerhalb der Klinik von mir betreute Krebspatient. Die Leutchen nahmen die Sache sehr selbständig in die Hand. Ich darf den Namen nicht nennen, sonst kommen womöglich noch hohe Regreßforderungen meines ehemaligen Arbeitgebers auf mich zu. Für dessen Ruf war das, was ich da machte, schlimmer, als wenn ich unter der Hand ein paar Todkranke getötet hätte. Totschlag oder Mord ist die Tat eines gestörten Einzelnen, mein Vorschlag aber stellte das System infrage.
Andere Patienten, es waren nur wenige, mit denen ich offen reden konnte, reagierten am nächsten Tag verschnupft. Und einmal wäre ich um ein Haar in Teufels Küche gekommen. Aber es war der erwähnte Kollege, der den Rest meines letzten derartigen Gespräches mitbekam. Er hatte Unterlagen vergessen und vermutete, er hätte sie in den Zimmern liegenlassen. Nichts Böses ahnend, ich wußte, er hatte Feierabend, redete ich mit dem Patienten, als er hereinstürzte. Er hatte an der Tür gelauscht. Er nahm mich zur Brust. Anita, das was du da drinnen sagtest, habe ich nicht gehört. Offiziell müßte ich Meldung bei der Krankenhausleitung machen, du weißt das. So ungern ich auf eine wertvolle Kollegin verzichte, du kannst hier nicht weiterarbeiten, es triebe dich an den Rand der Illegalität und mich mit. Du kündigst, du versprichst es mir?

Nun, die Jahre als freie Ernährungstherapeutin waren zumindest durchwachsene Jahre. Ich habe den Status als selbständige Kleinunternehmerin auf Eis gelegt, aber es kann sein, Rolf wünscht sich das zumindest, daß ich in veränderter Form nochmal therapiere.

Ich habe die feinen Diagnoseunterscheidungen und exakten pathologischen Befunde immer bestaunt, zunehmend aber festgestellt, daß sie für eine erfolgreiche Therapie nicht viel bringen. Bei einer Knochenverletzung ist es wertvoll zu wissen, wo der Bruch genau verläuft, bei einer Stenose müssen die Gefäßchirurgen genau wissen, wo die Engstelle sitzt. Aber bei den mannigfachen Störungen des Allgemeinzustandes eines Menschen bringt es herzlich wenig, ob die Darmstörung Morbus Crohn oder Colitis ulcerosa oder einen anderen Namen trägt. Bei lokalen Traumata, also gewaltsamen Einwirkungen von außen und krisenhaften Geschehnissen im Körper selber, interveniert die Medizin beeindruckend. Ihr großer Irrtum beginnt, wo sie Störungen des Allgemeinbefindens ebenso intervenierend angeht wie den lokalen Unfall. Hier sind aber keine Stents, keine Prothesen einzusetzen, hier sind Maßnahmen gefragt, die den gesamten Organismus reinigen und in seiner Vitalität und Integrität stärken. Bei den Endstadien der Zivilisationskrankheiten bietet unsere Medizin den Anblick einer dunklen Einbahnstraße. Auf dem Weg zur Erkenntnis übersieht sie die feinen Signale der allgemeinen ungesunden, von Fleischorgien und Soßenzauber entstellten Eßkultur. Die zum Lebensende hin immer häufiger notwendigen reparierenden Interventionen sind ein Wahnsinn, und der Wahnsinn hat Methode. Die Deutschen werden im Durchschnitt jedes Jahr ein Stückchen kränker, halten sich als Kranke aber erstaunlich lang und wissen nicht, wie sie sich selber in zweifelhafter Symbiose um ihr Leben betrügen, angeleitet von Kräften, die Zwangsläufigkeiten suggerieren, wo keine sind.

Wir lernten in der Schule, die Marktwirtschaft diene nicht in erster Linie der Bedarfsdeckung. In der Marktwirtschaft komme es vielmehr darauf an, Bedürfnisse zu *wecken*. Freie Marktwirtschaft sei nicht Bedarfsdeckungswirtschaft, sondern Bedarfsweckungswirtschaft. Mir ist diese Antithese so hübsch im Gedächtnis geblieben, weil wir sonst kaum Plastisches in den politischen Fächern lernten und man uns überhaupt sehr wenig an Weltzusammenhängen vermittelte. Mit dem verschwenderischen Produkteüberschuß und der Unterordnung aller Lebensbereiche unter den Profitgedanken gelang es dennoch gerade der Marktwirtschaft, daß eine vergleichsweise breite Verbraucherschicht mit einer Vielzahl qualitätvoller Güter versorgt ist. Man muß es ihr lassen, die freie Marktwirtschaft deckt tendenziell mehr den gesellschaftlichen Bedarf als Wirtschaftsformen, die ausschließlich und eigentlich der Bedarfsdeckung verpflichtet waren.

Doch ein großer Teil der Güter ist einfach nur überflüssig. Ein großer Teil behauptet nur darum seinen Platz, weil der Erzeuger dem Kunden mit Erfolg das Produkt als richtiges und wichtiges Produkt schmackhaft macht. Ganze Abteilungen leben davon, dem Durchschnittsbürger einen Mangel einzureden, den er nicht hat. Mit dem Produkt werden oft erst die Mängel und Schäden hervorgerufen, die es dann mit wiederum anderen überflüssigen und noch einmal anders schädlichen Produkten zu beheben gilt. Alles zusammen erzeugt das einen Keis-

lauf fortgesetzten Konsums überflüssiger und schädlicher Produkte.
Ein normalgesunder, normalordentlicher Mensch bekommt die Information, er müsse etwas zur Stärkung seiner Immunabwehr und zur Verbesserung der Hygiene im Haushalt unternehmen. Er setzt nun industrielle Kosmetika, scharfe Reinigungs– und Waschmittel ein und nimmt Vitamine aus der Packung. Jetzt erst lernt er die Allergien kennen, die er vorher als lauernde Gefahren eingeredet bekam. Er wundert sich, warum gehen die Erkältungen nun gar nicht weg, seit ich die Keulen aus der Apotheke gegen Erkältung besorge und mich gegen Grippe impfen lasse. Wieso ist meine Verdauung durcheinander, seit ich diese stärkenden Eiweißdrinks zu mir nehme, die meine Allgemeinversorgung und mein Muskelgewebe verbessern, und warum habe ich diese häßlichen Male auf der Haut und diese verdammt schmerzhaft brennenden rätselhaften Blasen plötzlich in der Mundschleimhaut? Ich habe neuerdings wieder Zahnprobleme und erstmals anhaltende Gliederschmerzen, die kannte ich vorher nicht, bestimmt habe ich eine unheilbare Krankheit, wo ich doch alles richtig mache. Bestimmt wäre alles noch viel ärger, wenn ich all die Mittel und Maßnahmen nicht ergriffen hätte. Wie gut, daß die moderne Medizin mit ihrer Früherkennung und Prophylaxe alles schon im Ansatz bekämpft.
Was früher böse Geister und Dämonen waren, ängstigt heute die Menschen in Form von Borrelien, HIV-Erregern, Grippeviren, Bakterien, Genen.
Entsprechend groß ist die Anzahl der Krankheiten und ihrer Namen. Einige ihrer Erfinder haben den Medizinnobelpreis erworben. Therapeutisch verhält sich der

Nutzen reziprok-proportional zur Wichtigkeit, die den Erfindern dieser Namen beigemessen und den Hoffnungen, die mit ihrem Namen verbunden werden.

Es gibt nur zwei Arten von Einflüssen, die unsern Körper vorzeitig altern lassen: Gifte und Traumata. Die Gifte kommen aus der Nahrung oder aus der Umwelt, Traumata sind mechanisch. Ein gesund sich ernährender, ausreichend sich bewegender Mensch kann bei einer Unachtsamkeit im Straßenverkehr oder fremdverschuldet schwer verletzt werden und als Invalide im Rollstuhl oder auf dem Friedhof landen. Oder er kann in eine vergiftete Umgebung geraten oder aus früheren Jahren Altlasten aus zahnmedizinischen Ersatzstoffen mit sich herumschleppen oder die digitalen neuen Strahlen nicht vertragen, und er leidet wie ein Mensch, der sich ungesund ernährt. Die Last kommt dann nicht aus der Nahrung, sondern aus anderen Quellen. Wenn man alle diese Faktoren, toxische Stoffe oder Gifte und Traumata oder äußere Gewalteinflüsse, ausgetestet hat, dann bin ich gespannt, welche Leiden und Krankheiten sich die Viren, Bakterien, HIV-Erreger oder Gene noch untereinander aufteilen dürfen. Ich prophezeie, es werden wenige sein. Die moderne Medizin droht, in einen neuen Okkultismus abzugleiten.

Leider kostet dieser neue Okkultismus sehr viel Geld und ich als kleine Selbständige war gezwungen, diesen Okkultismus mit meinem sauer erworbenen Geld mitzutragen. Es wird ein horrender Aufwand betrieben, von den wahren Ursachen abzulenken. Die wahren Ursachen sind einfacher und liegen für jeden Menschen, der sich seinen unverbauten Kinderblick bewahrte, recht klar auf der Hand. Und warum wird dieser Aufwand betrieben?

Er ernährt eine der lukrativsten Industriebranchen der Welt. Und er erlaubt Personen wie Rolfs Kusine, ihre Probleme überall dort zu suchen, wo sie nicht sind. Es bleibt ihr wie lange noch erspart, sich ehrlich vor den Spiegel zu stellen, ohne Schminke zu betrachten und sich selber auf den Kopf zu zu sagen: Du bist eine Trinkerin.

… Sehr geehrte Damen und Herren,
laut Nachrichtenmeldung vergangener Woche stehen sogenannte freiwillig versicherte Selbständige derzeit mit 4,5 Milliarden Euro bei den gesetzlichen Krankenkassen in der Kreide. Simpler Grund: sie bringen die Tarife, die Ihr Spitzenverband festlegt, nicht auf.
Es gibt einfach Bereiche, in denen in der Gesellschaft, wie sie heute beschaffen ist, nicht mehr als, sagen wir, eintausend Euro im Monat hereinzuholen sind. Der Selbständigen-Mindesttarif der gesetzlichen Kassen setzt aber bereits einen monatlichen Bruttoverdienst von mehr als doppelt soviel voraus. Das ist so, als würde ein Feudalherr pauschal eine Kopfsteuer von, sagen wir, vier Säcken Korn von einem Bauern einfordern, der auf seinem Stück Acker aber nur dreieinhalb Säcke insgesamt ernten kann und davon nicht nur weitere Gläubiger bedienen, sondern auch noch sattwerden soll.

Rolf konfrontiert das dann noch mit den günstigeren Konditionen, die der Gesetzgeber ihm als Künstler gewährt, und schließt mit dem gutgemeinten Appell:
Ich bitte Sie eindringlich: verschließen Sie nicht weiter die Augen – und ich möchte fast sentimental variieren: Ihr Herz – vor der psychischen und ökonomischen Not,

die Sie mit Ihren absurden Tarifgesetzen über einen nur zu lobbyschwachen Teil der Bevölkerung bringen. Ändern Sie Ihre Haltung, ändern Sie die Tarife, ändern Sie Ihre Politik!

… Rolf hat hier ein bißchen die sentimentale Karte gespielt, das ist nicht seine Art. Er kämpft sonst eher mit harten Bandagen. Er möchte mich mit ins Boot nehmen, aber das laute Kämpfen liegt mir nicht. Am Ende gehen die Dinge aus wie das Hornberger Schießen und man hat umsonst mit dem Säbel gerasselt. Aber ich fühle mich im Leben wieder gut aufgehoben, seit ich ihn gefunden habe. Das hilft mir über die Frustrationen meines Berufes hinweg. Und in mir flackert, auch wenn ich immer abwiegele, im Hinterstübchen meiner Seele immer doch ein kleiner Hoffnungsschimmer, daß seine Schreiben an die Politiker und seine Botschaft doch noch Früchte tragen. Seine Petition wurde abgewimmelt, aber sie kann der Boden für neue Petitionen werden, wenn die Regierung einmal wechselt.

Forderung nach einer Tarifreform der gesetzlichen Krankenkassen

Gesetzliche Krankenkassen wurden gegründet, um die Schwächeren der Gesellschaft im Krankheitsfall zu schützen. Eine ausreichende medizinische Versorgung sollte auch für die gewährleistet sein, die sich Hilfe nicht leisten konnten.

Heute droht im Gegenteil gerade den Geringerverdienenden, von den Kosten des Gesundheitssystems erdrosselt zu werden. Es trifft vor allem kleine Selbständige, die mit Mindestsätzen konfrontiert werden, die ih-

nen das ökonomische Überleben unmöglich machen. Was in den Anfängen gut gemeint war, wird zur Kostenfalle und zerstört Existenzen.
Wie in anderen Bereichen unserer Gesellschaft fand auch im Gesundheitswesen eine Verschiebung statt: von unten nach oben. Finanziell unterprivilegierte Bevölkerungsschichten sollen einige mächtige Interessengruppen stützen, denen es durch Lobbyarbeit gelingt, ihre Interessen als von allgemeinem Nutzen darzustellen.

Mein Guter, hier driftest du in allgemeine Kapitalismusschelte ab, damit hast du bei den Herrschaften gleich verspielt. Ich hab's dir von Anfang an gesagt. Wo man zuschnappt, beißt man auf Granit. Man muß als aufrechter Demokrat ziemlich tapfer sein. Die Mehrheit bestimmt, oder diejenigen, die am besten die Mehrheit am Nasenring herumzuführen verstehen und dann erfolgreich behaupten, die Mehrheit entschiede so. Regierungen der Bauernfänger und intelligenten Dummköpfe überall! Aber intelligent und dumm, geht das? Es geht. Wer den Köpfen in Berlin und Brüssel die Intelligenz aber insgesamt absprechen wollte, beginge selber einen Fehler. Sie kennen die Spielregeln der Diplomatie und die Verordnungen der Behörden einigermaßen auswendig und wer daneben auch noch ein oder zwei Fremdsprachen flüssig spricht, hat durchaus Intelligenz. Trotzdem kann er von den Vorgängen des Organismus so wenig verstehen wie ein übermütig gewordener Drittkläßler.
Leider sieht es so aus: Wissen hier, Dummheit dort. Keine guten Karten für Gerson und Bircher-Benner, ge-

schweige für die unbedeutende ehemalige Stationsärztin Anita Mitterer.
Ich habe den netten Kollegen an meiner alten Arbeitsstelle aufgesucht und ihn gefragt, ob ich in der Klinik einen unbedeutenden Brotjob ergattern könnte. Von meinen – guten – Erfahrungen während der bunten Exiljahre erzählte ich nichts. Ich möchte seine Zweifel an seinem Beruf, die er schon damals hatte, nicht neu aufwühlen. Ich sagte ihm nur, daß ich keine Geschäftsfrau bin und die Abgaben für Selbständige nicht mehr stemme.
Er hatte nichts von meinen Gründen für mein Ausscheiden aus der Klinik damals gesagt und bog die Sache zu meinen Gunsten hin. Ein paar Tage später rief er an, daß ich eine vakant gewordene Stelle in der Blutbankverwaltung übernehmen könnte. Ich sollte also dafür sorgen, daß die Beutel mit dem Blutplasma immer sorgfältig gekühlt und nicht über das Verfallsdatum hinaus verwendet werden, ich sollte die fehlenden Blutgruppen melden und so gut als möglich für die Nachlieferungen sorgen. Ich sollte freudig der Chirurgie dabei helfen, verblutenden Notfallopfern das Leben zu retten, und sollte mit einem schrecklichen Gefühl im Leib der Inneren ermöglichen, Menschen wie meinen angeheirateten Vetter Eckhard langsam aber sicher totzutherapieren. Das war denn doch zuviel von mir verlangt. Ich sagte das meinem alten Kollegen.
Ich kann dich verstehen, Anita, wenn ich deine Argumente auch nicht teile.
Seitdem partizipiere ich am bescheidenen Einkommen meines Mannes und dem wenigen, was ich abgabenfrei hinzuverdienen kann. Ich bin, solange ich die sogenann-

te Geringfügigkeitsgrenze nicht überschreite, und das tue ich nicht, bei ihm mitversichert. Rolfi nimmt mir meine Bedenken ab. Wenn der Staat mit seinem kreativen Menschenpotential nicht besser umgeht, Anita, sagt er, dann soll es unsere Schuld nicht sein.
Meine ehemalige Patientin und inzwischen Freundin Tonia Becker bedauert zwar, daß ich kaum noch therapiere, aber sie spricht nicht mehr darüber. Sie kennt meine Gründe und meine Widerstände. Hat sie doch selber in der ersten Zeit nach ihrer Genesung Himmel und Menschen angetrieben, den Weg natürlicher Heilung mit der Rohkost zu beschreiten, und wie selten fand sie etwas anderes als ein Achselzucken oder sogar schroffe Reaktionen, sie soll die andern doch bitte in Ruhe machen lassen, was sie für richtig halten. Kann sein, daß ich auf meine dann alten Tage wieder neue Patienten annehme, aber es müssen Patienten sein, die mitarbeiten. Mit Schummlern gebe ich mich nicht mehr ab.
Tonia erzählte mir jüngst von einer Diskussion mit einer Ärztin in ihrer neuen Heimat. Dort scheint die Einsicht der Ärzte auch nicht viel weiter zu sein. Immerhin hörte ich, daß Patienten in einigen Praxen neuerdings zuerst einen Maßnahmenkatalog mit nach Hause nehmen sollen. Wenn sie den befolgen und nach Wochen keine Besserung einsetzt, dann erst bietet man die klassischen Maßnahmen der Schulmedizin an. Das ist ein erster Schritt. Tonias Bekannte war aber wohl noch nicht so weit. Wenn, so gab sie zu bedenken, Tonia nach sagen wir 25 Jahren doch wieder Krebs bekäme und sich bei der Autopsie herausstellte, daß es Metastasen derselben Art sind wie bei ihrem alten Melanom, wie könnte sie dann behaupten, sie wäre geheilt?

Tonia war baff. Sie konnte nichts entgegnen, obwohl diese Ärztin reinen Schwachsinn redete. Hat sie sich geärgert, daß Tonia ohne schulgerechte Therapie die magische Fünfjahresfrist gesund und munter überlebte und immer noch keine Anzeichen für einen Rückfall zeigt? Findet sie es allen Ernstes komfortabler, wenn jemand die Ochsentour der Chemotherapie, der Strahlentherapie und weiterer chirurgischer Eingriffe immer wieder über sich ergehen läßt, nur damit die Todesursache nach fünf Jahren und einem Tag dann zwar nicht lautet: Melanom, aber vielleicht: Komplikation infolge medikamentöser Intoxikation, Komplikation infolge verwachsener Operationsnarben, Komplikation infolge später Strahlenfolgen, Kreislaufzusammenbruch oder auch eine beliebige andere Form von Krebs?

Ich schüttle über derlei Borniertheit nur noch den Kopf. Weh tut es aber immer noch.

Von Tonia habe ich gelernt, Dinge besser zu akzeptieren, die ich nicht ändern kann. Sie lebt weiter unbeirrt und tapfer mit ihrer unleidlichen Lebensgefährtin und den zwei Töchtern zusammen. Diese Prüfung blieb mir toitoitoi erspart. Aber sie weiß ein andermal dann auch wieder, wo sie die Fühler einzieht und das Thema wechselt. Vielleicht finde ich in den paar Jährchen bis zur Rente beim Klassenfeind doch noch einen akzeptablen Job (Gott bewahre). Oder anderswo. Oder die Bedingungen werden besser.

Inhalt

Buchveröffentlichungen von Klauspeter Bungert im Verlag 28 Eichen:
Theaterstücke (*Dramen*, vier Bände; 2015),
Interview (Erzählung; 2015),
Unternehmen Faust – eine politische Utopie an fünf Abenden (2019),
Wolkenfarben – Gedichte und kurze Prosa (2019).
Schwerpunktthemen u. a. Natur und Ressourcen und die Entwicklung der Gesellschaft. Daneben ist Bungert Fachbuchautor über Conrad Ferdinand Meyer und César Franck, Musiker und Herausgeber musikalischer Werke.

www.verlag28eichen.de/personen/bungert/bungert.htm

www.theaterverlag-cantus.de/autor/klauspeter-bungert

www.canticus-verlag.de

www.klauspeterbungert.de